COMPUTERRECHT

für die Praxis

1993

Dr. Heinz-Peter Wachter
Rechtsanwalt in Wien

Dr. Arthur Winter
Sektionsleiter

© Weiss Verlag Ges.m.b.H. & Co. KG
1180 Wien, Staudgasse 83
Tel (0222) 470 78 50-0; Fax 470 78 50-21

Filmsatz: Austrosoft Weiss Datenverarbeitung Ges.m.b.H., 1130 Wien
Offsetdruck: Ferdinand Berger & Söhne Ges.m.b.H., 3580 Horn

ISBN 3-900162-19-0

INHALTSVERZEICHNIS

TEIL I.
RECHT UND COMPUTER

Seite

1. **Vertragsrecht und EDV** 13
   - 1.1 Erwerb von EDV-Produkten 13
     - a) Vertragstypen 13
     - b) Gesetzliche Grundlagen 13
     - c) Zustandekommen eines Vertrages 14
     - d) Abgehen von gesetzlichen Regelungen 14
     - e) Vertragsverhandlungen 15
     - f) Vertragsgrundlagen 15
     - g) Allgemeine Geschäftsbedingungen (AGB) 16
     - h) Einseitige Einschränkung der Rechte eines Vertragspartners in AGB 16
     - i) Ausschluß von Gewährleistungs- und Schadenersatzansprüchen 17
   - 1.2 Überlegungen vor Beginn von Vertragsverhandlungen (Ausformulierungen von AGB) 18
     - a) Problemanalyse 18
     - b) Kaufvertrag 18
     - c) Miet-(Leasing-)Vertrag 19
     - d) Werkvertrag 20
     - e) Herstellung von EDV-Lösungen 21
     - f) Abschluß von Nutzungsverträgen (Lizenz) im Sinne des Urheberrechtsgesetzes 21
     - g) Misch(vertrags)typen 21
       - ga) Leasingverträge 21
       - gb) Nutzungs(Lizenz)verträge 22
       - gc) Kooperationsverträge 22
   - 1.3 Unterschied zwischen Hard- und Softwareverträgen ... 22
     - a) Besonderheiten bei Hardwareverträgen 22
     - b) Betriebssoftware und Anwenderprogramme 22
     - c) Rechtsdogmatische Einordnung von Softwareverträgen 23
   - 1.4 Detaillierung von Verträgen 23
   - 1.5 Handelsbräuche und Standards zur Vertragsauslegung 24
   - 1.6 Rechtliche Teilbarkeit von Hard- und Softwareprodukten 25
   - 1.7 Verhältnis Lieferant – Leasinggeber 28

1.8 Inhalt eines Vertrages ... 29
1) Vertragsparteien ... 30
2) Vertragsgegenstand (Hauptleistung des Veräußerers) ... 32
   a) Gegenstand / Pflichtenheft ... 32
   b) Liefertermin ... 33
   c) Übergabemodalitäten ... 34
3) Vertragstyp ... 34
   a) Kauf ... 34
   b) Miete ... 34
   c) Werkvertrag ... 35
   d) Lizenzvertrag ... 35
   e) Sonstiges ... 35
4) Erwerbskonditionen (Hauptleistung des Erwerbers) ... 35
   a) Zahlungsmodalitäten ... 35
   b) steuerliche Fragen ... 36
   c) Wertsicherung ... 38
   d) Verzugszinsen, Raten, Terminsverlust ... 38
5) Nebenleistungen des Veräußerers ... 39
   a) Beschreibung / Sourcecode ... 39
   b) Schulung ... 40
   c) Wartung ... 40
   d) weitere Leistungen ... 40
6) Nebenleistungen des Erwerbers ... 41
   a) Schutz vor Piraterie ... 41
   b) Nutzungsrechte ... 41
   c) Kontrollmöglichkeiten durch den Veräußerer ... 42
7) Leistungsstörungen beim Veräußerer ... 42
   a) Verzug ... 42
   b) Gewährleistung bei Mängeln ... 43
   c) Schadenersatz für Datenverlust und Vermögensschäden ... 46
   d) Bankgarantien ... 47
8) Leistungsstörungen beim Erwerber ... 47
   a) Verzug ... 47
   b) Eigentumsvorbehalt ... 48
9) Konventionalstrafen ... 49
10) Sonstiges ... 49
   a) Außenhandelsgesetz ... 49
   b) Insolvenz oder Betriebsbeendigung ... 49
   c) Rechtsnachfolge und Veräußerung ... 50
   d) Kündigungsmöglichkeiten ... 50
   e) Software-Weiterentwicklungen ... 50
   f) Rechtswahl ... 50

	g) Schiedsklausel	50
	h) Gerichtsstandvereinbarung	51
1.9	Allgemeine Vertragsgestaltung	51
Judikaturübersicht zum Vertragsrecht		57

2. Produkthaftungsgesetz und EDV 60

2.1	Produkthaftung für EDV-Produkte	63
2.2	Konsequenzen der Rechtslage	64
	a) Haftungsausschluß	64
	b) Versicherungsmöglichkeiten	65
2.3	Arten der Haftungen	65
2.4	Haftung nach dem Allgemeinen bürgerlichen Gesetzbuch	66

3. Gewerblicher Rechtsschutz und EDV 68

3.1	Piraterie	68
3.2	Schutz von Hardware	68
3.3	Schutz nach dem Halbleiterschutzgesetz	76
3.4	Anspruch auf Schutz	76
3.5	Schutzwirkungen	77
3.6	Schutzdauer	77
3.7	Geltendmachung von Schutz	78
3.8	Verfahren	78
3.9	Eintragung von Halbleiterschutzrechten	78
3.10	Übertragbarkeit von Halbleiterschutzrechten	78
3.11	Verlust von Halbleiterschutzrechten	79
3.12	Verletzung von fremden Halbleiterschutzrechten	79
3.13	Halbleiterschutzregister	79
3.14	Akteneinsicht	79
3.15	Vertretung von Parteien	79
3.16	Auskunftspflicht	80
3.17	Folgen der Verletzung von Halbleiterschutzrechten	80
3.18	Zuständigkeit bei Verletzung von Halbleiterschutzrechten	80
3.19	Schutz von Software vor Piraterie	81
3.20	Bundesgesetz gegen den unlauteren Wettbewerb (UWG) – Auszug	81
3.21	Gerichtliche Entscheidungen	81
3.22	Klagen nach dem UWG	82
3.23	Einfluß der Europäische Gemeinschaft auf den Schutz von Computerprogrammen	83
3.24	Gesetzliche Bestimmungen gegen unlauteren Wettbewerb	83
3.25	Rechtsbereich des Urheberrechtsgesetzes	86
3.26	Gesetzlicher Schutz und zwingende Bestimmungen	86
3.27	Werk im Sinn des Urheberrechtsgesetzes	86

3.28	Bearbeitungen im Sinn des Urheberrechtsgesetzes	87
3.29	Eigentümliche geistige Schöpfungen	87
3.30	Computerprogramme, Definition laut Gesetz (§ 40 a UrhG)	87
3.31	Erscheinen eines Werkes (§ 9 UrhG)	87
	a) Urheberschaft (§ 10 UrhG)	87
3.32	Miturheberschaft (§ 11 UrhG)	88
3.33	Vermutete Urheberschaft (§ 12 UrhG)	88
3.34	Werknutzungsrechte (§ 14 UrhG)	88
3.35	Verwertungsrechte laut Gesetz	88
	a) Vervielfältigungsrecht (§ 15 UrhG)	88
	b) Verbreitungsrecht des Urhebers (§ 16 UrhG)	88
	c) Vortrags-, Aufführungs- oder Vorführungsrecht (§ 18 UrhG)	89
3.36	Schutz der geistigen Interessen des Urhebers (§ 20 UrhG)	89
3.37	Werkschutz (§21 UrhG)	89
3.38	Pflichten des Besitzers eines Werkstückes	89
3.39	Übertragung des Urheberrechtes	89
3.40	Verwertung der Rechte durch den Urheber (§ 24 UrhG)	90
3.41	Werknutzungsrechte (§ 26 UrhG)	90
3.42	Übertragung von Werknutzungsrechten (§ 27 UrhG)	90
3.43	Sonderregeln gelten für Unternehmensverkäufe (§ 28 UrhG)	91
3.44	Werknutzungsrechte über künftige Werke (§ 31 UrhG)	91
3.45	Konkurs und Ausgleich (§ 32 UrhG)	91
3.46	Auslegungsregeln des Gesetzes zugunsten des Urhebers	92
3.47	Freie Werknutzungen für Computerprogramme	92
3.48	Herstellung von Sicherungskopien	92
3.49	Recht der Dekompilierung (§ 40 e UrhG)	92
3.50	Verbot der Verwendung von durch Dekompilierung gewonnenen Informationen (§ 40 e Abs. 2 UrhG)	93
3.51	Einsatz von Computerprogrammen vor Gericht	93
3.52	Sonderbestimmungen für Kirchen, Schul- oder Unterrichtsgebrauch	93
3.53	Geltungsdauer des Urheberrechtes (§ 60 UrhG)	94
3.54	Rechte des Urhebers bzw. des Inhabers sonstiger Ausschließungsrechte	94
3.55	Unterlassungsanspruch (§ 81 UrhG)	94
3.56	Einstweilige Verfügungen bei Urheberrechtsverletzung	94
3.57	Beseitigungsanspruch	94
3.58	Was kann der Täter (Verletzer) tun?	95
3.59	Begehren einer Urteilsveröffentlichung (§ 85 UrhG)	95
3.60	Anspruch auf angemessenes Entgelt (§ 86 UrhG)	95
3.61	Anspruch auf Schadenersatz und Herausgabe des Gewinnes (§ 87 UrhG)	95

3.62	Anspruch auf Rechnungslegung	96
3.63	Haftung des Verletzers und Haftung mehrerer Verpflichteter (§ 88 und § 89 UrhG)	96
3.64	Strafrechtlicher Schutz laut Urheberrechtsgesetz	97
3.65	Beschlagnahme	97
3.66	Laut Urheberrechtsgesetz geschützte Personen (§ 94 UrhG)	98
3.67	Lizenzvertrag	98
3.68	Schritte des Software-Herstellers bei unberechtigter Verwendung von Software durch Dritte	98
3.69	Sonstiger Schutz von Soft- und Hardware	99
3.70	Schutz nach dem Markenrecht	99

4. Strafrecht und EDV 100

4.1	Computerkriminalität im engeren Sinn	100
4.2	Datenbeschädigung	100
4.3	Betrügerischer Datenverarbeitungsmißbrauch	101
4.4	Computerkriminalität im weiteren Sinn	101

5. Gewerberecht und EDV 102

5.1	Gewerbsmäßige Tätigkeit	102
5.2	Gewerbe im Bereich der EDV	102
5.3	Regelung der Vorschriften im Bereich des EDV-Gewerbes	102
5.4	Aufnahme eines freien Gewerbes	104
5.5	Anmeldung eines freien Gewerbes	104
5.6	Bestimmungen für Dienstleistungen in der ADV	105
5.7	Geltungsbereich der Bestimmungen im EWR	106

6. Arbeitsrecht und EDV 107

6.1	Gesetzliche Ruhepausen bei Bildschirmarbeit	107
6.2	Ausbildungskosten	108
6.3	Bildschirmarbeit und Nachtschwerarbeitsgesetz	109
6.4	Installation einer Telefonüberwachungsanlage	110
6.5	Steuerliche Behandlung der Bildschirmzulage	110
6.6	Kosten einer Bildschirmbrille	111
6.7	Gestaltung von Bildschirmarbeitsplätzen	111
6.8	Auswirkung der EG-Richtlinie über Bildschirmarbeit	112
6.9	EG-Richtlinie – Auszug	113
6.10	Soft- und Hardwaremangel bei Verletzung der EG-Richtlinie	117
6.11	Haftung für unterlassene Datensicherung	117
6.12	Einführung einer Personaldatenverarbeitung in einem Betrieb	119
6.13	Urheberschaft bei von Dienstnehmern geschaffenen Computerprogrammen	120

TEIL II.
DAS ÖSTERREICHISCHE DATENSCHUTZGESETZ

I. ALLGEMEINER TEIL

Kapitel 1: Einführung und Grundbegriffe 125
Kapitel 2: Geltungsbereich des Datenschutzgesetzes 131
Kapitel 3: Sanktionen des Datenschutzgesetzes 134
Kapitel 4: Begriffe 136

II. BESONDERER TEIL

Kapitel 1: Zulässigkeit der Ermittlung und Verarbeitung 141
Kapitel 2: Zulässigkeit der Übermittlung 142
Kapitel 3: Dienstleistung im Datenverkehr 145
Kapitel 4: Datengeheimnis 147
Kapitel 5: Datensicherheitsmaßnahmen 149
Kapitel 6: Meldung von Auftraggebern und Verarbeitungen 153
Kapitel 7: Auskunft 161
Kapitel 8: Richtigstellung und Löschung 166
Kapitel 9: Zivilrechtliche Bestimmungen 169
Kapitel 10: Rechte des Betriebsrates 171
Kapitel 11: Internationaler Datenverkehr 172
Kapitel 12: Datenschutzkontrollorgane 175
Kapitel 13: Datenverarbeitungsregister 176

ANHANG

1. Gesetzestext des DSG in der geltenden Fassung 177
2. Datenverarbeitungsregisterverordnung
   Standard-Verordnung 199
3. Muster einer Verpflichtungserklärung gemäß § 20 DSG 201
4. Muster von Datensicherheitsmaßnahmen 202
5. Antrag auf Auskunft (Muster) 207
6. Datenschutzcheckliste für den privaten Bereich vor
   Aufnahme der Verarbeitung 208
7. Datenschutzcheckliste für den öffentlichen Bereich
   vor Aufnahme der Verarbeitung 210
8. 13 Regeln der PC-Sicherheit 212
9. Ausgewählte Beispiele der Judikatur zum Datenschutzrecht .. 213

Stichwortverzeichnis 217

ABKÜRZUNGSVERZEICHNIS

Abs.	Absatz
ADV	Automationsunterstützte Datenverarbeitung
BGBl. Nr.	Bundesgesetzblatt-Nummer
DSG	Datenschutzgesetz
DVR-Nr.	Datenverarbeitungsregister-Nummer
DVR-VO	Datenverarbeitungsregisterverordnung
EDV	Elektronische Datenverarbeitung
EMRK	Europäische Menschenrechtskonvention
EWR	Europäischer Wirtschaftsraum
Kap.	Kapitel
VStG	Verwaltungsstrafgesetz
Z	Ziffer
ZPO	Zivilprozeßordnung

Recht und Computer
Leitfaden für die Praxis

Dr. Heinz-Peter WACHTER

1. VERTRAGSRECHT UND EDV

1.1 Wie kann man EDV-Produkte erwerben?

a) Welche Vertragstypen gibt es?

Grundsätzlich gibt es verschiedene, gesetzlich geregelte Vertragstypen, die geeignet sind, als rechtliche Grundlage für den Erwerb von EDV-Produkten zu dienen. Diese können, wie andere Wirtschaftsgüter auch, gekauft (Kaufvertrag), gemietet (Mietvertrag) oder über individuellen Auftrag hergestellt werden (Werkvertrag).

Im Einzelfall kann es auch opportun sein, zwischen diesen Vertragstypen eine Mischform zu wählen.

So lassen sich EDV-Produkte leasen (Leasingvertrag) bzw. nur zur Nutzung erwerben (Lizenzvertrag), oder z.B. im Rahmen eines Kooperationsvertrages (meist in Form eines Gesellschaftsvertrages) herstellen. Seit der Urheberrechtsgesetznovelle 1993, welche im wesentlichen seit 1.3.1993 (BGBl. 93/1993) in Kraft ist, sind bei der Übertragung von Rechten an Software jedenfalls auch die Bestimmungen des Urheberrechtsgesetzes zu beachten (siehe Kapitel „Gewerblicher Rechtsschutz und EDV"). Durch diese gesetzlichen Bestimmungen wird geregelt, inwieweit der Urheber der Software bzw. die Softwareherstellerfirma, die Verwendung der Software beim Kunden beschränken bzw. eine vertragswidrige Verwendung verhindern kann. Nicht geregelt werden durch das Urheberrechtsgesetz Fragen der Gewährleistung und des Schadenersatzes für mangelhafte Software und allgemeine Fragen des Vertragsrechtes, wie etwa die Frage, wann der Preis für ein Softwareprodukt fällig ist, oder in welcher Währung er zu bezahlen ist. Vielmehr obliegt die Regelung dieser Fragen der vertraglichen Ausgestaltung der Parteien (Softwarehersteller und Kunde). Diese wird sich daher auch weiterhin an den gesetzlichen Bestimmungen für Kauf-, Miet- und Werkverträge orientieren.

Darüber hinaus besteht auch noch die Möglichkeit, die gewünschte EDV-Lösung im eigenen Betrieb von Angestellten herstellen zu lassen.

Welche Form des Erwerbes gewählt wird, hängt einerseits von den Gegebenheiten des EDV-Marktes und zum anderen Teil von wirtschaftlichen und betriebsorganisatorischen Faktoren ab.

b) Welche gesetzlichen Grundlagen gibt es?

Gesetzliche Bestimmungen, die regeln, wie ein Vertrag zustandekommt, finden sich u.a. im ABGB (Allgemeines bürgerliches Gesetzbuch) und im HGB C(Handelsgesetzbuch). Für den vorliegenden Problemkreis sind insbesondere die

- §§ 1-14, 859-937 (Allgemeiner Teil des ABGB und Allgemeines Obligationenrecht),

- §§ 1053-1089 ABGB (Kaufvertrag)
- §§ 1090-1150 ABGB (Bestandvertrag/Leasingvertrag)
- §§ 1151 ff, §§ 1165-1171 (Werkvertrag) und die
- §§ 1175 ff (Gesellschaft bürgerlichen Rechts) ABGB,

in Zusammenhang mit den Bestimmungen der
- §§ 1-7 (Kaufleute) HGB, der
- §§ 8-16 (Handelsregister), der
- §§ 48-58 (Prokura und Handlungsvollmacht)

dort insbesondere die
- §§ 343-372 (Allgemeine Vorschriften über den Handelskauf) und die
- §§ 373-382 (Handelskauf) HGB sowie
- die Bestimmungen der vierten Einführungsverordnung zum HGB und nunmehr auch die
- §§ 42 ff UrhG (Urheberrechtsgesetz)

maßgebend.

c) **Wie kommt ein Vertrag zustande?**

Kauf-, Miet- und Werkverträge sind als Grundtypen (sog. Nominatskontrakte) im Gesetz (ABGB und HGB) geregelt.

Grundsätzlich genügt es, daß die Parteien sich über
- den Vertragsgegenstand (welches Produkt wird erworben?),
- den Vertragstyp (Kauf-, Miet-, Werkvertrag) und

den Preis (zu welchen Konditionen?)

einigen. Kommt eine solche Einigung zustande (Minimalerfordernis), so sind die beiden Vertragspartner an die Vereinbarung gebunden.

Jeder zweiseitige Kontrakt setzt eine übereinstimmende Willenserklärung (mindestens) zweier Personen voraus (§861 ABGB). Normalerweise bietet ein Teil eine bestimmte Leistung zu einem bestimmten Preis und unter Zugrundelegung eines bestimmten Vertragstypes (Anbot, Angebot, Offerte) an, und der andere Teil nimmt dieses Anbot an.

d) **Kann im Vertragsrecht von gesetzlichen Regelungen durch die Parteien abgegangen werden?**

Die Parteien haben das Recht (Privatautonomie), sich nicht nur frei zu entscheiden, ob sie einen Vertrag abschließen wollen, sondern auch zu welchen Bedingungen. Sie können von den gesetzlichen Regelungen daher – in bestimmten Grenzen – abgehen und bestimmte Rechtsfolgen, die sich aus dem Gesetz ergeben, entweder ausschließen oder anders vereinbaren. Soweit sie bestimmte

Rechtsfolgen nicht ausdrücklich ausschließen, gelten sie aber auch ohne Vereinbarung. Das Gesetz kann so zur Ergänzung von Vertragslücken herangezogen werden.

Beispiel:

Wird über Verzugsfolgen nichts vereinbart, so steht es jedem Teil frei, gesetzliche Verzugszinsen ohne weiteres zu fordern; darüber hinaus können auch höhere Zinsen aus dem Titel des „Schadenersatzes" begehrt werden.

In der Praxis findet sich kaum ein Lieferant, der bereit ist, zu den gesetzlichen Regeln seine Produkte zu vertreiben. Zumeist machen Händler von der Möglichkeit Gebrauch, die gesetzlichen Regelungen im Rahmen der vertraglichen Gestaltungsfreiheit zu ihren Gunsten zu verändern. Ihre Kunden stellen sie vor die Wahl, zu den von ihnen festgelegten Bedingungen zu erwerben, oder vom Vertragsabschluß Abstand zu nehmen. Aber auch entsprechend potente Kunden sind in der Lage, ihre (Einkaufs-)Bedingungen Händlern aufzuzwingen.

Derartige Verhaltensweisen finden ihre Grenze nur darin, daß Sittenwidriges (§ 879 ABGB) oder ausdrücklich Gesetzwidriges (vergleiche §§ 40 a ff Urheberrechtsgesetz) nicht vereinbart werden darf (letztere Bestimmungen sind im Kapitel 3 „Gewerblicher Rechtsschutz und EDV" ausführlich kommentiert).

Bestimmte Vereinbarungen dürfen ex lege (nach dem Gesetz) nicht abgeschlossen werden. Man spricht von Nichtigkeit. Manche Vereinbarungen dürfen vor Vertragsabschluß nicht getroffen werden, gelten aber, wenn sie nach Vertragsabschluß „freiwillig" vereinbart werden.

Beispiel:

Auf das Recht, zulässigerweise erworbene Computerprogramme nach § 40 d des Urheberrechtsgesetzes im Rahmen der freien Werknutzung zu nutzen, kann wirksam nicht verzichtet werden (Näheres siehe Kapitel über gewerblichen Rechtsschutz und EDV).

e) **Wann kommt es zu Vertragsverhandlungen?**

Kann weder der Erwerber noch der Händler seine Vertragskonditionen (einseitig) durchsetzen, so kommt es zu Vertragsverhandlungen, in denen die gegenseitigen Wünsche solange aufeinander abgestimmt werden, bis sie letztendlich übereinstimmen.

f) **Welche Vertragsgrundlagen gibt es?**

Der Erwerb von EDV-Produkten (so wie auch der Erwerb anderer Ware) erfolgt entweder
1) im Sinne der gesetzlichen Bestimmungen,
2) unter Anwendung der allgemeinen Geschäftsbedingungen (AGB) des Veräußerers,

3) unter Anwendung der allgemeinen Geschäftsbedingungen (AGB) des Erwerbers, oder

4) aufgrund individuell ausgehandelter Verträge.

Beim Erwerb i.S. der Punkte 2 – 4 gilt (zusätzlich) das Gesetz insoweit, als die Parteien nichts Gegenteiliges vereinbart haben und die getroffenen Vereinbarungen nicht gegen zwingende gesetzliche Regelungen (z.B. Sittenwidrigkeit im Sinne von § 879 ABGB) verstoßen.

g) **Wann gelten allgemeine Geschäftsbedingungen?**

Allgemeine Geschäftsbedingungen (AGB) eines Vertragsteiles gelten nur dann, wenn der andere Vertragsteil diese als Vertragsbestandteil akzeptiert. Hiezu ist es erforderlich, daß die Geschäftsbedingungen dem Vertragspartner vor Abschluß des Vertrages bekannt sind.

Beispiel 1:

Der Händler verwendet Auftragsformulare, auf deren Rückseite allgemeine Geschäftsbedingungen stehen. Auf der Vorderseite ist ein deutlicher Hinweis angebracht, daß nur zu den auf der Rückseite abgedruckten Geschäftsbedingungen veräußert wird. Der Kunde unterschreibt auf der Vorderseite. Er erhält ein Duplikat der Geschäftsbedingungen.

Dies führt – zumal unter Kaufleuten – zum Inkrafttreten der AGB.

Beispiel 2:

Auf dem Bestellformular, das ein Vertreter des Lieferanten schreibt, befindet sich keinerlei Hinweis auf allgemeine Geschäftsbedingungen. Die Ware wird geliefert, erst auf der Rückseite der Rechnung sind allgemeine Geschäftsbedingungen abgedruckt.

Grundsätzlich gelten in diesem Falle die allgemeinen Geschäftsbedingungen nicht, zumal sie dem Kunden bei der Bestellung nicht bekannt waren.

Beispiel 3:

Der Sachverhalt stellt sich dar wie in Beispiel 2, nur mit dem Unterschied, daß die Praxis (Bestellschein ohne allgemeine Geschäftsbedingungen, Rechnung unter Abdruck der allgemeinen Geschäftsbedingungen) zwischen den Parteien schon seit Jahren bei mehreren Geschäftsfällen gehandhabt wurde. In diesem Fall gelten die allgemeinen Geschäftsbedingungen des Veräußerers im Rahmen der ständigen Geschäftsbeziehung.

h) **Kann man in AGB Rechte eines Vertragspartners einseitig einschränken?**

Unabhängig davon, ob allgemeine Geschäftsbedingungen gültig sind oder nicht, unterliegen sie (da derjenige, der sie aufstellt, zumeist die gesetzlichen Regelungen stark zu seinen Gunsten abändert) einer besonders strengen Inhaltskontrolle d.h., es kann durchaus sein, daß ein Teil an das dort Festgehaltene (zumeist Nebenbestimmungen zum Vertrag) nicht gebunden ist, weil dieser Teil des Vertrages ihn entweder „gröblich benachteiligt", er aufgrund des äußeren Erscheinungsbildes der Urkunde mit derartigen Vertragsklauseln nicht rechnen mußte und er auf diese Vertragspunkte nicht ausdrücklich hingewiesen wurde (§ 864 a ABGB), oder weil die einzelnen Bestimmungen „sittenwidrig" sind (§ 879 ABGB), oder weil die Bestimmungen dem Konsumentenschutzgesetz widersprechen. Letztere Frage wird in diesem Zusammenhang nicht näher untersucht, zumal sich das vorliegende Werk vorwiegend auf die Erörterung von Verträgen zwischen Unternehmern, auf die das Konsumentenschutzgesetz (BGBl. 140/1979 in der Fassung BGBl. 481/1985) nicht zur Anwendung kommt, beschränkt.

i) **Ist der Ausschluß von Gewährleistungs- und Schadenersatzansprüchen zulässig?**

Beispiel:

In allgemeinen Geschäftsbedingungen (AGB) ist vorgesehen, daß der Kunde keinerlei Gewährleistungs- oder Schadenersatzansprüche gegenüber einem Händler von Hardware hat.

Eine typische Formulierung für den Ausschluß von Gewährleistung würde lauten: „Der Händler garantiert, daß die von ihm gelieferte Hardware von ihm originalverpackt geliefert wird. Mit der Übernahme dieser Garantie sind sämtliche Gewährleistungsansprüche des Kunden abschließend geregelt."

Bei der Beurteilung, ob eine solche Bestimmung zulässig ist oder nicht, ist zwischen fabrikneuer und gebrauchter Ware zu unterscheiden.

Ist die Ware fabrikneu, so ist der Ausschluß von Gewährleistung sittenwidrig, gleichgültig ob dies in allgemeinen Geschäftsbedingungen steht oder in einem ausgehandelten Vertrag (vergleiche OGH in JBl 1970, 271).

Da Software (Programm) grundsätzlich nicht altert, ist es in der Regel unwichtig, ob diese vor Inbetriebnahme eines Computers gebraucht worden ist oder nicht. Daher kann zwischen „fabrikneuer" und „gebrauchter" Software nicht sinnvoll differenziert werden. („Ältere" Programme können allerdings verändert worden sein, daher mit dem Original nicht mehr übereinstimmen, was auch zu Fehlern führen kann.) Da Softwarefehler ungleich häufiger vorkommen als Hardwarefehler, versuchen sich Vertreiber von Softwareprodukten häufig vor Gewährleistungsansprüchen zu schützen, indem sie diese einschränken. Die Palette geht von einem völligen Ausschluß der Gewährleistung über die Beschränkung, nur auf das Recht den „Nachtrag des Fehlenden" zu begehren, bis dahin, daß eine Verbesserung nur im Rahmen nachfolgender „Updates" des Softwareherstellers erfolgt. (Unter „Update" versteht man in regelmäßigen Abständen auf den Markt kommende, neue – verbesserte – Versionen des Softwareproduktes; es handelt sich dabei meist um Weiterentwicklungen des Produktes, aus deren Anlaß „alte" Fehler (mit-)korrigiert werden. Oft weisen diese sogenannten „Updates" allerdings neue Fehler auf, die in den „alten" Versionen nicht vorhanden waren.)

Eine Einschränkung der Gewährleistung ist nur insofern zulässig, als dem Kunden für die von ihm erbrachte Leistung, ein entsprechender wirtschaftlicher Gegenwert verbleibt; ansonsten ist der Ausschluß von Gewährleistung sittenwidrig.

Ein Ausschluß von Schadenersatz, also ein Ersatz eines Nachteiles, der über das Vorhandensein des eigentlichen Mangels hinausgeht, ist grundsätzlich – außer für Fälle von Vorsatz und kraß grober Fahrlässigkeit – nicht sittenwidrig.

Die Beurteilung, ob der Ausschluß von Gewährleistung zulässig ist oder nicht, wird insbesondere auch auf die Frage abzustellen sein, ob es sich um „Individualsoftware" oder „Standardsoftware" handelt. Während Individualsoftware in der Regel aufgrund eines Werkvertrages, dem ein detailliertes Pflichtenheft zugrunde liegt, gemacht wird, handelt es sich bei Standardsoftware um ein Massenprodukt. Dies führt dazu, daß Individualsoftware meist mit wirtschaftlich vertretbarem Aufwand korrigiert werden kann, wohingegen Standardsoftware nur im Rahmen von sogenannten „Updates" sinnvollerweise gewartet werden kann, sodaß aus rein praktischen Überlegungen Einschränkungen von Gewährleistungsregelungen bei Individualsoftware vom Umfang her weniger zulässig sein werden, als bei Standardsoftware.

1.2 Welche Überlegungen sollten allen Vertragsverhandlungen (bzw. Ausformulierungen von allgemeinen Geschäftsbedingungen) vorausgehen?

a) Was ist bei der Problemanalyse zu beachten?

Zunächst erscheint es wesentlich, genau festzulegen, welche Aufgaben durch die anzuschaffenden EDV-Produkte bewältigt werden sollen. Zu diesen Überlegungen gehören nicht nur Art und Umfang der kurzfristig zu erfüllenden Aufgaben, sondern auch Gedanken darüber, wie lange die zu lösenden Probleme mittels EDV bearbeitet werden sollen, welches Personal zur Verfügung stehen wird und wie die anzuschaffenden Geräte im Betriebsprozeß einzugliedern sind. Überdies sollte man auch planen, auf welche Weise langfristige Aufgaben gelöst werden sollen.

Hat man diese Fragen beantwortet, so muß man herausfinden, ob es Hard- und Softwareprodukte gibt, die in der Lage sind, die gewünschten Arbeiten (sei es auch nach Vornahme von Adaptierungen) zu bewältigen. Gibt es solche, so kann man sich entweder für den Kauf oder für die Miete dieser Produkte (Standardprodukte) entscheiden.

b) Was ist ein Kaufvertrag?

Nach § 1053 ABGB versteht man unter einem Kaufvertrag einen Vertrag (= Titel), mit dem eine Sache um einen bestimmten (nach der Judikatur auch einen bestimmbaren) Betrag jemand anderem überlassen wird. Die Erwerbung erfolgt aber erst durch die Übergabe (= Modus) des Kaufgegenstandes, der bis dahin Eigentum des Veräußerers bleibt.

Bei Softwareprodukten ist § 16 des Urheberrechtsgesetzes in der Fassung der Urheberrechtsgesetznovelle 1993 (BGBl. 93/1993) zu beachten, wonach mit Einwilligung des Berechtigten durch Übertragung des Eigentums in Verkehr gebrachte Werkstücke (Programmdisketten) nicht mehr dem ausschließlichen Verbreitungsrecht des Urhebers bzw. Werknutzungsberechtigten unterliegen. Werden daher Programmdisketten mit Einwilligen des Berechtigten eigentümlich veräußert, so können sie beliebig weiterveräußert werden, bzw. auch beliebig eingesetzt werden, dies solange es dadurch nicht zu einer Vermehrung der Programme kommt. Will der Urheber dies verhindern, so darf er ausschließlich Werknutzungsbewilligungen erteilen.

Beispiel:

Jemand kauft im europäischen Wirtschaftsraum Standardsoftware in einem Geschäft mit Einwilligung des Urhebers, es wird ihm nach dessen Einwilligung das Eigentum am Werkstück (Disketten samt Programmen) übertragen.

Der Erwerber kann daher die Programme zeitlich und örtlich unbeschränkt verwenden und im Rahmen der sogenannten „freien Werknutzung" (§ 40 d UrhG-Novelle 1993) das Computerprogramm für den eigenen Bedarf nutzen, die Disketten samt Programmen auch weiterveräußern, dies jedoch nur nachdem die dazugehörigen Programme auf dem eigenen Computer gelöscht wurden. Seine Nutzungsrechte sind vergleichbar mit den Rechten des Käufers eines Buches, der das erworbene Werkstück sooft lesen kann, wie er möchte und es auch verschenken, verkaufen oder vernichten darf. Es ist ihm jedoch nicht erlaubt, daß Buch 1000fach zu kopieren und die Kopien zu veräußern.

Besonderheiten gelten für Werkstücke, die nicht in einem Mitgliedsstaat der Europäischen Gemeinschaft oder der Europäischen Freihandelszone in Verkehr gebracht worden sind (Näheres siehe Kapitel „gewerblicher Rechtsschutz und EDV").

c) **Was ist ein Miet(Leasing)vertrag?**

Unter einem Mietvertrag (den das Gesetz „Bestandvertrag" nennt) versteht man einen Vertrag, bei dem jemand den Gebrauch einer unverbrauchbaren Sache auf eine gewisse Zeit gegen einen Preis erhält (§1090 ABGB).

Während man durch den Kauf Eigentümer eines Produktes wird, erhält man durch einen Mietvertrag nur das Recht, dieses Produkt zu benützen.

Wirtschaftlich betrachtet besteht der Unterschied zwischen Kauf und Miete im wesentlichen darin, daß durch eine „Mietlösung" die Liquidität des Unternehmens in der Regel nicht so stark beansprucht wird wie durch eine „Kauflösung".

Mietverträge über EDV-Produkte sind zumeist so abgefaßt, daß der Mieter eine „käuferähnliche" Stellung hat, sodaß er – entgegen den gesetzlichen Bestimmungen für Bestandverträge – das gesamte Risiko des Verlustes des Mietgegenstandes und seiner Entwertung trägt.

Aus steuerlicher Sicht ist zu beachten, daß nach einem Kauf die Anschaffungskosten zu aktivieren und langfristig abzuschreiben sind, während die Miete in dem Monat, indem sie anfällt, als Betriebsausgabe gilt (gilt nur für reine Leasingverträge – Vorsicht ist bei Kaufoptionen und Mietkaufregelungen geboten, zumal unter bestimmten Voraussetzungen – die im übrigen für alle Leasingverträge gelten – derartige Verträge bei wirtschaftlicher Betrachtungsweise von der Finanzverwaltung wie Kaufverträgen behandelt werden).

Wer für eine bestimmte Wirtschaftsperiode schon genügend Investitionen getätigt hat, tut daher zumeist aus steuerlicher Sicht gut daran, weitere Investitionsgüter anzumieten.

Betriebswirtschaftlich ist die „Mietlösung" dann günstiger, wenn man die Produkte, die man benötigt, nur vorübergehend im Betrieb einsetzen möchte. Hiebei ist aber zu beachten, daß EDV-Produkte äußerst kurzlebig sind (sie sind meist schon wenige Jahre nach Ihrer Anschaffung technisch überholt, sodaß der Mietpreis bereits nach kurzer Zeit die Höhe der Anschaffungskosten (= Kaufpreis) erreicht.)

Der Vorteil einer „Mietlösung" liegt in der meist leichteren Möglichkeit, EDV-Produkte zu wechseln, d.h. immer nur den neuesten (besten) Computer im Betrieb zu haben. Dieser Vorteil wird aber meist durch – im Vergleich zum Kauf – höhere Kosten bezahlt.

Zu beachten ist auch § 16 a in der Fassung der Urheberrechtsgesetznovelle 1993 (BGBl. 93/1993).

d) **Was ist ein Werkvertrag?**

Stehen für die zu lösenden Probleme keine Standard-EDV-Produkte zur Verfügung, so ist man genötigt, sich an ein Soft- und/oder Hardwarehaus zu wenden und von diesem die Anfertigung spezieller, auf das firmeninterne Problem zugeschnittener EDV-Lösungen zu verlangen.

Soft- und Hardwarehändler können entweder das gesamte benötigte Programm und die gesamte benötigte Hardware selbst produzieren oder aber aus mehr oder minder halbfertigen Produkten die für das jeweilige Unternehmen gewünschte Lösung zusammenstellen. Dies erfolgt in der Regel im Rahmen eines Werkvertrages.

Gem. § 1151 ABGB versteht man unter einem „Werkvertrag" einen Vertrag, in dem sich jemand zur Herstellung eines Werkes gegen Entgelt verpflichtet.

Der Werkvertrag ist durch

- das Fehlen einer persönlichen Arbeitspflicht des Unternehmers,
- das Arbeiten nach eigenem Plan und mit eigenen Mitteln,
- die Möglichkeit der Verwendung von Gehilfen und Substituten und
- das Fehlen jeder Einordnung in einen fremden Unternehmensorganismus

charakterisiert (vergleiche: OGH vom 6.9.1955 ArbSlg 6300).

e) **Kann man EDV-Lösungen selbst herstellen?**

Auch ist es möglich, einen eigenen Mitarbeiter (Dienstnehmer) zu beauftragen, eine bestimmte EDV-Lösung herzustellen. Gem. § 40 b der Urheberrechtsgesetznovelle 1993 (BGBl. 93/1993) erwirbt der Dienstgeber an dem von einem Dienstnehmer in Erfüllung seiner dienstlichen Obliegenheit geschaffenen Computerprogramm ein unbeschränktes Werknutzungsrecht, wenn er mit dem Dienstnehmer nichts anderes vereinbart (Näheres siehe Kapitel „Gewerblicher Rechtsschutz und EDV" und Kapitel „Arbeitsrecht und EDV").

f) **Kann man auch nur Nutzungsverträge (Lizenz) im Sinne des Urheberrechtsgesetzes abschließen?**

Nach dem Urheberrechtsgesetz können Nutzungsrechte an Software in Form einer nicht ausschließlichen Werknutzungsbewilligung oder in Form eines Werknutzungsrechtes eingeräumt werden. Letzteres ist in der Regel unbeschränkt und gibt dem Berechtigten die Möglichkeit, das Werk (Programm) auch durch Vervielfältigung zu vertreiben.

Die nähere Ausgestaltung des Vertrages obliegt der Vereinbarung (Vertrag) zwischen dem Urheber und dem Vertragspartner. Üblicherweise spricht man vom Lizenzgeber und Lizenznehmer, wobei diese Begriffe nicht aus dem Urheberrecht, sondern aus dem Patentrecht stammen, in der Praxis (insbesondere von juristischen Laien) jedoch synonym verwendet werden.

Das Urheberrechtsgesetz regelt den Inhalt eines Lizenzvertrages nicht – mit Ausnahme einiger möglicher Vertragsklauseln, die nach dem Gesetz nicht gültig vereinbart werden können. Es normiert nur, daß ohne Zustimmung des Urhebers bzw. Werknutzungsberechtigten Werkstücke (Computerprogramme) nicht in Verkehr gebracht und verwendet werden dürfen. Der Lizenz-(Werknutzungs-)Vertrag ist daher ein Vertrag sui generis (eigener Art), mit dem einem Softwareerwerber die Möglichkeit der Nutzung eines Softwareprogrammes in einer bestimmten Art und Weise eingeräumt wird, dies in der Regel gegen Bezahlung eines Entgelts.

g) **Gibt es Misch(vertrags)typen?**

Es gibt auch Mischformen zwischen den einzelnen Vertragstypen (sog. „atypische" Verträge). Zu diesen gehört insbesondere der Leasingvertrag.

ga) Leasingverträge

Unter Leasing versteht man, daß ein Wirtschaftsgut vom Leasinggeber vermietet und nach Ablauf einer bestimmten Vertragszeit an den Leasingnehmer veräußert wird. Bei dieser Form der Vertragsgestaltung ist besonders auf steuerliche Aspekte zu achten, die für die Wahl der Anschaffung eines Wirtschaftsgutes mittels eines Leasingvertrages in vielen Fällen wesentlich sind. Schon ein falsches Wort in der Vertragsurkunde kann dazu führen, daß der kunstvoll kreierte „Leasingvertrag" aus steuerlicher Sicht bei wirtschaftlicher Betrachtungsweise im Sinne der §§ 21 und 22 BAO (Bundesabgabenordnung) als (Raten-)Kaufvertrag gilt, womit erhebliche steuerliche Nachteile für das jeweilige Unternehmen verbunden sein können (vergleiche die einschlägigen Erlässe des Bundesministeriums für Finanzen zum Leasingvertrag; kommentiert in den „Einkommensteuerrichtlinien", Ausgabe Juli 1987 – Service Fachverlag an der Wirtschaftsuniversität Wien, von Wolfgang Nolz, Gerhard Kohlek, Maximilian Margreiter und Peter Quantschnigg).

gb) Nutzungs-(Lizenz-)Verträge

Seit der Urheberrechtsgesetznovelle, BGBl. 93/1993, in Kraft seit 1.3.1993, unterliegt Software dem Urheberrechtsgesetz, d.h., sie ist beispielsweise so geschützt wie ein Buch. (Siehe im übrigen die kommentierenden Bestimmungen im Kapitel „Gewerblicher Rechtsschutz und EDV".)

gc) Kooperationsverträge

Zum Erwerb von EDV-Produkten werden auch immer wieder Kooperationsverträge herangezogen.

Darunter versteht man, daß sich ein Soft- und Hardwarehaus verpflichtet, für einen Betrieb eine „maßgeschneiderte Lösung" zu erarbeiten. Funktioniert dieses Programm, so wird versucht, es auch an die Konkurrenz zu vermarkten, wobei der Gewinn zwischen dem Softwarehersteller und dem „Pilotkunden" nach einem bestimmten Schlüssel geteilt wird. Diese Form der Zusammenarbeit gibt es in vielen Spielarten. Im einfachsten Fall wird dem Pilotkunden auf die vom Softwarehaus erbrachten Leistungen ein Preisnachlaß gewährt, im kompliziertesten Fall wird eine Vermarktung über eine gemeinsame Tochterfirma vereinbart.

1.3 Worin besteht der prinzipielle Unterschied zwischen Hardware- und Softwareverträgen?

a) Gibt es Besonderheiten bei Hardwareverträgen?

Bei der Anschaffung von Hardware sind die selben Regeln zu beachten, wie bei der Anschaffung sonstiger Geräte und Maschinen. Die hiebei auftretenden Probleme unterscheiden sich nicht wesentlich von denen, die bei der Anschaffung beweglicher Sachen im allgemeinen auftreten.

b) Welchen Unterschied gibt es zwischen „Betriebssoftware" und „Anwenderprogrammen"?

Bei Erwerb von Software muß unterschieden werden, ob es sich um sog. „Betriebssoftware" oder um „Anwenderprogramme" handelt. Betriebssoftware benötigt das jeweilige Hardwareprodukt, um einwandfrei zu funktionieren. Betriebssoftware sollte daher zwingend das rechtliche Schicksal von Hardware teilen, zumal Betriebssoftware ohne Hardware völlig unbrauchbar ist und Hardware ohne Betriebssoftware auch nicht funktioniert. „Anwenderprogramme" hingegen laufen auf verschiedenen „Hardwarekonfigurationen", d.h. sie sind auch auf verschiedenen Typen von Hardwaregeräten, unter Umständen sogar auf Hardwaregeräten unterschiedlicher Marken einsetzbar.

c) **Wie sind Softwareverträge rechtsdogmatisch einzuordnen?**

Die dogmatische Einordnung von Softwareverträgen bereitet einige Schwierigkeiten. Zumeist werden Softwareverträge als Verträge „sui generis (= eigener Art)" bezeichnet. In vielen Fällen handelt es sich um eine Mischform von gesetzlich geregelten Vertragstypen. Da kaum jemand bereit ist, über Softwareprodukte einen Vertrag abzuschließen, der nur einem gesetzlichen „Typ" entspricht, kommt es in der Regel zu besonderen Vertragsgestaltungen. Folgende Besonderheiten und Unterschiede zwischen Soft- und Hardwareverträgen sind zu beachten:

ca) Während Hardware in der Regel nicht einfach kopiert (dupliziert) werden kann (versucht man es, benötigt man zumeist einen größeren Apparat, einschließlich Fabrikshallen und Werkstätten), ist Software leichter zu duplizieren. Dieses Problem stellt sich insbesondere im PC-Bereich, wo Software zumeist als standardisiertes Massenprodukt zur Anwendung kommt.

cb) Während Hardware meist unveränderbar ist, kann in Software leicht eingegriffen werden. Sie ist leichter veränderbar.

cc) Oft zeigen Softwareprodukte Fehler erst bei bestimmten Konstellationen von Dateneingaben, die zu einem früheren Zeitpunkt unvorhersehbar sind. Hardwarefehler treten meist schon bei der ersten Inbetriebnahme auf, sind daher in ihren Auswirkungen in der Regel leicht erkennbar.

cd) Software unterliegt häufigen Veränderungen. Sie dient der Steuerung von Bewegungen in Datenbeständen. Wenn man es so ausdrücken will, hat Software in vielen Fällen eine besonders starke Eigendynamik, die manchmal schwer beherrschbar ist.

ce) Während Hardware in Fabriken zumeist in Serienproduktion hergestellt wird, sind viele Softwareproduktionen Einzelanfertigungen, die nicht so häufig und intensiv getestet werden können wie Serienprodukte der Industrie. Sie sind fehleranfällig. (Manche vertreten die Ansicht, daß Software niemals völlig fehlerfrei sein kann!)

Aus diesen Gründen tun sowohl Händler als auch Kunden gut daran, die gesetzlichen Regelungen, die eher auf statische Produkte (wie z.B. Hardware) zugeschnitten sind, im Hinblick auf Softwareprodukte zu modifizieren. Dabei – und das ist selbstverständlich – hängt es von der Tüchtigkeit des einzelnen Verhandlungspartners ab, inwieweit es ihm gelingt, die Gesetzeslage zu seinem Vorteil zu verändern und den Vertragspartner davon zu überzeugen, dies zu akzeptieren.

1.4 Wie detailliert sollen Verträge sein?

Im amerikanischen Rechtskreis ist es üblich, daß alles, was nicht ausdrücklich vereinbart ist, auch nicht als vereinbart gilt. Dies ist der Grund, wieso aus dem angelsächsischen Rechtskreis kommende Verträge äußerst umfangreich sind. Vieles, was bei uns selbstverständlich ist, muß dort gesondert in den Text eines Vertrages aufgenommen werden. Im kontinentaleuropäischen Recht, insbesondere auch im österreichischen Vertragsrecht, ist es hingegen so, daß das Gesetz viele Regeln vorgibt, die dann gelten, wenn die Parteien nichts Abweichendes vereinbaren. Diese Regeln gelten selbst dann, wenn die Parteien deren Geltung nicht bedacht haben, sie gelten sohin ohne, aber nicht gegen den Willen der Parteien.

Letztere Eigenheit des kontinentaleuropäischen Rechtes hat den Vorteil, daß die europäischen Verträge nicht so detailliert alles regeln müssen wie vergleichbare amerikanische Vertragswerke. Es hat aber auch den Nachteil, daß derjenige, der das Gesetz nicht kennt, Regeln akzeptiert und Rechtsfolgen in Kauf nimmt, mit denen er oft gar nicht rechnet. Grundsätzlich gilt daher im österreichischen Vertragsrecht zunächst das, was im Vertrag steht und dann das, was das Gesetz vorsieht.

1.5 Gibt es Handelsbräuche und Standards, die zur Vertragsauslegung herangezogen werden können?

Anerkannte EDV-Handelsbräuche bzw. EDV-Branchenusancen (die ebenfalls zur Vertragsauslegung herangezogen werden können) sind dem Autor nicht bekannt.

Es gibt aber den Begriff des „Standes der Technik". Liefert jemand ein Produkt, so hat er dafür einzustehen, daß dieses Produkt jene Eigenschaften aufweist, die er entweder zugesichert hat oder die der verkehrsüblichen Beschaffenheit entsprechen. Die verkehrsübliche Beschaffenheit hängt eng mit dem Begriff des „Standes der Technik" zusammen. Dieser Begriff ist ähnlich weit wie etwa der Begriff der „Sittenwidrigkeit". Er muß im Einzelfall – zumeist durch Sachverständigengutachten – ausgefüllt werden.

Beispiel:
(Vergleiche OGH vom 9.2.1988, 5 Ob 502/88 – „EBS-Schreibsystem" §§ 922, 932 ABGB)

Der Leitsatz der Entscheidung lautet: „Ist der die Gewährleistung begründende Mangel (z.B. fallweises Auftreten von „Zeilensprüngen" beim Ausdrucken von Texten) von der Art, daß er nicht mehr behoben werden kann und den ordentlichen Gebrauch der Sache verhindert, so kann der Käufer die gänzliche Aufhebung des Vertrages fordern. Maßgebend ist die Verkehrsauffassung. Demnach wird auch bei einem derart hochentwickelten Gerät, wie dem verfahrensgegenständlichen elektronischen Schreibsystem, eine dem jeweiligen Stand der Technik entsprechende Resistenz bzw. Unempfindlichkeit gegenüber äußeren Einflüssen vorausgesetzt, die für ein klagloses Funktionieren des Gerätes unter den verkehrsüblichen Arbeitsbedingungen erforderlich sind."

Im gegenständlichen Fall kam es zu sogenannten „Zeilensprüngen", die nur in den Räumen des Kunden auftraten.

Ein Sachverständiger kam zu dem Schluß, daß der Fehler („Zeilenspringen") auf äußere Einflüsse (z.B. statische Überladung, unregelmäßige Stromzufuhr) zurückzuführen ist. Er konnte die Ursache des Fehlers aber auch nicht nicht feststellen. Tatsache ist, daß das Gerät in den Arbeitsräumen des Kunden nicht funktionierte und daß ein anderes Gerät einer anderen Marke (später) einwandfrei funktioniert hat. Der OGH entschied nun, daß es dem Stand der Technik entspricht, daß EDV-Geräte so unempfindlich sein müssen, daß sie in einem „normalen" Büro funktionieren, selbst dann, wenn z.b. ungünstige Außeneinflüsse (hohe statische Aufladung, Schwankungen der Stromzufuhr) gegeben sind. Daß eine mangelnde Unempfindlichkeit vorlag, schloß das Gericht daraus, daß ein Produkt einer anderen Marke einwandfrei funktionierte. (Die Entscheidung ist abgedruckt in der Zeitschrift EDV und Recht 1988, Heft 3 , Seite 4.)

Im folgenden werden die einzelnen Vertragstypen (Kauf-, Miet-, Werkvertrag) besprochen. Dort, wo die Rechtslage für den einzelnen, sei es Händler oder Kunde, zu besonderen Nachteilen führen kann bzw. zum Teil sogar überraschende Folgen hat, wird auf diese besonders hingewiesen. Wegen des großen Umfanges der zu besprechenden Materie (allgemeines Vertragsrecht, besonderes Vertragsrecht unter Berücksichtigung der Spezialprobleme von Soft- und Hardwareprodukten) kann es sich in diesem Rahmen nur um eine Auswahl handeln, sodaß kein Anspruch auf Vollständigkeit erhoben wird.

Da sich zu normalen Verträgen über die Anschaffung von Wirtschaftsgütern Besonderheiten hauptsächlich im Rahmen von „Softwareverträgen" ergeben, werden diese vornehmlich behandelt, mit Ausnahme der Erörterung nachstehender Frage:

1.6 Haben Hardwareprodukte grundsätzlich dasselbe rechtliche Schicksal zu teilen wie Softwareprodukte?

Hiezu können folgende Standpunkte vertreten werden:

Kann man, wenn man von ein und demselben Händler ein Softwareprodukt und ein dazupassendes Hardwareprodukt erwirbt, das Hardwareprodukt samt dem Softwareprodukt zurückgeben, falls eines der beiden Produkte so mangelhaft ist, daß es für die gestellte Aufgabe völlig ungeeignet ist?

a) Ist die Hardware gesondert einsetzbar (und dies für den Kunden auch sinnvoll), so wird ihm zugemutet werden können, die Hardware zu behalten und sie z.B. mit vergleichbarer anderer Software zu verwenden.

b) Ist dies nicht möglich, so ist es vertretbar, die Hardware mit der Software zurückzugeben, d.h. das rechtliche Schicksal der Hardware von dem der Software abhängig zu machen.

Der OGH hat in seiner Entscheidung vom 10.4.1991, 2 Ob 625/90 (veröffentlicht in der Zeitschrift Recht der Wirtschaft 1991, S. 230) auf den Parteiwillen abgestellt und vermeint, daß eine von den Parteien gewollte Unteilbarkeit des Vertrages dann anzunehmen ist, wenn Hardware und Individual-Anwendersoftware, die vom Anbieter speziell für die Bedürfnisse des Erwerbers adaptiert oder erst entwickelt wird, Gegenstand der Leistung sind. Er vermeint weiters, daß der Käufer in solchen Fällen typischerweise, weil die „Softwareleistung" werkvertragliche Elemente aufweist, die Hardware nur dann erwerben will, wenn die gerade für ihn „maßgeschneiderte" Software auch funktioniert. Er stellt primär auf den Willen der Parteien und erst subsidiär auf die Verkehrsauffassung ab. Wenn sich aus dem Vertragsbereich keine Bestimmungen für den Konfliktfall ergeben, so ist unter Berücksichtigung der übrigen Geschäftsbestimmungen und des von den Parteien verfolgten Zweckes zu fragen, welche Lösung redliche und vernünftige Parteien vereinbart hätten. Es ist darauf abzustellen, ob der Vertrag auch dann geschlossen worden wäre, wenn die Parteien das Ausbleiben eines Leistungsteiles bedacht hätten. Hiebei genügt es, daß die Leistung für einen Vertragspartner unteilbar und dies für den anderen Vertragspartner erkennbar ist. Eine von den Parteien gewollte Unteilbarkeit ist dann anzunehmen, wenn Hardware und Individual-Anwendersoftware, die vom Anbieter der Hardware speziell für die Bedürfnisse des Erwerbers adaptiert oder gar erst entwickelt wird, Gegenstand der Leistung sind. In solchen Fällen ist davon auszugehen, daß der Käufer die Hardware nur dann haben will, wenn auch die Software mängelfrei funktioniert. Der Kläger lieferte Handterminals samt dazugehöriger Spezialsoftware. Die Anlage sollte eine einwandfreie, gesicherte und funktionsfähige Datenübertragung von einer Filiale an die Zentrale gewährleisten. Der beklagten Partei wurde auch das Recht eingeräumt, vom Vertrag zurückzutreten, falls die Tests hinsichtlich der Filiale nicht erfolgreich sein sollten. Aus diesen Vertragsbestimmungen schloß der OGH, daß jedenfalls für die beklagte Partei, die von der klagenden Partei zu erbringenden Leistungen unteilbar sein sollten und dies auch der klagenden Partei erkennbar war (vergleiche: Iro – Leistungsstörungen bei gemeinsamer Anschaffung von Hard- und Software, Recht der Wirtschaft 1984, S. 26 ff; SZ 50/85 = Evidenzblatt 1978/9, = JBl 1978, 374).

Konsequenz für die Praxis aus der oben beschriebenen Entscheidung ist, daß sinnvollerweise die Parteien vertraglich festlegen sollen, ob derartige Leistungen – juristisch gesprochen – teilbar sind oder nicht.

Hard- und Softwarefirmen versuchen zumeist, eine Trennung vorzunehmen, dies zumal dann, wenn sie selbst Hardwarehändler und Softwareproduzent sind oder Hardware und Software von verschiedenen Vertragspartnern beziehen. Diese sind nämlich oft nicht bereit, das Risiko, das darin liegt, daß nicht zusammenpassende Hard- und Software zur Anwendung gelangt, zu tragen. Viele Händler versuchen dieses Risiko auf den Kunden abzuwälzen.

Für den Kunden stellt sich die Sache umgekehrt dar, er darf darauf vertrauen, daß derjenige, der ihm Hard- und Software liefert, ein Fachmann ist und als solcher ihm eine Konfiguration von Hard- und Software zur Verfügung stellt, die zusammenpaßt und in der Lage ist, sein Problem zu lösen.

Gerade das richtige Zusammenstellen von Soft- und Hardware gehört zu den vornehmlichsten Pflichten eines Händlers und letztlich auch zu jenen besonderen Eigenschaften und Kenntnissen, für die er als Fachmann einzustehen hat (vergleiche: §1299 ABGB). Man muß ihm aber auch einräumen, daß es für ihn oft äußerst schwierig ist, zu beurteilen, ob und inwieweit die von ihm gemachte Zusammenstellung in der Praxis auch wirklich funktioniert. Dies ist darauf zurückzuführen, daß viele Händler selbst auch nur vage Beschreibungen der Produkte des jeweiligen Soft- und Hardwareproduzenten besitzen. Als Soft- und Hardwarehändler wird man daher gut daran tun, mit seinen jeweiligen Lieferanten Regelungen für den Fall zu treffen, daß es zu einem Gewährleistungs- oder Schadenersatzfall gegenüber einem Kunden kommt.

Beispiel:

Firma A kauft zwei PCs, um mit diesen im Sekretariat des Chefs Textverarbeitung durchzuführen. Außerdem kauft sie bei demselben Händler ein bekanntes Textverarbeitungspaket.

Stellt sich heraus, daß die PCs für den Betrieb des Textverarbeitungspaketes ungeeignet sind (z.B. weil ihre Kapazität zu klein oder bei weitem zu groß ist und/oder ihre Verarbeitungsgeschwindigkeit zu langsam ist), so liegt zweifelsohne ein Gewährleistungsfall vor. In einem solchen Fall bestehen grundsätzlich drei Möglichkeiten:

1) Die Firma behält die Software, gibt die PCs zurück und kauft andere (größere) PCs.

2) Die Firma behält die PCs und kauft eine andere (für diese geeignetere) Software.

3) Die Firma gibt sowohl Software, als auch die PCs zurück und überlegt sich eine andere Investitionsentscheidung.

Nach dem Gesetz hat der Kunde die freie Wahl, ob er Verbesserung oder Nachtrag des Fehlenden oder Wandlung (Rücktritt vom Vertrag) begehren möchte (unter der Voraussetzung, daß es sich bei dem vorliegenden Mangel um einen wesentlichen Mangel handelt).

Während der Kunde nach dem Gesetz frei wählen kann, versuchen Händler zumeist dieses Wahlrecht einzuschränken (ein kompletter Ausschluß der Gewährleistung bei fabrikneuer Ware ist sittenwidrig und daher unbeachtlich – vgl. OGH JBl. 1970, Seite 271).

Wie weit der Kunde sich dies gefallen lassen will, hängt einerseits von seinem Verhandlungsgeschick und andererseits von seiner Marktmacht ab.

Die Argumentation von Händlern, daß man beispielsweise mit einem PC auch ganz andere Dinge – z.B. Buchhaltung – machen kann, ist in diesem Fall nicht akzeptabel, es sei denn, der PC wäre sowohl für Textverarbeitung, als auch für Buchhaltung angeschafft worden. Hiebei stellt sich aber auch die Frage, ob es wirtschaftlich nicht sinnvoller wäre, den PC zurückzugeben und durch einen kleineren (billigeren) zu ersetzen. Jedenfalls hätte der Kunde in einem solchen Fall einen Preisminderungsanspruch.

Da in diesem Punkt eine Reihe von Rechtsfragen auftreten können, empfiehlt es sich dringendst, eine genaue vertragliche Regelung zu treffen, wobei für Händler die Trennung des rechtlichen Schicksals von Hard- und Software meist wirtschaftlich von Vorteil, für den Kunden aber wirtschaftlich von Nachteil ist.

Werden Soft- und Hardware von verschiedenen Vertragspartnern geliefert, so ist die Lage besonders diffizil. Einerseits kann der Hardwarelieferant (zumeist nicht ganz grundlos) behaupten, daß die Software mangelhaft ist, andererseits kann auch der Softwarehändler vorbringen, seine Software wäre in Ordnung, die Hardware habe Mängel. Keinem von beiden kann von Gesetzes wegen zugemutet werden, wegen Mängel des jeweils anderen Produktes auch sein eigenes zurücknehmen zu müssen.

Der Kunde tut in solchen Fällen gut daran, in beiden (Einzel-)Verträgen ein Rückgaberecht vorzusehen, falls das Produkt auch nur eines seiner Vertragspartner mangelhaft ist oder beide Produkte nicht zusammenpassen. Dies kann man dadurch absichern, indem man beide Vertragspartner zusichern läßt, daß das jeweils eigene Produkt mit dem des anderen zusammenpaßt. Überdies sollte in beiden Verträgen vorgesehen sein, wer in dem Fall, daß auch nur eines der beiden Produkte mangelhaft ist oder sich nicht feststellen läßt, welches von beiden mangelhaft ist, die Kosten der Rücknahme des Produktes tragen muß.

In diesen Fällen empfiehlt sich jedenfalls die Vereinbarung eines längeren Abnahmetermins, um die Funktionstüchtigkeit im Dauerbetrieb überprüfen zu können.

Ein anderer Weg, solche Probleme zu vermeiden, besteht darin, einen Generalunternehmer zu beauftragen, eine Komplettlösung zu planen, anzuschaffen, zu testen und zu installieren. Bei der Gestaltung des Vertrages mit dem Generalunternehmer ist darauf zu achten, daß (auch) er unbeschränkt für Mängel und Schadenersatzansprüche herangezogen werden kann.

Wer solche Regelungen nicht trifft bzw. nicht durchsetzen kann, könnte als Kunde leicht zwischen „zwei Sesseln" sitzen bleiben. (Vergleiche zu diesem Problem: Iro – Recht der Wirtschaft 1984, Seite 267 ff.)

Rechtlich geht es bei diesem Problemkreis darum, ob die bestellte Leistung unteilbar oder teilbar ist, d.h. ob der eine Teil (Software) vom anderen Teil (Hardware) bei vernünftiger, wirtschaftlicher Betrachtungsweise eine getrenntes Schicksal erleiden kann oder nicht, d.h. sinnvollerweise getrennt eingesetzt werden kann. Legen die Parteien dies nicht aufgrund des Parteiwillens vertraglich fest und läßt sich dies auch nicht aus dem Vertrag redlicherweise erschließen, so wird man letztlich auf die Verkehrsauffassung zurückgreifen müssen.

1.7 Wie ist das Verhältnis Lieferant – Leasinggeber – Leasingnehmer zu regeln?

Problematisch wird dieser Themenkreis vor allem dann, wenn Dritte (z.B. Leasingfirmen) eingeschaltet sind. In der Regel haftet die Leasingfirma nicht für Mängel des Leasinggutes. Sie tritt allfällige Gewährleistungsansprüche gegen den Händler (Hersteller) lediglich an den Kunden ab. Dieser muß seine Ansprüche gegen den Händler (Hersteller) selbst durchsetzen. Die Bezahlung der Leasingraten darf nicht verweigert werden, d.h. der Kunde muß zahlen, selbst wenn das Produkt mangelhaft ist.

Manche Händler (Hersteller) sind daher dazu übergegangen, eigene Leasingfirmen zu gründen (meist 100%ige Tochtergesellschaften), über die der Kunde EDV-Produkte leasen kann; tut er dies, so werden dadurch seine „Gewährleistungsansprüche" regelmäßig insoweit beschränkt, als er die Leasingraten selbst bei Mangelhaftigkeit des Produktes bezahlen muß. Ob er die an die Leasingfirma bezahlten Raten im Falle berechtigter Ansprüche vom Händler (Hersteller) zurückerhält, hängt von Prozessen zwischen ihm und diesem, sowie von dessen Bonität ab. Diese Konstruktion findet ihre Grenzen in der Sittenwidrigkeit, Mißbrauch liegt eher selten vor. (Vergleiche OLG Wien; 4R 98/88 v. 20.6.1988)

Der OGH entschied, daß der Leasinggeber für Zusagen des Lieferanten dem Leasingnehmer haftet und für deren Erfüllung einstehen muß, insbesondere dann, wenn sich der Leasinggeber beim Abschluß des Leasingvertrages der Hilfe des Lieferanten bedient. Kommt es daher nicht zur Abnahme des Produktes (weil es von Anfang an ungeeignet war), so ist auch der Leasingvertrag nicht erfüllt, was bedeutet, daß der Leasingnehmer keine Zahlung leisten muß (vergleiche OGH vom 14.6.1988, 8 Ob 625/87 und OGH 9.2.1989, 6 Ob 709/88).

1.8 Was sollte jeder Vertrag grundsätzlich regeln?

1) Vertragsparteien
    a) Veräußerer
    b) Erwerber
2) Vertragsgegenstand (Hauptleistung des Veräußerers)
    a) Gegenstand / Pflichtenheft
    b) Liefertermin
    c) Übergabemodalitäten
3) Vertragstyp
    a) Kauf
    b) Miete
    c) Werkvertrag
    d) Lizenzvertrag
    e) Sonstiges
4) Erwerbskonditionen (Hauptleistung des Erwerbers)
    a) Zahlungsmodalitäten (Preis, Fälligkeit, Zahlungsweise)
    b) steuerliche Fragen
    c) Wertsicherung
    d) Verzugszinsen, Raten, Terminsverlust
5) Nebenleistungen des Veräußerers
    a) Beschreibungen / Sourcecode
    b) Schulung
    c) Wartung

      d) weitere Leistungen (Aufklärung über die Rechtslage; Datenschutzgesetz; Außenhandelsgesetz; arbeitsrechtliche Besonderheiten)
6) Nebenleistungen des Erwerbers
      a) Schutz der gelieferten Produkte vor unbefugter Vervielfältigung
      b) Verwendung nur im vereinbarten Ausmaß (Umfang des Nutzungrechtes)
      c) Einräumung von Kontrollmöglichkeiten des Veräußerers
7) Leistungsstörungen beim Veräußerer
      a) Verzug
      b) Gewährleistung (Mängel)
      c) Schadenersatz; insbesondere für Datenverlust und sonstige Vermögensschäden
      d) Bankgarantien
8) Leistungsstörungen beim Erwerber
      a) Verzug
      b) Eigentumsvorbehalt (Verzicht auf Besitzstörungsklage)
9) Konventionalstrafen
10) Sonstiges
      a) Sicherung der Einhaltung von Bestimmungen nach dem Außenhandelsgesetz
      b) Bestimmungen für den Fall der Insolvenz oder der Betriebsbeendigung einer der Parteien
      c) Bestimmungen für Rechtsnachfolge und Veräußerung
      d) Kündigungsmöglichkeiten
      e) Schicksal von Weiterentwicklungen
      f) Rechtswahl
      g) Schiedsgericht
      h) Gerichtsstandsvereinbarung

Zu den einzelnen Punkten:

ad 1) Die Vertragsparteien

Ausgehend davon, daß zumeist ein Kauf-, Miet- und/oder Werknutzungsvertrag (Lizenz) vorliegt, empfiehlt es sich nicht, die gesetzlichen Begriffe (Käufer – Verkäufer, Mieter – Vermieter, Werkbesteller – Werknehmer, Urheber – Werknutzungsberechtigter) zu verwenden, sondern auf die neutralen Begriffe „Veräußerer" und „Erwerber" zurückzugreifen.

Zunächst sollte genau festgelegt werden, wer Vertragspartner ist.

Handelt es sich um Firmen (das sind in das Firmenbuch eingetragene Kaufleute), so ist jener Wortlaut zu verwenden, der im Firmenbuch steht.

Das Firmenbuch wird von den Gerichtshöfen erster Instanz (Landesgerichte, in Wien vom Handelsgericht Wien) geführt. Zuständig ist das Gericht, in dessen Sprengel der Firmensitz des eingetragenen Unternehmens liegt.

Im Wirtschaftsleben ist es häufig so, daß Firmen nicht unter ihrem im Firmenbuch aufscheinenden Namen, sondern unter „Synonymen" auftreten. Oft kommt auch vor, daß sich hinter einer Person eine Gesellschaft mit beschränkter Haftung verbirgt.

Um Mißverständnisse zu vermeiden, ist es wesentlich, daß der Vertragspartner aus den zu errichtenden, schriftlichen Urkunden genau bestimmbar ist. Hiebei sollte der Wortlaut im Text der Vertragsurkunde mit dem Wortlaut (Stand) des Firmenbuches übereinstimmen. Im Streitfall ergibt dies die wenigsten Probleme.

Es gibt Unternehmungen, die aus mehreren Firmen bestehen, wobei von der Geschäftsführung Formulare verschiedener Firmen verwendet werden. In solchen Fällen ist äußerste Vorsicht geboten, zumal es für jedermann wichtig ist zu wissen, mit wem er kontrahiert. Nicht selten ist die Klärung der Frage, wer eigentlich der Vertragspartner ist, äußerst aufwendig. Sollte man irrtümlich den „falschen" Vertragspartner gerichtlich in Anspruch nehmen, kann dies zu erheblichen Kostenfolgen, unter Umständen sogar zum Rechtsverlust (z.B. wegen inzwischen gegen den richtigen Vertragspartner eingetretener Verjährung) führen.

Gemäß § 14 HGB hat seit 1.1.1993 der Vorstand (Geschäftsführer) oder die Abwickler (Liquidatoren) einer Kapitalgesellschaft auf allen Geschäftsbriefen und Bestellscheinen, die an einen bestimmten Empfänger gerichtet sind, die Rechtsform, den Sitz und die Firmenbuchnummer der Gesellschaft, gegebenenfalls den Vermerk, daß sich die Gesellschaft in Liquidation befindet, sowie das Firmenbuch-Gericht anzugeben. Werden Angaben über das Kapital der Gesellschaft gemacht, so müssen in jedem Fall das Grund- und Stammkapital sowie bei der Aktiengesellschaft, wenn auf die Aktien der Nennbetrag oder der höhere Ausgabebetrag nicht vollständig, bei der Gesellschaft mit beschränkter Haftung, wenn nicht alle in Geld zu leistenden Einlagen eingezahlt sind, der Gesamtbetrag der ausstehenden Einlage angegeben werden.

Auf Bestellscheinen haben diese Angaben ebenfalls zu sein. (Im Falle einer GmbH & Co. KG sind diese Angaben nur für die Komplementärkapitalgesellschaft vorgeschrieben, nicht erforderlich auf dem Briefpapier im Sinne des Handelsgesetzbuches sind derartige Angaben bei Personengesellschaften und Einzelhandelsfirmen, sowie bei den Erwerbsgesellschaften, Genossenschaften, etc.).

Bei natürlichen Personen ist es ratsam, neben Vornamen, Zunamen und einer Adresse (auch das wird in der Praxis oft vergessen!) auch das Geburtsdatum zu notieren. Mit dessen Kenntnis hat man es später im Rahmen eines eventuellen Exekutionsverfahrens (Gehaltsexekution, Realexekution) leichter, weil man sich den Aufwand für die Beschaffung dieser Daten ersparen kann.

Sinnvoll ist es auch, die Bonität des Vertragspartners zu überprüfen. Man kann dies entweder mit Hilfe von Banken (Bankauskünften) oder mittels einer Auskunft bei Kreditschutzverbänden tun. Diese Ermittlungen können unter Beachtung äußerster Diskretion durchgeführt werden.

Weiters ist es sinnvoll, insbesondere bei größeren Abschlüssen, sich Referenzkunden nennen zu lassen, die man eingehend und ausgiebig über ihre Erfahrungen mit dem in Aussicht genommenen Vertragspartner befragen sollte. Seriöse Unternehmen haben in der Regel gegen die Einholung solcher Auskünfte nichts einzuwenden, zumal sie auf ihre zufriedenen Kunden stolz sind.

ad 2) Vertragsgegenstand

a) Gegenstand / Pflichtenheft

Wesentlich ist, daß der Vertragsgegenstand, d.h. das, was geliefert werden soll, genau beschrieben wird. Soweit es sich um Hardware handelt, genügt in der Regel die Anführung von Type und Modell bzw. die marktübliche Bezeichnung der Geräte. Dazu sollte auch klargestellt werden, für welche Aufgaben die Hardware geeignet sein muß (beispielsweise für die Bewältigung der Verarbeitung von 300.000 Datensätzen pro Stunde usw.).

Bei Software ist das Problem diffiziler. Sinnvoll ist es, ein sogenanntes „Pflichtenheft" zu erstellen. In diesem, das man zum integrierenden Bestandteil des Vertrages erklären sollte, sind unter anderem folgende Punkte genau festzulegen:

- Welche Datenmengen gilt es (voraussichtlich) zu bearbeiten?
- In welcher Zeit soll das geschehen?
- Welche Operationen sind mit den Datenmengen zu bewältigen?
- Wo sollen die Datenmengen wieder abgespeichert werden (Band, Platten)?
- Wie sollen sie ausgedruckt werden?
- Welche Datensicherungsmöglichkeiten sind vorzusehen?
- Wie lange dürfen welche Vorgänge dauern?
- Wie benützerfreundlich haben die Produkte zu sein (Maskenführung, Windows Technics, etc.)?
- Welche Qualitätskriterien haben zu gelten?
- Inwieweit ist die Übertragbarkeit auf andere Systeme gewährleistet?
- In welcher Sprache sind z.B. die Bildschirmmasken abzufassen?
- Welche Aufgaben sollen mit dem bestellten Produkt auf welche Art bewältigt werden.

Je genauer das Pflichtenheft ist, desto eher wird ein Streit darüber, was bestellt wurde und was die Produkte zu leisten haben, vermieden.

Nirgends ist die Erwartungshaltung in das „Machbare" so groß, wie im Computergeschäft. Immer wieder verfallen Vertragspartner auf den Fehler, gewisse Dinge als selbstverständlich vorauszusetzen, die der andere nicht als selbstverständlich ansieht.

Ein ordentlich gemachtes Pflichtenheft stellt bereits einen Großteil des zu erwartenden Programmieraufwandes dar. Es ist dies auch jener Bereich, in welchem dem Kunden im Rahmen seiner vertraglichen Aufklärungs- und Schutzpflichten angemessene Mitarbeit zugemutet werden kann. Er muß seinem Vertragspartner, dem Veräußerer, möglichst genaue und viele Informationen geben. Welche Informationen erteilt und welche Wünsche an ihn herangetragen werden, sollte genauestens festgehalten werden. Es könnte sonst leicht passieren, daß in einem Streit darüber, was nun bestellt war oder ob etwas, das bestellt ist, mangelhaft ist oder nicht, eine Partei in Beweisnotstand gerät.

Darüber hinaus ist es wesentlich festzulegen, welche physische Person auf Seiten des Erwerbers und welche physische Person auf Seiten des Veräußerers berechtigt ist, im Verhältnis zum Vertragspartner Wünsche zu äußern bzw. zu akzeptieren. Das Pflichtenheft wird zumeist nicht auf der obersten Unternehmensebene erarbeitet, sondern von Mitarbeitern der jeweiligen Firmen, die oft die ökonomischen Hintergründe ihres Handelns vergessen, zumal sie sich mit der Erschaffung eines Produktes und nicht mit dessen Vertrieb beschäftigen. Hier ist eine klare Kompetenzverteilung – und zwar nicht nur im Verhältnis zwischen den Vertragspartnern, sondern auch jeweils unternehmensintern – sinnvoll, zumal sich im Streitfall oft herausstellt, daß Personen Änderungen von Programmen gewünscht haben, von denen die jeweilige Unternehmensleitung nicht informiert war.

Klar sollte auch festgelegt werden, wann das Pflichtenheft abgeschlossen ist, sodaß sämtliche Änderungswünsche, die danach noch auftreten, einerseits gesondert abgestimmt, andererseits gesondert bezahlt werden müssen. In diesem Zusammenhang ist die Problematik beachtenswert, daß sich bei der Herstellung des Programms nach Erstellung des Pflichtenheftes oft nicht vorhersehbare Schwierigkeiten ergeben, manchmal aber auch neue Möglichkeiten eröffnen.

b) Liefertermin

Zur Hauptleistungsverpflichtung des Veräußerers gehört auch die Festlegung eines Liefertermins. Üblich ist es, entweder ein bestimmtes Datum anzuführen oder eine Kalenderwoche, innerhalb welcher geliefert werden soll. Da der Kunde üblicherweise von der bloßen Anlieferung des Produktes nichts hat, ist auch noch festzulegen, wer welchen Installationsaufwand trägt. Dazu gehört auch die Festlegung von Normen, betreffend die Räumlichkeiten, in denen die EDV-Produkte aufgestellt werden sollen.

Beispiel:

Der Raum muß mindestens 3 x 4 Meter aufweisen. Es werden zumindest 8 Steckdosen für je 220 Volt mit vier eigenen Stromkreisen benötigt. Die Luftfeuchtigkeit darf nicht höher als 60% sein. Eine Klimatisierung ist (ist nicht) erforderlich.

c) **Übergabe(Abnahme)-Modalitäten**

Zweckmäßig ist, daß das gelieferte Produkt aufgestellt und sodann getestet wird (Übergabemodalitäten). Die Ergebnisse des Testes sind festzuhalten. Der Test erfolgt in aller Regel aufgrund von Daten, die eine der beiden Parteien zur Verfügung stellt. Dem Kunden sei angeraten, diese Daten selbst zu erstellen.

Bestimmungen, wonach Mängel, die erstmals nach diesem Test auftreten, nicht der Gewährleistungspflicht unterliegen, sohin juristisch gesehen „nicht in die Augen fallen" sind m.E. – soweit es sich um gravierende Mängel handelt – sittenwidrig. Dies ist damit zu begründen, daß viele Softwarefehler erst nach längerem Echtbetrieb erkennbar werden können.

Sinnvollerweise sollte auch – zumal unter Kaufleuten die sofortige Rügepflicht der §§ 377, 378 HGB gilt – ein eigenes Verfahren vereinbart werden, das die Geltendmachung von Mängeln ausdrücklich regelt (Näheres siehe Punkt 7b).

ad 3) **Vertragstyp**

Festzulegen ist ferner, ob ein Kauf-, ein Miet-, ein Werk- oder ein Lizenzvertrag vorliegt oder ein Mischtyp. Die wesentlichen Unterschiede zwischen den Vertragstypen sind (rein nach dem Gesetz) die folgenden:

a) **Kaufvertrag**

Der Erwerber wird mit der Übergabe des Vertragsgegenstandes dessen Eigentümer.

Die Gewährleistungspflicht erlischt nach 6 Monaten (EDV-Produkte sind in der Regel bewegliche Sachen). Diese Frist wird aktiv (nach Zahlung) nur durch Klagsführung gewahrt, passiv (vor Zahlung) genügt die Rüge innerhalb der Frist.

Gemäß §377 HGB ist unter Kaufleuten eine Rüge unverzüglich vorzunehmen und sind die gelieferten Sachen auch sofort auf Mangelhaftigkeit zu überprüfen.

Der Kaufpreis ist grundsätzlich nach Vereinbarung fällig.

b) **Miete**

Der Veräußerer bleibt Eigentümer, der Mieter ist nur nutzungsberechtigt.

Die Gewährleistung dauert solange, wie der Mieter den Gegenstand hat. Der Vermieter hat nämlich für dessen Erhaltung zu sorgen (dies wird zumeist – zulässigerweise – vertraglich ausgeschlossen).

c) **Werkvertrag**

Der Unternehmer stellt ein Werk her, das er nach der Herstellung in das Eigentum des Werkbestellers überträgt.

Die Gewährleistungsfristen sind die selben wie beim Kaufvertrag.

Der Werklohn ist so lange nicht fällig, wie das Werk nicht völlig mangelfrei hergestellt und übergeben ist. Abweichendes (z.B. Fälligkeit eines Teiles nach Fertigstellung des Pflichtenheftes) müßte vereinbart sein.

Sinnvoll ist es, das Recht, die Leistung zu verweigern, auf den Fall des Vorliegens eines erheblichen Mangels einzuschränken, allenfalls das Leistungsverweigerungsrecht mit der Höhe des voraussichtlichen Mangelbehebungsaufwandes zu limitieren.

d) **Lizenzvertrag**

Siehe die Bestimmungen betreffend die Geltung des Urheberrechtes (Kapitel über gewerblichen Rechtsschutz).

e) **Sonstige / Weiterveräußerung / Sourcecode**

Zu klären ist weiters, ob der Hersteller das gelieferte Produkt (Software) auch zur Gänze oder zum Teil an Dritte veräußern darf (Verwertungsrechte nach dem Urheberrechtsgesetz – ja oder nein – und bei wem!).

Nach einer Entscheidung des LG Linz (16.3.1988, 18R, 160/88) gilt Software als mangelhaft, wenn sie nicht völlig fehlerfrei funktioniert, solange (bei einfachen Programmen) der Sourcecode (ein Programm, das man benötigt, um Programme lesen und verändern zu können) nicht mitgeliefert ist. Dieser darf – ist Abweichendes nicht vereinbart – vom Werksunternehmer nur zurückgehalten werden, wenn die gelieferte Software völlig fehlerfrei funktioniert, denn nur in diesem Falle wird der Sourcecode vom Kunden nicht benötigt.

ad 4) Erwerbskonditionen

a) **Zahlungsmodalitäten**

Genau festgelegt werden sollten die Zahlungsmodalitäten. Dazu gehört einerseits die Bestimmung des Preises für die jeweilige Leistung (Kaufpreis, Werkhonorar, Miete, Lizenzgebühr), die Fälligkeit der Leistung, allenfalls auch die Vereinbarung von Raten. Außerdem soll die Zahlungsweise (Überweisung auf ein Konto, Barzahlung, Zahlung mittels Inhaberscheck, Übergabe eines Sparbuches, lautend auf „Inhaber" und ohne Losungswort, etc.) festgelegt werden.

Festzuhalten ist auch, ob sich die im Vertrag genannten Preise mit oder ohne Umsatzsteuer verstehen.

b) Steuerliche Fragen

ba) Umsatzsteuer:

Unstrittig ist, daß für Hardware grundsätzlich 20% Umsatzsteuer zu bezahlen sind. Für Software galt zumindest unstreitig bis zum Inkrafttreten der Urheberrechtsgesetznovelle aufgrund des Erlasses des BM für Finanzen vom 3.9.1987, Z 091017/1 – IV/9/87, veröffentlicht in AÖF 1987/274, daß ebenfalls 20% Umsatzsteuer zu bezahlen sind, wobei jedoch in der Periode davor von manchen Softwarehändlern nur 10% verrechnet wurden, weil sie ihre Produkte als Werke im Sinne des Urheberrechtsgesetzes bezeichneten und für derartige nur 10% Umsatzsteuer zu bezahlen waren. Ob sich im Hinblick auf die Urheberrechtsgesetznovelle 1993 (siehe Kapitel „gewerblicher Rechtsschutz") in der Praxis die Ansicht der Finanzverwaltung neuerlich ändern wird, bleibt abzuwarten.

Die Mehrwertsteuer kann auf zwei Arten bezahlt werden:

- Sie wird vom Erwerber dem Veräußerer mitübergeben und von diesem an das Finanzamt abgeführt.

oder

- das dem Erwerber entstehende Vorsteuerguthaben wird auf die Umsatzsteuerschuld des Veräußerers auf direktem Wege, (d.h. beim Finanzamt) umgebucht, bzw., wenn für Erwerber und Veräußerer verschiedene Finanzämter zuständig sind, von einem Finanzamt auf das andere überrechnet. Die einschlägigen Bestimmungen finden sich im § 215 Abs. 4 der Bundesabgabenordnung.

Wesentlich ist, daß eine Umbuchung bzw. Überrechnung nur dann möglich ist, wenn derjenige, der das Vorsteuerguthaben hat (der Erwerber) keinerlei sonstige Schulden beim Finanzamt aufweist.

Vor Vereinbarung einer Überrechnung bzw. Umbuchung sollte sich der Veräußerer (z.B. durch Einsicht in die Steuerunterlagen des Erwerbers) davon überzeugen, daß aufgrund der finanziellen Situation des Erwerbers ein derartiger Vorgang möglich ist. Darüber hinaus setzt eine derartige Zahlungsart auch voraus, daß der Veräußerer eine Rechnung ausstellt, die Parteien entsprechende Umsatzsteuervoranmeldungen abgeben und ein Antrag auf Überrechnung oder Umbuchung gestellt wird.

bb) Gebührenpflicht:

Zur Gebührenpflicht von Bestand- und Nutzungsverträgen (gilt nicht für echte Kauf- und Werkverträge):

Gem. § 33 tp 5 Abs. 1 Zi. 1 des Gebührengesetzes 1957, BGBl. Nr. 267 in der derzeit gültigen Fassung, unterliegen Bestandverträge (= Mietverträge) (§§ 1090 ff ABGB) und sonstige Verträge, durch die jemand den Gebrauch einer unverbrauchbaren Sache auf gewisse Zeit und zu einem bestimmten Preis erhält, (z.B. alle Arten von Softwarenutzungsverträgen) einer Rechtsgeschäftsgebühr von 1% nach dem (Vertrags-)Wert.

Bei Verträgen, die auf unbestimmte Dauer eingegangen worden sind, ist 1% vom Entgelt für die Benützung von 36 Monaten zu entrichten. Bei Verträgen, die auf bestimmte Zeit abgeschlossen worden sind, ist das Gesamtentgelt für den Vertragzeitraum Bemessungsgrundlage, aber beschränkt auf das 18-fache der Jahresgrundlage, d.h. sie darf das 18fache Jahresentgelt als Bemessungsgrundlage nicht überschreiten.

Im Zusammenhang mit Softwareüberlassungsverträgen (Nutzungsverträgen) hat der Verwaltungsgerichthof folgende Entscheidungen getroffen:

VwGh, 22.6.1987, 86/15/0138

§ 33 tp 5 Abs. 1 Zi. 1, § 17 Abs. 1 GebG.

1) Wenn in der Präambel eines Rahmenvertrages der Miet- und der Wartungsvertrag als integrierende Bestandteile dieses Vertrages bezeichnet werden und beide Verträge aufeinander Bezug nehmen, so ist das in dem Rahmenvertrag festgesetzte Wartungsentgelt als Teil der Bemessungsgrundlage für die Festsetzung der Rechtsgeschäftsgebühr heranzuziehen.

2) In diesem Falle liegen nicht zwei völlig voneinander getrennte Abreden über einen Bestands- und einen Wartungsvertrag vor, sondern es ist das für die Wartung zu entrichtende Entgelt als Teil jener Leistungen zu betrachten, zu deren Erbringung sich der Bestandnehmer verpflichtet hat, um in den Genuß des ungestörten Gebrauchsrechtes an der Bestandsache zu gelangen.

Weiters VwGh 19.12.1986 ZLEN 85/15/0249.0253

§ 33 tp 5 Abs. 1 und Abs. 4 Zi. 2 GebG, § 285 ABGB

1) Schriftliche Verträge, mit denen Nutzungsrechte an Datenverarbeitungsprogrammen auf eine bestimmte Zeit eingeräumt werden, sind als Bestandsverträge gem. § 33 tp 5 Abs. 1 GebG zu vergebühren.

2) Datenverarbeitungsprogramme, die auf Magnetbändern (oder Disketten) überlassen werden, sind als Sache im Sinne des § 285 ABGB anzusehen.

3) Das Vorliegen eines Werknutzungsvertrages (gem. § 33 tp 5 Abs. 4 Zi. 2 GebG) ist jedenfalls nur dann anzunehmen, wenn der Vertragsabschluß durch den Urheber des geschützten Werkes als eine natürliche Person erfolgt.

Während bisher die Gebührenpflicht von Softwareüberlassungsverträgen (Mietverträgen, Softwarenutzungsverträgen, Softwarelizenzverträgen) vom Verwaltungsgerichtshof mit dem Hinweis bejaht wurde, daß Datenverarbeitungsprogramme nach seiner Ansicht nicht urheberrechtsschutzfähig seien und daher eine Ausnahmebestimmung des Gebührengesetzes nicht zur Anwendung komme, wonach dem Urheberrechtsschutz unterliegende Werknutzungsverträge gebührenfrei seien, wird sich nun im Hinblick auf die Urheberrechtsgesetznovelle 1993 weisen, wie der Verwaltungsgerichtshof in der Zukunft diese Problematik sieht. Vor allem bleibt beachtlich, daß die Ausnahmebestimmungen des Gebührengesetzes nur für den Fall gelten, daß der

Schöpfer des Werkes, (sohin der Autor/Programmierer) eine natürliche und nicht eine juristische Person ist. Da fast alle Softwarehersteller „Gesellschaften mit beschränkter Haftung" – sohin juristische Personen – sind, kann diese Befreiungsbestimmung bei Vermietung möglicherweise auch weiterhin nicht zur Anwendung kommen.

Zwecks Gebührenvermeidung empfiehlt sich daher nach wie vor der Verkauf einzelner Werkstücke.

Beispiel:

Softwarenutzung auf sechs Jahre; kein Teil hat Kündigungsrecht; Entgelt jährlich öS 10.000,–

Gebühr: (6 x 10.000) x 0,01 = öS 600,–

Softwareüberlassung auf unbestimmte Zeit; jeder Teil kann mit einjähriger Frist kündigen; Entgelt öS 10.000,– pro Jahr.

Gebühr: (3 x 10.000) x 0,01 = öS 300,–

bc) Gewerbesteuer:

Soweit jemand als selbständiger Programmierer bei Softwareherstellern auf Werkvertragsbasis tätig ist, sollte er in seiner Preisgestaltung berücksichtigen, daß ein selbständiger Programmierer auch Einnahmen aus „Gewerbebetrieb" bezieht, sodaß er neben der Einkommensteuer auch gewerbesteuerpflichtig ist, was seinen Gewinn weiter schmälert (vergleiche VwGh vom 6.4.1988, 87/13/02-7).

c) **Wertsicherung**

Ist der Preis für die zu erbringende Leistung nicht sofort fällig, ist es sinnvoll, beide Vertragsteile gegen einen Kaufpreisverfall (z.B. infolge Inflation) zu schützen. Aus diesem Grund sind sogenannte „Wertsicherungsklauseln" üblich. Es wird vereinbart, daß das zustehende Entgelt an einen Wertmaßstab (zumeist den Verbraucherpreisindex 1986) gebunden wird. Sinnvoll ist es, festzulegen:

- von welchem Monat auszugehen ist,
- wer den Wertsicherungsbetrag zu errechnen hat,
- wann er fällig ist.

Bei der Gestaltung der Fälligkeit des Wertsicherungsbetrages ist darauf zu achten, daß der Index für den jeweiligen Monat – meistens erst ein bis zwei Monate nach dem Ende des betreffenden Monates – bekannt wird.

Weiters empfiehlt es sich festzulegen, ob für den Fall des Verzuges auch aus dem Wertsicherungsbetrag Verzugszinsen geschuldet werden.

d) **Raten – Terminsverlust – Verzugszinsen**

Werden Raten vereinbart, so wird auch häufig ein sogenannter „Terminsverlust" festgelegt. Darunter versteht man, daß bei gänzlichem oder teilweisem Verzug einer der Parteien der Gläubiger der säumigen Partei von der jeweils anderen die Bezahlung des Gesamtbetrages fordern kann. Sinnvoll ist es, festzulegen, daß Terminsverlust erst nach Verstreichen einer gewissen Nachfrist (Respiro) oder nur nach Mahnung eintreten soll.

Wesentlich ist die Festlegung von Verzugszinsen für den Fall, daß der Erwerber seine Zahlungsverpflichtungen nicht pünktlich und vollständig erfüllt.

Werden Verzugszinsen vereinbart, so ist auch aus den Verzugszinsen Umsatzsteuer in der selben Höhe zu bezahlen wie aus dem zugrundeliegenden Rechtsgeschäft, dies nach der zivilrechtlichen Judikatur des OGH.

Wird die Höhe von Verzugszinsen nicht vereinbart, sind Zinsen in der Höhe zu bezahlen, die das Gesetz festlegt. (Wird nichts vereinbart, so gelten 4% im bürgerlichen Recht, 5% im Handelsrecht und 6% im Wechsel- und Scheckrecht als vereinbart). Aus den gesetzlichen Zinsen ist keine Umsatzsteuer zu bezahlen.

Anstatt der gesetzlichen Zinsen können vom Gläubiger aus dem Titel des Schadenersatzes entweder jene Zinsen begehrt werden, die am Kapitalmarkt für die Veranlagung von Geld üblich sind (im bürgerlichen Recht nur bei grobem Verschulden, unter Kaufleuten immer) oder jene Zinsen, die der Gläubiger selbst seiner Bank für tatsächlich aushaftende Kredite schuldet.

ad 5) **Nebenleistungen des Veräußerers**

Zu diesen gehören insbesondere:

a) **Beschreibung / Dokumentation**

Auf die Lieferung von Beschreibungen der Programme (Dokumentation) sollte besonderes Gewicht gelegt werden. Will man Veränderungen des Programms vornehmen bzw. es optimal nützen, ist es erforderlich, seinen Aufbau und seine Funktionsweise genau zu kennen. Dokumentationsmaterial – kein Programmierer verfaßt es gerne – ist in der Herstellung zumeist aufwendig, vor allem bei Individualsoftware.

Die Lieferung von Dokumentationsmaterial ist jedenfalls dann vertragliche Nebenpflicht, wenn ihr Besitz erforderlich ist, um die gelieferten Produkte ordnungsgemäß verwenden zu können.

Es sollte auch festgelegt werden, ob neben dem Objektcode (das ist ein Code, den nur die Maschine lesen kann) auch der Sourcecode (das ist ein Code, mit dem die Programme auch für andere lesbar gemacht werden können) zu liefern ist. Dazu gibt es grundsätzlich zwei Standpunkte:

- Der Händler bzw. Lieferant möchte diesen Code zumeist nicht liefern, zumal er einerseits daran interessiert ist, daß seine Entwicklung geheim bleibt (ohne Sourcecode ist das Kopieren schwieriger) und andererseits will er auch an allen künftigen Weiterentwicklungen mitverdienen.

- Für den Kunden ist die Lieferung des Sourcecodes wesentlich, weil das zumeist die Voraussetzung dafür ist, daß er die Programme verändern und weiterentwickeln kann, ohne für alle Zeiten mit dem Lieferanten verbunden zu sein (siehe auch Punkt 3d!).

b) **Schulung**

Die beste EDV-Lösung nützt nichts, wenn das Personal, das sie bedienen soll, nicht gut eingeschult wird. Sinnvoll ist es festzulegen, welche Qualität das einzuschulende Personal haben muß (Vorbildung) und wieviel Stunden eingeschult werden muß. Zum Schutz des Lieferanten ist auch vorzusehen, ab welchem Schulungsaufwand er gesondert Honorar verlangen kann. (Vergleiche OGH vom 29.10.1992 8 Ob 547/91 – siehe Entscheidung 8 der Judikaturübersicht zum Vertragsrecht.)

c) **Wartung**

EDV-Produkte unterliegen einer schnellen Alterung. Dies gilt insbesondere für Software. Werden äußere Umstände geändert (z.B. die Mehrwertsteuersätze), so ist es sinnvoll, den Händler bzw. Lieferanten zu verpflichten, innerhalb angemessener Frist die Software den neuen Gegebenheiten anzupassen. Wartung hat aber auch bei Hardwareprodukten zu erfolgen. Die Wartung von Hardware verliert aber immer mehr an Bedeutung, zumal die Produkte haltbarer werden und im Störfall zumeist die gesamte, von der Störung betroffene Einheit gegen eine neue ausgewechselt wird.

d) **Weitere Leistungen**

Sinnvoll ist es, insbesondere bei Implementierung größerer EDV-Anlagen, sich entweder vom Lieferanten oder von einem Dritten ein Unternehmenskonzept erstellen zu lassen, welches die Betriebsorganisation so ändert, daß die EDV-Anlage optimal eingesetzt werden kann. Mit dieser Arbeit kann man schon lange vor Lieferung der EDV-Anlage beginnen.

da)Unternehmenskonzept

Ein längerer Ausfall der EDV-Anlage (z.B. durch Bedienungsfehler) oder durch das Nichtgelingen einer EDV-Einführung kann durchaus zu schweren Schäden im Unternehmen des Kunden führen. Probleme dieser Art sind häufig darauf zurückzuführen, daß es nicht gelingt, die Betriebsabläufe so abzuändern bzw. einzurichten, daß sie EDV-gerecht sind. EDV-Anlagen, d.h. Programme funktionieren in der Regel mit absoluter Gleichmäßigkeit. Sonderfälle führen fast immer zu den Grenzen des Systems. Man sollte sich daher bemühen, alle Abläufe (auch wenn dadurch einzelne etwas länger werden sollten) zu standardisieren und immer gleichmäßig zu vollziehen. Je gleichmäßiger die Arbeit, desto eher ist der Einsatz von EDV sinnvoll.

db)Sonstiges

Schließlich sollte der Händler – insbesondere dann, wenn der Kunde neu auf dem Gebiet der EDV ist – diesen dahingehend aufklären, daß er gegebenenfalls

- eine Datenverarbeitungsnummer benötigt und die Bestimmungen des Datenschutzgesetzes einzuhalten hat,
- auf die Bestimmungen des Außenhandelsgesetzes zu achten hat (insbes. bei Technologietransfer ist darauf zu achten, daß die Wiederausfuhr von importierter Hochtechnologie, für deren Einfuhr eine internationale Einfuhrbescheinigung notwendig war, ohne Genehmigung des Bundesministeriums für wirtschaftliche Angelegenheiten bei Strafe verboten ist, sowie daß über den Verbleib der importierten Hochtechnologieware jederzeit Rechenschaft abzulegen ist).
- für Mitarbeiter, die bei Bildschirmen arbeiten, längere Ruhepausen vom Arbeitsinspektorat vorgeschrieben werden können,
- Mitarbeiter, die mit EDV zu tun haben, unter Umständen als Schwerstarbeiter zu betrachten sind,
- für die Anschaffung der Anlage die Zustimmung bzw. Mitwirkung des Betriebsrates möglicherweise erforderlich sein kann (nach dem Arbeitsverfassungsgesetz).

ad 6) Nebenleistungen des Erwerbers

a) Schutz vor Piraterie

Aufgrund der Urheberrechtsgesetznovelle 1993, welche im wesentlichen am 1.3.1993 in Kraft getreten ist, unterliegen Softwareprodukte (Computerprogramme) – soweit sie die nötige Werkhöhe erreichen, wobei von einem mit Mühen hergestellten Programm ausgegangen werden kann, dem Urheberrechtsgesetz. Darüber hinaus gewähren Gerichte auch den Schutz der §§ 1 ff UWG (Gesetz gegen den unlauteren Wettbewerb). (Im übrigen siehe das Kapitel über gewerblichen Rechtsschutz und EDV.)

b) Verwendung nur im vereinbarten Ausmaß

Häufig kommt es vor, daß der Veräußerer festlegt, daß der Erwerber das gelieferte Softwareprodukt immer nur auf einem Arbeitsplatz einsetzen darf, und nicht auf mehreren Arbeitsplätzen gleichzeitig.

Beispiel:

Ein Textverarbeitungspaket kann, wird es einmal geliefert, durchaus nicht nur auf einem PC, sondern auf mehreren PCs laufen. Wenngleich es schwer kontrollierbar sein wird, wie oft ein Kunde ein ihm geliefertes Produkt einsetzt, sind solche Bestimmungen häufig. Im Prinzip ist dagegen nichts einzuwenden, zumal auch ein Buch jeweils zu einem Zeitpunkt nur von einer Person gelesen werden kann (siehe Kapitel über gewerblichen Rechtsschutz und EDV; § 40 d Abs. 4 UrhG).

c) Kontrolle

Sinnvoll ist es auch, wenn dem Veräußerer Möglichkeiten eingeräumt werden, die Einhaltung, insbesondere der oben aufgezeigten Bestimmungen, zu kontrollieren. Entsprechende Kontrollmöglichkeiten sind auch im Rahmen des Außenhandelsgesetzes (das der Verhinderung von Technologietransfer dient) sinnvoll.

ad 7) Leistungsstörungen des Veräußerers

a) Verzug

Kommt der Veräußerer mit der Aufstellung bzw. Fertigstellung der EDV-Lösung in Verzug oder gelingt ihm die Behebung von Mängeln nicht in angemessener Zeit, so hat der Erwerber in aller Regel das Recht,

- nach Setzung einer angemessenen Frist vom Vertrag zurückzutreten (vergleiche § 918 ABGB),
- Schadenersatz zu verlangen, oder
- auf der Vertragserfüllung zu bestehen und Schadenersatz wegen Verspätung zu begehren.

Wesentlich ist, hat man sich zum Rücktritt (oder zur Wandlung) vom Vertrag entschlossen, ein Schreiben an die Gegenseite zu richten, in welchem man unter Setzung einer angemessenen Nachfrist für den Fall, daß nicht innerhalb dieser Frist erfüllt bzw. Gewähr geleistet wird, den Rücktritt vom Vertrag erklärt. Bei der Überlegung, ob man auf Vertragserfüllung beharrt oder einen Rücktritt verlangen soll, ist auch darauf Rücksicht zu nehmen, daß im Falle des Rücktritts etwa bereits ausgetauschte Leistungen rückabzuwickeln (zurückzugeben) sind und eventuell das Finden eines neuen Vertragspartners und das Erarbeiten und Durchführen einer anderen EDV-Lösung einen erheblichen Zeitaufwand verursachen kann, der meistens weitaus größer ist als der Aufwand, den die Behebung der Mängel des gelieferten Produkts verursacht.

Was den Schaden angeht, so kann dieser ins Unermeßlichliche wachsen. Dies liegt daran, daß häufig die „EDV-Lösung" das Herz des Unternehmens darstellt, was, wenn es ausfällt, zum Stillstand des Betriebes führen kann.

Es hat zwar jedermann für den Schaden, den er verschuldet, einzustehen, andererseits kann gerade die Möglichkeit, zu Schadenersatz herangezogen zu werden, dazu führen, daß der Preis der Produkte eine unvernünftige Höhe erreicht. Es ist daher sinnvoll, wenn allfällige Schadenersatzansprüche in vertretbarer Form begrenzt werden (z.B. mit dem doppelten Preis des gelieferten Produktes). Eine Beschränkung für Vorsatz oder kraß grobe Fahrlässigkeit ist unzulässig.

b) Gewährleistung

Grundsätzlich haftet jeder dafür, daß die gelieferte Ware die zugesagten Eigenschaften aufweist. Soweit nichts Ausdrückliches vereinbart wurde, muß ein Produkt dem Stande der Technik entsprechen (d.h. der verkehrsüblichen Beschaffenheit; siehe auch Kapitel „Arbeitsrecht und EDV", Punkt 6.10).

ba) Welche Arten von Mängeln gibt es?

Allgemein ist zu unterscheiden zwischen

- behebbaren und
- unbehebbaren Mängeln.

Behebbare Mängel sind solche, die mit einem vertretbaren wirtschaftlichen Aufwand korrigiert werden können.

Unbehebbar sind Mängel dann, wenn deren Behebung entweder technisch nicht machbar ist oder deren Behebung solche Kosten verursachen würde, daß bei vernünftiger wirtschaftlicher Betrachtungsweise die Parteien eine Mängelbehebung unterlassen würden.

Es gibt

- wesentliche und
- unwesentliche Mängel.

Bei den unwesentlichen Mängeln unterscheidet man

- erhebliche und
- unerhebliche Mängel.

Wesentliche Mängel sind solche, die den ordentlichen oder den vertraglich festgelegten Gebrauch einer Sache verhindern.

Alle anderen Mängel sind unwesentlich. Fehler, die kein vernünftiger Mensch als Nachteil empfindet, bleiben als unerheblich überhaupt außer Betracht.

Beispiele:

Ist im Pflichtenheft vereinbart, daß Abfragen aus einem Datenbestand mit 300.000 Datensätzen durchschnittlich nicht länger als eine Sekunde dauern dürfen, dauern diese aber im Durchschnitt zwei Sekunden, so ist der Mangel wesentlich. Ob er behebbar ist, kann nur im Einzelfall entschieden werden.

Schafft ein Buchhaltungsprogramm es nicht, die Umsatzsteuer auszurechnen, so ist dieser Mangel wesentlich.

Hat der Programmierer vergessen, in Programmen, wo dies zu Datenschäden führen kann, die „Breaktaste" (Taste, nach deren Betätigung das Programm innehält) zu sperren, so ist der Mangel zweifelsohne erheblich. Wesentlich ist er deshalb noch nicht, weil bei Nichtberührung der Breaktaste (= Regelfall) kein Schaden ensteht.

Wesentlich ist ein Mangel z.B. dann, wenn ein „Streamer Tape" (eine Magnetbandeinheit zur Datensicherung) nur in der Lage ist, auf die physisch selbe Platte Daten zurückzuschreiben, von der die Daten stammen. Wesen eines „Streamer Tapes" ist es nämlich, daß Daten auch dann, wenn die Platte aus irgendwelchen Gründen zerstört oder neu formatiert werden muß, wieder auf jedwede andere Platte zurückgeschrieben werden können.

Unerheblich wäre es z.b., wenn in einer Bildschirmmaske ein Rechtschreibfehler existiert (dies aber nur, wenn die Maske an sich verständlich bleibt).

Selbstverständlich versucht jeder Lieferant, seine Gewährleistungspflichten zu reduzieren.

bb) Wie könnte eine ausgewogene Regelung erzielt werden?

Ausgewogen ist m.E. z.B. folgende Lösung:

1) Die gelieferte Software gilt als mangelhaft, wenn sie eine Eigenschaft nicht aufweist, die im Pflichtenheft ausdrücklich zugesagt ist. Im übrigen hat sie dem Stand der Technik zu entsprechen.

2) Mängel gelten nur dann als Mängel, wenn sie reproduzierbar sind, d.h. der Erwerber in der Lage ist, auf Verlangen vorzuführen, unter welchen Bedingungen es zu welchem Mangel kommt.

3) Gewährleistung wird nur für wesentliche Mängel gewährt, für unwesentliche, erhebliche Mängel aber nur insoweit, als sie behebbar sind.

4) Mängel, die auftreten, sind innerhalb von 14 Tagen ab ihrem erstmaligen Erkennen durch den Kunden schriftlich zu rügen, widrigenfalls der Erwerber allfälliger Gewährleistungsansprüche verlustig wird. Eine Verpflichtung, die EDV-Produkte auf Mängel zu überprüfen, besteht nicht.

5) Die Gewährleistungsfrist beträgt sechs Monate. Sie beginnt mit dem auf den Übergabetag folgenden Tag zu laufen.

6) Der Lieferant steht jedenfalls auch dafür ein, daß das gelieferte Produkt nicht mit Rechten Dritter, und zwar insbesondere weder mit Rechten nach dem Halbleiterschutzgesetz, noch mit Rechten nach dem Patent- oder Markenrecht belastet ist; dies alles nur, soweit er nicht dazu berechtigt ist, diese Rechte im Umfang des vorliegenden Vertrages weiterzugeben. Er haftet insbesondere auch dafür, daß kein Dritter Urheberrechte i.S. des Urheberrechtsgesetzes geltend macht. Für Zusagen nach Punkt 6) dieses Vertrages haftet der Lieferant zeitlich unbefristet.

Diese Regelung ist ausgewogen und angemessen. Wird sie nicht getroffen, so gilt das Gesetz. Hiebei ist insbesondere zu beachten, daß bei beiderseitigem Handelskauf nach § 377 HGB der Kunde verpflichtet ist, gelieferte Hard- und Software unverzüglich zu untersuchen und allfällige Fehler unverzüglich zu rügen. (Vergleiche BGH Urteil vom 24.1.1990, VIII Zr 22/89, BB 1190, 510 Auf einen Handelskauf, der die Lieferung von Hardware und nicht speziell für den Käufer hergestellter Anwendersoftware zum Gegenstand hat, sind die Vorschriften der §§ 377, 378 HGB zumindest entsprechend anwendbar. Die Untersuchungs- und Rügepflicht besteht auch dann, wenn die Lieferung unmittelbar vom Verkäufer an einen Leasingnehmer durchgeführt wird, der

Nichtkaufmann im rechtlichen Sinne ist. Diese Vorschriften gelten auch für den Werklieferungsvertrag.) Dies sollte schriftlich geschehen. Die unmittelbare Rügepflicht gilt nicht beim reinen Werkvertrag (Herstellung von Individualsoftware), wohl aber beim Werklieferungsvertrag.

bc) Exkurs: Geltung mündlicher Vereinbarungen

Hiezu etwas Grundsätzliches:

Im österreichischen Recht gelten mündliche Vereinbarungen (einseitige mündliche Erklärungen) genauso wie schriftliche. Das gesprochene Wort ist also im Prinzip genauso viel wert, wie der schriftlich niedergelegte Vertrag. Allerdings hat das gesprochene Wort insoweit einen Nachteil, als es nach längerer Zeit schwer (im Prozeß) beweisbar ist. Ein Schriftstück, von dem man ein Duplikat hat, oder eine Durchschrift eines Telex oder eines Telefaxes ist viel besser geeignet, das, was man behauptet, auch zu beweisen. Gerade dann, wenn die Abgabe einer Erklärung für die Erzeugung oder den Verlust eines Rechtes von Bedeutung ist, ist daher zu empfehlen, die Schriftform tunlichst in Form eines Einschreibens zu wählen. Man ist dann vor der Behauptung, eine Erklärung sei nicht abgegeben worden oder nicht eingelangt, im Regelfall geschützt.

bd) Wie ist zu rügen?

Wie bei jedem Handelsgeschäft gilt, daß die Rüge i.S. des § 377 HGB genau bestimmt sein muß. Es genügt daher nicht zu sagen, die EDV funktioniere nicht. Man muß dem Lieferanten konkret sagen, welcher Mangel bei welcher Eingabe auf welcher Hardwareeinheit sich wann und wie bemerkbar macht. Tut man das nicht, geht man allfälliger Gewährleistungsansprüche verlustig (d.h. man muß zahlen, ohne daß der Händler oder Lieferant verpflichtet ist, ordentliche Ware zu liefern). Die Judikatur Deutschlands tendiert dazu, die Anforderungen an die Substantiiertheit der Rügepflicht, sowie an die Frist für die Rechtzeitigkeit der Rüge bei Softwarefehlern erheblich herabzusetzen. Dies wird mit der schwierigen Erkennbarkeit von Art und Umfang von Softwarefehlern begründet. In Österreich ist eine solche Tendenz bisher nicht zu beobachten.

be) Besonderheiten beim Mietvertrag

Nach mancher Ansicht sind Gewährleistungsregeln nur beim Kauf- und Werkvertrag wichtig. Bei Miete würden diese entfallen. Das stimmt zwar nach dem Gesetz, aber meistens werden Mietverträge über EDV-Produkte so abgefaßt, daß hinsichtlich der Gewährleistung zu Kauf- und Werkverträgen kein Unterschied besteht.

Dies ist damit zu erklären, daß Miete von EDV-Produkten für den Veräußerer nichts anderes als ein Verkauf (Ratenverkauf) ist. Hauptsächlich wird nur aus steuerlichen Überlegungen gemietet. Dies sollte man auch bei der Beurteilung derartiger Gewährleistungsbestimmungen in einschlägigen Verträgen (insbesondere dann, wenn man sie auf ihre Sittenwidrigkeit untersucht) bedenken.

bf) Dauer der Gewährleistungspflicht

Jedenfalls ist festzulegen, wie lange die Gewährleistungsfrist dauert. Bei beweglichen Sachen entsprechen sechs Monate dem Gesetz, zumeist wird aber ein Jahr vertraglich zugesichert. Von Gewährleistungspflichten ist die Frage zu trennen, ob auch oder statt diesen eine „Garantieabrede" getroffen wird.

bg) Worin liegt der Unterschied zur Garantie?

Garantie ist eine vertragliche Zusage, bestimmte Leistungen in einem bestimmten Fall zu erbringen. Je nach dem Inhalt der Garantiezusage kann diese weiter, aber auch enger sein als jene Pflichten, die das Gesetz im Rahmen seiner Gewährleistungsregeln festlegt.

bh) Welche Rechte hat der Gewährleistungsberechtigte?

Lieferanten trachten regelmäßig danach, diese Rechte der Kunden zu beschränken; dies ist zulässig, solange kein gänzlicher Ausschluß erfolgt. Es ist ein Entgegenkommen, wenn vor einem möglichen Rücktritt dem Lieferanten Gelegenheit gegeben wird, den Mangel zu beheben und das Fehlende nachzutragen. Eine einschlägige (vertraglich einschränkende) Bestimmung ist rechtlich zulässig. Sollte es zu einem Rücktritt kommen, mit dem eine der beiden Parteien nicht einverstanden ist, so ist es empfehlenswert, mittels eines gerichtlichen Beweissicherungsverfahrens die Mängel, die zum Rücktritt Anlaß gegeben haben, zu dokumentieren. Man könnte sonst leicht in Beweisschwierigkeiten kommen, insbesondere dann, wenn man Daten, bei deren Verwendung Mängel zum Vorschein kommen, anderweitig verarbeitet und/oder verändert bzw. die aufgestellte EDV-Anlage wieder abbaut.

c) **Schadenersatz, insbesondere für Datenverlust und sonstige Vermögensschäden**

Ist ein Produkte mangelhaft, so wird es ersetzt. Dies versteht man unter Gewährleistung. Entsteht infolge mangelhafter Vertragserfüllung darüber hinaus ein Schaden, so unterliegt seine Beseitigung den Regeln des Schadenersatzrechtes.

Entsteht durch die Mangelhaftigkeit eines Produktes ein Schaden, so ist dieser grundsätzlich (außerhalb des Anwendungsbereiches des Produkthaftpflichtgesetzes) nur dann zu ersetzen, wenn den Hersteller oder Lieferanten ein Verschulden an der Entstehung oder Nichterkennung des Mangels trifft, d.h., wenn der über den Mangel des Gegenstandes hinausgehende Schaden auf ein Verhalten zurückzuführen ist, das zumindest (fahrlässig) sorgfaltswidrig ist.

Gerade bei Serienprodukten ist dies meist nicht der Fall, ebensowenig dann, wenn ein Händler aufgrund der ihm gelieferten Beschreibungen Konfigurationen erstellt oder Ware weitergibt. Seit Einführung des Produkthaftpflichtgesetzes (Haftung ohne Verschulden für Schäden, die in Folge eines Mangels eines Produktes auftreten) stellt sich insbesondere bei Hardware die Frage, inwieweit nunmehr gehaftet wird. (Siehe eigenes Kapitel „Produkthaftung".)

Beispiel:
Durch ein Zusatzgerät bzw. durch Zusatzsoftware wird eine Floppy (Diskettenlesegerät) so schnell, daß sie zu rauchen beginnt und abbrennt, weil die mechanischen Teile für die schnelleren Zugriffe nicht ausgelegt sind.

Dies ist zweifelsohne ein Mangel der Software. In einem solchen Fall hätte der Lieferant der Software aus dem Titel der Gewährleistung nur ein neues Softwarepaket zu liefern. Trifft ihn ein Verschulden, so hat er auch eine neue Hardwareinheit zu liefern bzw. das abgebrannte Bürogebäude zu ersetzen.

Gilt das Produkthaftpflichtgesetz (was strittig ist), so hat er auch ohne Rücksicht auf ein Verschulden den Computer und das Gebäude zu bezahlen.

Außerhalb des Produkthaftpflichtgesetzes scheint es jedenfalls sinnvoll, die Schadenersatzpflicht betraglich zu begrenzen. Als Richtlinie bietet sich der doppelte Wert des gelieferten Produktes an.

Siehe auch Kapitel „Arbeitsrecht und EDV", Punkt 6.11; die dort dargestellten Überlegungen betreffend Art und Umfang der Haftung für Datenverluste gelten analog.

d) **Bankgarantie**

Sinnvoll ist es auch, zur Besicherung der Verpflichtungen des Veräußerers (insbesondere im Gewährleistungsfall sowie im Verzugsfall des Erwerbers) eine Bankgarantie zu verlangen.

Unter Bankgarantie versteht man das abstrakte Versprechen einer Bank, gegen Vorlage der Bankgarantie Zahlung zu leisten. Üblicherweise – je nach Bonität desjenigen, zu dessen Gunsten sie erstellt ist – betragen die Spesen zwischen 1% und 3% der Summe, für die die Bank die Haftung übernehmen muß. Traut man seinem Vertragspartner nicht völlig, so ist es möglich, die Bankgarantie bei einem Notar oder Rechtsanwalt mit dem unwiderruflichen Treuhandauftrag zu hinterlegen, diese je nach dem Ausgang eines etwaigen Prozesses zwischen den beiden Parteien der obsiegenden Partei zu übergeben.

ad 8) **Leistungsstörungen des Erwerbers**

a) **Verzug**

Auch der Erwerber kann in Verzug geraten, z.B. mit der Bezahlung des Preises. In diesem Fall ist zu unterscheiden:

- Bei Dauerverträgen (Miete oder Nutzungsverträgen) ist für den Verzugsfall zu empfehlen, einen Vertragsauflösungsgrund mit sofortiger Wirkung vorzusehen. Bei beweglichen Sachen (das Mietrechtsgesetz gilt hier nicht!) ist dies ohne weiteres möglich.

- Bei Kauf- und Werknutzungsverträgen ist ein Rücktritt (unter Setzung einer Nachfrist) vor Übergabe der Sache nach dem Gesetz möglich, nach Übergabe der Sache allerdings nicht mehr; Gegenteiliges könnte vereinbart werden.

  Vorsorge wäre auch für den Fall zu treffen, daß bauliche Maßnahmen (z.B. die Herstellung jener Räume, in denen der Computer aufgestellt werden soll, oder das Verlegen ausreichender Stromkabel und Datenleitungen) nicht rechtzeitig abgeschlossen werden können.

  Da der Händler zumeist über Lagerkapazität verfügt, ist dem Kunden zu empfehlen, eine längere Frist zu vereinbaren, während dieser der Händler die angeschafften Produkte weiter einlagern muß.

b) **Eigentumsvorbehalt**

Sinnvoll ist es, wenn der Lieferant sich dadurch absichert, daß er die Übergabe des Eigentums an den Erwerber erst nach vollständiger Erfüllung aller diesen treffenden Verbindlichkeiten zuläßt. Dies nennt man „Eigentumsvorbehalt".

Exkurs: sinnvolle Absicherung des Eigentumsvorbehaltes

EDV-Produkte haben eine Nutzungsdauer von zwei bis fünf Jahren. Ein durchschnittlicher EDV-Prozeß (in drei Instanzen) dauert ebensolange. Führt ihn der Beklagte geschickt, kann der Prozeß noch länger dauern. Es hat überhaupt keinen Sinn, einen Prozeß (auf Herausgabe) zu führen, wenn man die Ware erst dann bekommt, wenn sie bereits veraltet ist und keinen Marktwert mehr hat. Die Vereinbarung eines Eigentumsvorbehaltes ist nur dann sinnvoll, wenn gleichzeitig auch vereinbart wird, daß im Verzugsfall der Veräußerer – falls notwendig – sich auch eigenmächtig Zugang zu den Geschäftsräumlichkeiten des Erwerbers verschaffen und die unter Eigentumsvorbehalt veräußerte Ware auch wieder abholen kann. Weiters hat der Erwerber auf die Einbringung einer Besitzstörungsklage für einen solchen Fall bereits im voraus zu verzichten.

Vereinbart man dies nicht, so müßte im Falle der Geltendmachung des Eigentumsvorbehaltes zunächst der Prozeßweg beschritten werden.

Akzeptiert man als Erwerber den Eigentumsvorbehalt, so kann man auch harte (Zulässigkeit der Eigenmächtigkeit!) Bestimmungen auf sich nehmen. Akzeptiert man den Eigentumsvorbehalt nicht, so wird man dem Veräußerer eine andere Sicherheit bieten müssen (z.B. durch Übergabe einer Bankgarantie, Einräumung eines Liegenschaftspfandes etc.).

Manche Soft- und Hardwarehersteller schützen sich vor Zahlungsverzug des Kunden dadurch, daß sie in die Programme einfach weitere Programme einbauen, die die Zerstörung der Programme und Daten für den Fall auslösen, daß sie nicht rechtzeitig wieder entfernt werden. Eine derartige Entfernung erfolgt dann nur im Falle der Vollzahlung bzw. wird nach Zahlungseingang dem Kunden mitgeteilt, wie er diese Programme eliminieren kann.

Beide Vorgangsweisen (Einzug der unter Eigentumsvorbehalt verkauften Sache oder Zerstörung von Programmen und Daten wegen Nichtbezahlung durch sogenannte „trojanische Pferde"), sind für den Veräußerer insoweit problematisch, als er für den Fall, daß derartige Maßnahmen zu Unrecht gesetzt werden, in erhebliche Schadenersatzverpflichtungen kommen kann. Überdies kann ein derartiges Vorgehen strafbar sein (siehe Kapitel „Strafrecht und EDV").

ad 9) Konventionalstrafen

Sinnvoll ist es, für den Fall, daß ein Teil mit seinen Leistungen in Verzug gerät, für den dadurch entstehenden Schaden eine Konventionalstrafe festzulegen. Das sollte man auch für den Fall tun, daß ein Vertragsteil mit den ihn treffenden Nebenverpflichtungen (i.S. des Pkt. 6) in Verzug gerät.

Nach dem Gesetz kann bei Handelsgeschäften (Geschäfte zwischen Kaufleuten) auch ein über eine vereinbarte Konventionalstrafe hinausgehender Schaden begehrt werden. Im Hinblick darauf, daß ein Schaden – gerade im vorliegenden Fall – unbegrenzte Höhen erreichen kann – ist es zu empfehlen, in Abänderung dieser gesetzlichen Regelung festzulegen, daß ein über die Konventionalstrafe hinausgehender Schaden nicht begehrt werden darf.

Zu beachten ist, daß Minderkaufleute (das sind solche, deren Geschäftsumfang nicht über den Umfang eines vollkaufmännischen Betriebes hinausgeht) insoweit bevorzugt sind, (genauso wie Nichtkaufleute), als ein Richter eine zu hoch vereinbarte Konventionalstrafe nach freier Überzeugung mäßigen kann.

ad 10) Sonstiges

a) Außenhandelsgesetz

Der Lieferant von importierter Hardware tut gegebenenfalls gut daran festzulegen, daß die von ihm gelieferte Ware ein Hochtechnologieprodukt ist, dessen Export und Endverwendung unter Umständen ausländischer Kontrolle unterliegt. Jedenfalls sollte er mit dem Kunden vereinbaren, daß dieser jederzeit Auskunft darüber zu geben hat, wo sich das gelieferte Produkt befindet und festlegen, daß er dies auch in angemessenen Abständen kontrollieren kann.

b) Insolvenz

Leider ist nicht auszuschließen, daß eine der beiden Vertragsparteien in Konkurs verfällt oder ihren Geschäftsbetrieb liquidiert. In einem solchen Fall tut der Erwerber gut daran, wenn er sich den Zugriff auf den „Sourcecode" – so er ihn noch nicht hat – sichert. Eingebürgert hat sich die Praxis, den Sourcecode bei einem Notar oder Rechtsanwalt zu hinterlegen; dies mit dem unwiderruflichen Treuhandauftrag, ihn dem Erwerber auszufolgen, falls der Veräußerer, insbesondere im Insolvenzfall oder im Falle der Liquidation seines Unternehmens, nicht mehr in der Lage ist, entsprechende Wartungs- und Weiterentwicklungsaufträge anzunehmen und durchzuführen. Man sollte auch hier Kostenlosigkeit vereinbaren, zumal sonst der Masseverwalter für die Überlassung des Sourcecodes ein Extraentgelt verlangen könnte.

c) **Rechtsnachfolge / Veräußerung**

Immer wieder wird die Frage gestellt, ob die gelieferten Produkte weiterverwendet werden dürfen oder nicht. Die Urheberrechtsgesetznovelle 1993 (BGBl. 93/1993) hat hier Klarheit geschaffen. Die Bestimmungen sind im Kapitel über den gewerblichen Rechtsschutz ausführlich kommentiert.

d) **Kündigungsmöglichkeiten**

Für den Fall, daß ein Dauerschuldverhältnis (Nutzungsvertrag, Mietvertrag) vorliegt, sind die Kündigungsbeschränkungen nützlich und tunlich. Von diesen Kündigungsbeschränkungen hängt auch die Höhe der Rechtsgeschäftsgebühr ab. Soweit dies wirtschaftlich vertretbar ist, wäre bei der Abfassung der Kündigungsbestimmungen auf die Gebührenfolgen Rücksicht zu nehmen (siehe Punkt 4 bb).

e) **Schicksal von Weiterentwicklungen**

Festgehalten werden sollte auch, ob der Erwerber verpflichtet ist, Verbesserungen der Software (sogenannte „Updates") anzunehmen und ob er insbesondere auch verpflichtet ist, neuere Versionen von Hardware anzuschaffen, falls diese Updates nur auf neueren Hardwareeinheiten funktionieren. Eine zu enge Knebelung des Erwerbers erscheint sittenwidrig.

f) **Rechtswahl**

Sollten Lieferant und Kunde jeweils ihren Sitz in Österreich haben, so gilt österreichisches Recht. Sollte jedoch einer von beiden Ausländer sein, so ist es empfehlenswert – nach Möglichkeit – die Geltung des österreichischen Rechtes ausdrücklich zu vereinbaren. Als Österreicher kommt man nämlich sonst unter Umständen in die Verlegenheit, auf Grund einer Rechtsordnung, die man nicht kennt, einen Prozeß führen zu müssen (Internationales Privatrecht).

g) **Schiedsklausel**

Sinnvoll scheint es, zwecks Beschleunigung der Verfahren – für den Fall, daß Differenzen auftreten – die ausschließliche Geltung eines Schiedsgerichtes schriftlich zu vereinbaren (nicht schriftlich getroffene Vereinbarungen sind ungültig). Die Praxis steht EDV-Schiedsgerichten eher skeptisch gegenüber. Sie werden daher selten vereinbart. Eine gültige Schiedsgerichtsvereinbarung lautet etwa wie folgt:

„Die Parteien vereinbaren i.S. der einschlägigen Bestimmungen der Zivilprozeßordnung (§§ 577 ff ZPO), daß für den Fall, daß aus diesem Vertrag eine Streitigkeit zwischen ihnen entsteht, ausschließlich ein Schiedsgericht, welches aus drei Schiedsrichtern zu bestehen hat, entscheiden soll, wobei jede Partei verpflichtet ist, einen Schiedsrichter binnen 14 Tagen namhaft zu machen, und die Schiedsrichter gemeinsam einen Obmann wählen."

Sinnvoll wäre es festzulegen, daß zumindest zwei Schiedsrichter Fachleute aus dem EDV-Gebiet sein sollen.

h) Gerichtsstandsvereinbarung

Häufig kommt es auch vor, daß ein Gerichtsstand (= bestimmter Gerichtsort) vereinbart wird. Unter Kaufleuten ist dies unbeschränkt möglich. Sinnvoll ist es, einen Gerichtsstand zu vereinbaren, der am Sitz der eigenen Firma liegt. Eine Gerichtsstandsformel lautet z.B.:

„Sämtliche Streitigkeiten aus diesem Vertrag sind ausschließlich von jenem Gericht zu entscheiden, das für den ersten Wiener Gemeindebezirk sachlich zuständig ist."

1.9 Was sollte man bei der Vertragsgestaltung noch beachten?

Gefährlich ist es, seinem Vertragspartner sogenannte „Knebelungsverträge" zuzumuten. Auf der einen Seite sind die darin enthaltenen Bestimmungen zumeist (in ihrem Zusammenhalt) ohnehin sittenwidrig und damit ungültig, auf der anderen Seite kann man damit leicht ein gutes Geschäft verderben.

Formuliert man einseitig einen Vertragsentwurf, so ist es ratsam, faire Lösungen vorzuschlagen. Man sollte die Bestimmungen kennen und, falls der Partner diesbezüglich Fragen stellt, ihm diese auch genau beantworten können. Dabei sollte man sich überzeugende Argumente dafür bereit halten, wieso eine bestimmte Lösung sinnvoll und anständig ist.

Im Hinblick darauf, daß das dispositive Recht (Gesetzestext) in aller Regel faire (wenn auch im Einzelfall harte) Lösungen vorsieht, kann man durchaus darauf verzichten, Nebensächliches im Detail zu regeln. Niemals sollte man es aber bei der Bestimmung des Leistungsgegenstandes an Präzision fehlen lassen.

Der oben stehende Text soll allen, die mit Vertragsfragen beschäftigt sind, lediglich Anregungen darüber liefern, welche Probleme auftauchen können und wie man sie (ansatzweise) lösen könnte.

Es gibt eine Fülle von ausformulierten Vertragsmustern, wovon stellvertretend für alle anderen, kommentarlos folgendes Vertragsmuster abgedruckt ist:

„Die Softwareüberlassungsbedingungen des Fachverbandes Unternehmensberatung und Datenverarbeitung, sowie des Bundesgremiums des Maschinenhandels – Bundesgruppe Büromaschinen – der Bundeskammer der Gewerblichen Wirtschaft"

(Mai 1987)

1) Umfang und Gültigkeit

Alle Aufträge und Vereinbarungen sind nur dann rechtsverbindlich, wenn sie vom Auftragnehmer schriftlich bestätigt und firmenmäßig gefertigt werden und verpflichten nur in dem in der Auftragsbestätigung angegebenen Umfang. Einkaufs-

bedingungen des Auftraggebers werden für das gegenständliche Rechtsgeschäft und die gesamte Geschäftsbeziehung hiemit ausgeschlossen. Angebote sind grundsätzlich freibleibend.

2) Leistung und Prüfung

2.1 Gegenstand des Auftrages kann sein:

- Ausarbeitung von Organisationskonzepten
- Global- und Detailanalysen
- Erstellung von Individualprogrammen
- Lieferung von Bibliotheks-(Standard-)Programmen
- Erwerb von Nutzungsberechtigungen für Softwareprodukte
- Einschulung des Bedienungspersonals
- Mitwirkung bei der Inbetriebnahme – telefonische Beratung
- Programmwartung
- Erstellung von Programmträgern
- Sonstige Dienstleistungen

2.2 Die Ausarbeitung individueller Organisationskonzepte und Programme erfolgt nach Art und Umfang der vom Auftraggeber vollständig zur Verfügung gestellten bindenden Informationen, Unterlagen und Hilfsmittel. Dazu zählen auch praxisgerechte Testdaten sowie Testmöglichkeiten in ausreichendem Ausmaß, die der Auftraggeber zeitgerecht, in der Normalarbeitszeit und auf seine Kosten zur Verfügung stellt. Wird vom Auftraggeber bereits auf der zum Test zur Verfügung gestellten Anlage im Echtbetrieb gearbeitet, liegt die Verantwortung für die Sicherung der Echtdaten beim Auftraggeber.

2.3 Grundlage für die Erstellung von Individualprogrammen ist die schriftliche Leistungsbeschreibung, die der Auftragnehmer gegen Kostenberechnung auf Grund der ihm zur Verfügung gestellten Unterlagen und Informationen ausarbeitet bzw. der Auftraggeber zur Verfügung stellt. Diese Leistungsbeschreibung ist vom Auftraggeber auf Richtigkeit und Vollständigkeit zu überprüfen und mit seinem Genehmigungsvermerk zu versehen. Später auftretende Änderungswünsche können zu gesonderten Termin- und Preisvereinbarungen führen.

2.4 Individuell erstellte Software bzw. Programmadaptierungen bedürfen für das jeweils betroffene Programmpaket spätestens vier Wochen ab Lieferung der Programmabnahme durch den Auftraggeber. Diese wird in einem Protokoll vom Auftraggeber bestätigt. (Prüfung auf Richtigkeit und Vollständigkeit an Hand der genehmigten Leistungsbeschreibung mittels der unter Pkt. 2.2 angeführten, zur Verfügung gestellten Testdaten). Läßt der Auftraggeber den Zeitraum von vier Wochen ohne Programmabnahme verstreichen, so gilt die gelieferte Software mit dem Enddatum des genannten Zeitraumes als abgenommen.

Etwa auftretende Mängel, das sind Abweichungen von der genehmigten Leistungsbeschreibung, sind vom Auftraggeber schriftlich und ausreichend dokumentiert dem Auftragnehmer zu melden, der um die raschestmögliche Mängelbehebung bemüht ist. Liegen schriftlich gemeldete, wesentliche Mängel vor, d.h., kann der Echtbetrieb nicht begonnen oder fortgesetzt werden, so ist nach Mängelbehebung eine neuerliche Abnahme erforderlich. Der Auftraggeber ist nicht berechtigt, die Abnahme von Software wegen unwesentlicher Mängel abzulehnen.

2.5 Bei Bestellung von Bibliotheks-(Standard-)Programmen bestätigt der Auftraggeber mit der Bestellung die Kenntnis des Leistungsumfanges der bestellten Programme.

2.6 Sollte sich im Zuge der Arbeiten herausstellen, daß die Ausführung des Auftrages tatsächlich oder juristisch unmöglich ist, ist der Auftragnehmer verpflichtet, dies dem Auftraggeber unverzüglich anzuzeigen. Jeder Vertragspartner ist in diesem Falle berechtigt, vom Auftrag zurückzutreten. Die bis dahin für die Tätigkeit des Auftragnehmers aufgelaufenen Kosten und Spesen sind vom Auftraggeber zu ersetzen.

2.7 Ein Versand von Programmträgern, Dokumentationen und Leistungsbeschreibungen erfolgt auf Kosten und Gefahr des Auftraggebers. Versicherungen erfolgen nur auf Wunsch und Kosten des Auftraggebers.

3) Preise, Steuern und Gebühren

3.1 Alle Preise verstehen sich in österr. Schilling ohne Umsatzsteuer. Sie gelten nur für den vorliegenden Auftrag. Die genannten Preise verstehen sich ab Geschäftssitz bzw. -stelle des Auftragnehmers. Die Kosten von Programmträgern (z.B. Magnetbändern, Magnetplatten, Floppy Disks, Streamer Tapes, Magnetbandkassetten usw.) sowie allfällige Vertragsgebühren werden gesondert in Rechnung gestellt.

3.2 Bei Bibliotheks-(Standard-)Programmen gelten die am Tag der Lieferung gültigen Listenpreise. Bei allen anderen Dienstleistungen (Organisationsberatung, Programmierung, Einschulung, Umstellungsunterstützung, telefonische Beratung, usw.) wird der Arbeitsaufwand zu den am Tag der Leistungserbringung gültigen Sätzen verrechnet. Abweichungen von einem dem Vertragspreis zugrundeliegenden Zeitaufwand werden von den Vertragspartnern entsprechend berücksichtigt.

3.3 Die Kosten für Fahrt, Tag- und Nächtigungsgelder werden dem Auftraggeber gesondert, nach den jeweils gültigen Sätzen, in Rechnung gestellt. Wegzeiten gelten als Arbeitszeit.

4) Liefertermin

4.1 Der Auftragnehmer ist bestrebt, die vereinbarten Termine der Erfüllung (Fertigstellung) möglichst genau einzuhalten.

4.2 Die angestrebten Erfüllungstermine können nur dann eingehalten werden, wenn der Auftraggeber zu den vom Auftragnehmer angegebenen Terminen *alle notwendigen Angaben und Unterlagen vollständig (insbesondere die genehmigte Leistungsbeschreibung lt. Pkt. 2.3) zur Verfügung stellt.*

Lieferverzögerungen und Kostenerhöhungen, die durch unrichtige, unvollständige oder nachträglich geänderte Angaben bzw. zur Verfügung gestellte Unterlagen entstehen, sind vom Auftragnehmer nicht zu vertreten und können nicht zum Verzug des Auftragnehmers führen. Daraus resultierende Mehrkosten trägt der Auftraggeber.

4.3 Bei Aufträgen, die mehrere Einheiten bzw. Programme umfassen, ist der Auftragnehmer berechtigt, Teillieferungen durchzuführen und Teilrechnungen zu legen.

5) Zahlung

5.1 Die vom Auftragnehmer gelegten Rechungen inkl. Ust. sind spätestens acht Tage ab Fakturenerhalt ohne jeden Abzug und spesenfrei zur Bezahlung fällig. Für Teilrechnungen gelten die für den Gesamtauftrag vereinbarten Zahlungsbedingungen analog.

5.2 Bei Aufträgen, die mehrere Einheiten (z.B. Programme und/oder Schulungen, Realisierung in Teilschritten) umfassen, ist der Auftragnehmer berechtigt, nach Lieferung jeder einzelnen Einheit oder Leistung Rechnung zu legen.

5.3 Die Einhaltung der vereinbarten Zahlungstermine bildet eine wesentliche Bedingung für die Durchführung der Lieferung bzw. Vertragserfüllung durch den Auftragsnehmer. Bei Zahlungsverzug werden Verzugszinsen im banküblichen Ausmaß verrechnet. Bei Nichteinhalten zweier Raten bei Teilzahlungen ist der Auftragnehmer berechtigt, Terminsverlust in Kraft treten zu lassen und die übergebenen Akzepte entsprechend fällig zu stellen.

5.4 Der Auftraggeber ist berechtigt, Zahlungen wegen nicht vollständiger Gesamtlieferung, Garantie- oder Gewährleistungsansprüchen oder Bemängelungen zurückzuhalten.

6) Urheberrechte und Nutzung

6.1 Der Auftraggeber ist verpflichtet, ohne schriftliche Zustimmung des Auftragnehmers die Weitergabe der Organisationsausarbeitungen, Programme, Leistungsbeschreibungen, usw. oder davon abgeleitete Kopien an Dritte, sei es entgeltlich oder unentgeltlich, zu unterlassen. Im Hinblick darauf, daß die erstellten Programme und Organisationsleistungen geistiges Eigentum des Auftragnehmers sind, gilt das Nutzungsrecht derselben auch nach Bezahlung ausschließlich zu eigenen Zwecken des Auftraggebers und nur auf der im Vertrag bezeichneten Hardware als genehmigt. Jede dennoch erfolgte Weitergabe, auch im Zuge einer Auflösung des Betriebes bzw. des Konkurses, aber auch die kurzfristige Überlassung zur Herstellung von Reproduktionen zieht Schadenersatzansprüche nach sich, wobei in einem solchen Falle volle Genugtuung zu leisten ist.

Anmerkung:
Die Bestimmungen dieser Vertragspunkte sind im Lichte der Urheberrechtsgesetznovelle 1993 (BGBl. 93/1993) in dieser Form nicht mehr verwendbar.

6.2 Der Auftraggeber ist damit einverstanden, daß die von ihm in Auftrag gegebenen Programme in die Programmbibliothek des Auftragnehmers zur allgemeinen Nutzung durch die Vertriebsorganisation des Auftragnehmers als Gegenleistung dafür aufgenommen werden, daß seine Programme durch die Nutzung anderwärtiger Erfahrungen und Unterlagen für ihn wirtschaftlicher und kostengünstiger erarbeitet werden konnten, als dies ohne Inanspruchnahme derartiger Hilfsmittel der Fall gewesen wäre.

7) Rücktrittsrecht

7.1 Für den Fall der Überschreitung einer vereinbarten Lieferzeit aus alleinigem Verschulden des Auftragnehmers ist der Auftraggeber berechtigt, mittels eingeschriebenen Briefes vom betreffenden Softwareauftrag zurückzutreten, wenn auch innerhalb der angemessenen Nachfrist die vereinbarte Dienstleistung in wesentlichen Teilen ohne Verschulden des Auftraggebers nicht erbracht wird.

7.2 Höhere Gewalt, Arbeitskonflikte, Naturkatastrophen und Transportsperren entbinden den Auftragnehmer von der Lieferverpflichtung bzw. gestatten ihm eine Neufestsetzung der vereinbarten Lieferfrist.

7.3 Stornierungen durch den Auftraggeber sind nur mit schriftlicher Zustimmung des Auftragnehmers möglich. Ist der Auftragnehmer mit einem Storno einverstanden, so hat er das Recht, neben den bereits erbrachten Leistungen und aufgelaufenen Kosten und Spesen eine Stornogebühr gemäß der im Einzelauftrag festgelegten Höhe zu verrechnen.

8) Gewährleistung, Wartung und Änderungen

8.1 Mängelrügen sind nur gültig, wenn sie reproduzierbare Mängel betreffen und wenn sie innerhalb von vier Wochen nach Lieferung der vereinbarten Leistung bzw. bei Individualsoftware nach Programmabnahme gemäß Punkt 2.4 schriftlich dokumentiert erfolgen. Bei gerechtfertigter Mängelrüge werden die Mängel in angemessener Frist behoben, wobei der Auftraggeber dem Auftragnehmer alle zur Untersuchung und Mängelbehebung erforderlichen Maßnahmen ermöglicht.

8.2 Korrekturen und Ergänzungen, die sich bis zur Übergabe der vereinbarten Leistung auf Grund organisatorischer und programmtechnischer Mängel, welche vom Auftragnehmer zu vertreten sind, als notwendig erweisen, werden kostenlos vom Auftragnehmer durchgeführt.

8.3 Kosten für Hilfestellungen, Fehlerdiagnose, sowie Fehler- und Störungsbeseitigung, die vom Auftraggeber zu vertreten sind, sowie sonstige Änderungen, Korrekturen und Ergänzungen werden vom Auftragnehmer gegen Berechnung durchgeführt. Dies gilt auch für die Behebung von Mängeln, wenn Programmänderungen, Ergänzungen oder sonstige Eingriffe vom Auftraggeber selbst oder von dritter Seite vorgenommen worden sind.

8.4 Ferner übernimmt der Auftragnehmer keine Gewähr für Fehler, Störungen und Schäden, die auf unsachgemäße Bedienung, Verwendung ungeeigneter

Organisationsmittel und Datenträger – soweit solche vorgeschrieben sind – anormale Betriebsbedingungen (insbesondere Abweichungen von den Installations- und Lagerbedingungen) sowie auf Transportschäden zurückzuführen sind.

8.5 Für Programme, die durch eigene Programmierer des Auftraggebers bzw. Dritte nachträglich verändert werden, entfällt jegliche Gewährleistung durch den Auftragnehmer.

9) Haftung

Der Auftragnehmer haftet für Schäden, sofern ihm Vorsatz oder grobe Fahrlässigkeit nachgewiesen werden, im Rahmen der gesetzlichen Vorschriften. Die Haftung für leichte Fahrlässigkeit ist ausgeschlossen.

Der Ersatz von Folgeschäden und Vermögensschäden, nicht erzielten Ersparnissen, Zinsverlusten und von Schäden aus Ansprüchen Dritter gegen den Auftraggeber ist in jedem Fall ausgeschlossen.

10) Loyalität

Die Vertragspartner verpflichten sich zur gegenseitigen Loyalität. Sie werden jede Abwerbung und Beschäftigung, auch für Dritte, von Mitarbeitern, die an der Realisierung der Aufträge gearbeitet haben, des anderen Vertragspartners während der Dauer des Vertrages und 12 Monate nach Beendigung des Vertrages unterlassen. Der dagegen verstoßende Vertragspartner ist verpflichtet, Schadenersatz in der Höhe eines Jahresgehaltes des betreffenden Mitarbeiters zu zahlen.

11) Datenschutz, Geheimhaltung

Der Auftragnehmer verpflichtet seine Mitarbeiter, die Bestimmungen gemäß § 20 des Datenschutzgesetzes einzuhalten.

12) Sonstiges

Sollten einzelne Bestimmungen dieses Vertrages unwirksam sein oder unwirksam werden, so wird hiedurch der übrige Inhalt dieses Vertrages nicht berührt. Die Vertragspartner werden partnerschaftlich zusammenwirken, um eine Regelung zu finden, die den unwirksamen Bestimmungen möglichst nahe kommt.

13) Schlußbestimmungen

Soweit nicht anders vereinbart, gelten die zwischen Vollkaufleuten zur Anwendung kommenden gesetzlichen Bestimmungen nach österreichischem Recht, auch dann, wenn der Auftrag im Ausland ausgeführt wird. Für eventuelle Streitigkeiten gilt die örtliche Zuständigkeit des sachlich zuständigen Gerichtes für den Geschäftssitz des Auftragnehmers als vereinbart. Für den Verkauf an Verbraucher im Sinne des Konsumentenschutzgesetzes gelten die vorstehenden Bestimmungen nur insoweit, als das Konsumentenschutzgesetz nicht zwingend andere Bestimmungen vorsieht.

Judikaturübersicht zum Vertragsrecht

1) **Zur Rechtsnatur der Softwareüberlassung:**
   Überlassung von Standardsoftware gegen Einmalentgelt stellt einen Kaufvertrag dar.
   Vergleiche BGH Urteil vom 18.10.1989: VIII Zr 325/88

2) **Zur Frage von Gewährleistung und Schadenersatz**

   a) Schadenersatz bei Kapazitätsverschätzung:
   SZ 102, Band 48, OGH v. 8.10.1975, Ob 91/75
   Kommt es zum Vertragsrücktritt, weil die gelieferte EDV-Anlage nicht in der Lage ist, die gestellten Aufgaben zu erfüllen, so haftet der Unternehmer, der diese lieferte und schuldhaft die falsche Anlage empfahl, für den angerichteten Schaden, wie z.b. für Kosten von Computerpapier, Gehälter und sonstige Lohnkosten für Mitarbeiter, die wegen der mangelhaften Anlage bei voller Bezahlung nicht arbeiten konnten, Kosten für Fremdarbeit.

   b) Zur Frage der Teilbarkeit der Leistung von Hard- und Software und damit zur Frage, ob bei Auftreten von Softwarefehlern auch Hardware zurückgegeben werden kann oder nicht, ergingen folgende Entscheidungen:
   SZ 85, Band 50,
   OHG vom 17.04.1975, 2 Ob 325/74
   OGH vom 08.06.1977, 1 Ob 531/77
   OGH vom 07.07.1978, 1 Ob 644/78
   OGH vom 10.04.1991, 2 Ob 625/90
   Die Entscheidungen gingen in der Regel davon aus, daß bei Kauf eines Kleincomputers mit Standardprogramm ein einheitlicher Vertrag anzunehmen ist. Im übrigen wird auf den Vertragszweck und den Willen der Parteien abgestellt. Ergibt sich aus dem Vertragszweck und dem Willen redlicher Parteien, daß eine Unteilbarkeit des Vertrages vorliegt, was insbesondere beim Kauf von Hardware und Individualanwendersoftware anzunehmen ist, so gelten die Leistungen als unteilbar.

3) **EBS-Schreibsystem**
   OGH vom 09.02.1988, 5 Ob 502/88
   Rücktritt (Wandlung) ist möglich bei nur in den Räumen des Käufers auftretenden „Zeilensprüngen" – Geräte müssen gegen Stromschwankungen „unempfindlich" sein, weil dies dem Stand der Technik entspricht.

4) **Eingangsrechnungsprogramme – Werkverträge – Indiviualsoftware**
   LG Linz vom 16.03.1988, 18 R 160/88
   a) Die Herstellung von Individualsoftware unterliegt den Regeln des Werkvertrages.
   b) Solange ein Programm nicht einwandfrei funktioniert, ist ein Mangel nicht behoben.
   c) Solange Mängel auftreten, schuldet der Unternehmer im Zweifel auch die Lieferung des Quellprogrammes (Sourcecode).
   d) Der EDV-Lieferant haftet für die Beratungsleistung bei der Lieferung (er ist dafür verantwortlich, daß der Kunde mit der Anlage den Erfolg erreichen kann, den er sich vorstellt).
   OGH vom 15.12.1981, 5 Ob 559/81
   e) so auch
   OLG Graz vom 22.03.1984, 6 R 36/84

5) **Zum Leasingvertrag:**
   a) Der Leasingvertrag begründet ein Dreiecksverhältnis zwischen Lieferanten, Leasingnehmer und Leasinggeber.
   b) Als sogenannter „Innominatskontrakt" kann er in den Grenzen des § 879 ABGB frei gestaltet werden. Je nach Ausformung handelt es sich mehr oder weniger um eine Kreditfinanzierung, sodaß es gerechtfertigt erscheint, wenn der Leasinggeber kein „Erfüllungsrisiko" hat.
   c) Ausnahmen bestehen nur dort, wo
      ca) überhaupt nicht erfüllt wird und/oder
      cb) Leasinggeber und Lieferant so eng zusammenarbeiten, daß der eine für den anderen einschreitet.

   Vergleiche:

   OGH vom 14.06.1988, 8 Ob 625/87
   OGH vom 09.02.1989, 6 Ob 709/88
   OGH 1 Ob 605/80

   d) Bei üblicher Vertragsgestaltung haftet die Leasingfirma sohin für die ordnungsgemäße Übergabe des Leasinggutes, jedoch nicht für Gewährleistung und/oder Schadenersatz; dies, solange überhaupt erfüllt wird.

6) **Rügepflicht**

   Auf einen Handelskauf, der die Lieferung von Hardware und nicht speziell für den Käufer hergestellter Anwendersoftware zum Gegenstand hat, sind die Vorschriften der §§ 377, 378 HGB zumindest entsprechend anwendbar. Die Untersuchungs- und Rügepflicht besteht auch dann, wenn die Lieferung unmittelbar vom Verkäufer an einen Leasingnehmer durchgeführt wird, der Nichtkaufmann ist.
   BGH vom 24.01.1990, VIII Zr 22/89 (BB 1990, 510)

7) Schulungspflicht

OGH vom 29.10.1992, 8Ob 547/91

Die Leistungspflicht des Softwarelieferanten umfaßt nicht nur die Lieferung und Gebrauchsüberlassung der Programme, sondern darüber hinaus als Nebenpflicht auch die erforderliche Einweisung und Einschulung. Deren Ausmaß hängt vom Grad der Schwierigkeit des Programmes ab, wobei gewisse Grundkenntnisse des Anwenders vorausgesetzt werden dürfen. Die Kosten der notwendigen Einschulung, die im Betrieb des Bestellers zu erfolgen hat, sind mangels besonderer Vereinbarung vom Besteller nicht gesondert zu entlohnen. Wird nichts Besonderes über die Schulung vereinbart, so ist Gegenstand der Nebenpflicht Einschulung, die Einweisung eines an sich Kundigen in das spezielle Programm.

2. PRODUKTHAFTUNGSGESETZ UND EDV

Am 1.7.1988 trat das Bundesgesetz vom 21.1.1988 über die Haftung für ein fehlerhaftes Produkt (Produkthaftungsgesetz), BGBl. 1988/99, in Kraft. Novelliert wurde es durch BGBl. 95/1993. Diese Novelle tritt mit dem Inkrafttreten des EWR-Vertrages (vermutlich Sommer/Herbst 1993) in Kraft. Der Gesetzestext in der Fassung BGBl. 99/1988 ist in der ersten Auflage dieses Buches abgedruckt. Das nunmehrige Gesetz lautet im vollen Texte (in der Fassung BGBl. 95/1993) wie folgt:

Bundesgesetz vom 11. Februar 1993 über die Haftung für ein fehlerhaftes Produkt (Produkthaftungsgesetz)

Der Nationalrat hat beschlossen:

Haftung

§ 1. (1) Wird durch den Fehler eines Produktes ein Mensch getötet, am Körper verletzt oder an der Gesundheit geschädigt, oder eine von dem Produkt verschiedene körperliche Sache beschädigt, so haftet für den Ersatz des Schadens
1. der Unternehmer, der es hergestellt und in den Verkehr gebracht hat,
2. der Unternehmer, der es zum Vertrieb in den Europäischen Wirtschaftsraum eingeführt und hier in den Verkehr gebracht hat (Importeur).

(2) Kann der Hersteller oder – bei eingeführten Produkten – der Importeur (Abs.1 Z 2) nicht festgestellt werden, so haftet jeder Unternehmer, der das Produkt in den Verkehr gebracht hat, nach Abs. 1, wenn er nicht dem Geschädigten in angemessener Frist den Hersteller beziehungsweise – bei eingeführten Produkten – den Importeur oder denjenigen nennt, der ihm das Produkt geliefert hat.

§ 2. Der Schaden durch die Beschädigung einer Sache ist nur zu ersetzen
1. wenn ihn nicht ein Unternehmer erlitten hat, der die Sache überwiegend in seinem Unternehmen verwendet hat und
2. überdies nur mit dem 7.900,– S übersteigenden Teil.

Hersteller

§ 3. Hersteller (§ 1 Abs. 1 Z 1) ist derjenige, der das Endprodukt, einen Grundstoff oder ein Teilprodukt erzeugt hat, sowie jeder, der als Hersteller auftritt, indem er seinen Namen, seine Marke oder ein anderes Erkennungszeichen auf dem Produkt anbringt.

Produkt

§ 4. Produkt ist jede bewegliche, körperliche Sache, auch wenn sie ein Teil einer anderen beweglichen Sache oder mit einer unbeweglichen Sache verbunden worden ist, einschließlich Energie. Ausgenommen sind land- und forstwirtschaftliche Naturprodukte (das sind Boden-, Viehzucht- und Fischereierzeugnisse) und Wild, solange sie noch keiner ersten Verarbeitung unterzogen sind.

Fehler

§ 5. (1) Ein Produkt ist fehlerhaft, wenn es nicht die Sicherheit bietet, die man unter Berücksichtigung aller Umstände zu erwarten berechtigt ist, insbesondere angesichts
1. der Darbietung des Produkts,

2. des Gebrauches des Produkts, mit dem billigerweise gerechnet werden kann,
3. des Zeitpunktes, zu dem das Produkt in den Verkehr gebracht worden ist.

(2) Ein Produkt kann nicht alleine deshalb als fehlerhaft angesehen werden, weil später ein verbessertes Produkt in den Verkehr gebracht worden ist.

Inverkehrbringen

§ 6. Ein Produkt ist in den Verkehr gebracht, sobald es der Unternehmer, gleich auf Grund welchen Titels, einem anderen in dessen Verfügungsmacht oder zu dessen Gebrauch übergeben hat. Die Versendung an den Abnehmer genügt.

Beweislastumkehr

§ 7. (1) Behauptet ein Hersteller oder ein Importeur, die Sache nicht in den Verkehr gebracht oder nicht als Unternehmer gehandelt zu haben, so obliegt ihm der Beweis.

(2) Behauptet ein In – Anspruch – Genommener, daß das Produkt einen Fehler, der den Schaden verursacht hat, noch nicht hatte, als er es in den Verkehr gebracht hat, so hat er dies als unter Berücksichtigung der Umstände wahrscheinlich darzutun.

Haftungsausschlüsse

§ 8. Die Haftung kann nicht durch den Mangel eines Verschuldens, sondern nur durch den Nachweis ausgeschlossen werden, daß
1. der Fehler auf eine Rechtsvorschrift oder behördliche Anordnung zurückzuführen ist, der das Produkt zu entsprechen hatte,
2. die Eigenschaften des Produkts nach dem Stand der Wissenschaft und Technik zu dem Zeitpunkt, zu dem es der In – Anspruch – Genommene in den Verkehr gebracht hat, nicht als Fehler erkannt werden konnten oder
3. wenn der In – Anspruch – Genommene nur einen Grundstoff oder ein Teilprodukt hergestellt hat, der Fehler aber durch die Konstruktion des Produkts, in die der Grundstoff oder das Teilprodukt eingearbeitet wurde, oder durch die Anleitung des Herstellers des Produkts verursacht worden ist.

§ 9. Die Ersatzpflicht nach diesem Bundesgesetz kann im voraus weder ausgeschlossen noch beschränkt werden.

Solidarhaftung

§ 10. Trifft die Haftpflicht mehrere, so haften sie zur ungeteilten Hand. Ihre Haftung wird nicht dadurch gemindert, daß auch andere nach anderen Bestimmungen für den Ersatz desselben Schadens haften.

Mitverschulden des Geschädigten

§ 11. Trifft den Geschädigten oder jemanden, dessen Verhalten er zu vertreten hat, ein Verschulden, so ist § 1304 ABGB sinngemäß anzuwenden.

Rückgriff

§ 12. (1) Hat ein Ersatzpflichtiger Schadensersatz geleistet und ist der Fehler des Produkts weder von ihm noch von einem seiner Leute verursacht worden, so kann er vom Hersteller des Endprodukts, Grundstoffs oder Teilprodukts Rückersatz verlangen. Sind mehrere rückersatzpflichtig, so haften sie zur ungeteilten Hand.

(2) Haben mehrere Haftende den Fehler mitverursacht, so richtet sich das Ausmaß des Anspruches desjenigen, der den Schaden ersetzt hat, auf Rückersatz gegen die übrigen nach den Umständen, besonders danach, wie weit der Schaden von dem einen oder dem

anderen Beteiligten verschuldet oder durch die Herbeiführung eines Fehlers des Produkts verursacht worden ist.

(3) Kann ein nach Abs. 1 oder 2 Rückersatzpflichtiger nicht festgestellt werden, so ist jeder Unternehmer rückersatzpflichtig, der das Produkt vor dem Rückersatzberechtigten in Verkehr gebracht hat, wenn er nicht diesem in angemessener Frist den Hersteller oder denjenigen nennt, der ihm das Produkt geliefert hat.

Erlöschung

§ 13. Sofern nach diesem Bundesgesetz bestehende Ersatzansprüche nicht früher verjähren, verjähren sie 10 Jahre nach dem Zeitpunkt, zu dem der Ersatzpflichtige das Produkt in den Verkehr gebracht hat, es sei denn, der Geschädigte hat seinen Anspruch inzwischen gerichtlich geltend gemacht.

Anwendung des ABGB

§ 14. Soweit in diesem Bundesgesetz nicht anderes bestimmt ist, ist auf die darin vorgesehenen Ersatzansprüche das Allgemeine bürgerliche Gesetzbuch anzuwenden.

Sonstige Ersatzansprüche

§ 15. (1) Bestimmungen des Allgemeinen bürgerlichen Gesetzbuches und andere Vorschriften, nach denen Schäden in weiterem Umfang oder von anderen Personen als nach diesem Bundesgesetz zu ersetzen sind, bleiben unberührt.

(2) Dieses Bundesgesetz gilt nicht für Schäden durch ein nukleares Ereignis, die in einem von EFTA-Staaten und EG-Mitgliedsstaaten ratifizierten internationalen Übereinkommen erfaßt sind.

Deckungsvorsorge

§ 16. Hersteller und Importeure von Produkten sind verpflichtet, in einer Art und in einem Ausmaß, wie sie im redlichen Geschäftsverkehr üblich sind, durch das Eingehen einer Versicherung oder in anderer geeigneter Weise dafür Vorsorge zu treffen, daß Schadenersatzpflichten nach diesem Gesetz befriedigt werden können.

Importeur *)

§ 17. Als Importeure im Sinne des § 1 Abs. 1 Z 2 gilt überdies derjenige Unternehmer, der das Produkt zum Vertrieb von einem EFTA-Staat in die Europäische Wirtschaftsgemeinschaft oder von der Europäischen Wirtschaftsgemeinschaft in einen EFTA-Staat oder von einem EFTA-Staat in einen anderen EFTA-Staat eingeführt und in den Verkehr gebracht hat. Dies gilt ab dem Tage, an dem das Luganer Übereinkommen vom 16. September 1988 über die gerichtliche Zuständigkeit und die Vollstreckung gerichtlicher Entscheidungen in Zivil- und Handelssachen für einen EG-Mitgliedsstaat oder einen EFTA-Staat in Kraft tritt, nicht mehr für diejenigen Staaten, die das Übereinkommen ratifiziert haben, insoweit aufgrund der Ratifikation ein zugunsten des Geschädigten erwirktes nationales Urteil gegen den Hersteller oder den Importeur im Sinne des § 1 Abs. 1 Z 2 vollstreckbar ist.

Übergangsbestimmungen, Vollziehung

§ 18. Dieses Bundesgesetz tritt mit 1. Juli 1988 in Kraft.

§ 19. Dieses Bundesgesetz ist auf Schäden durch Produkte, die vor seinem Inkrafttreten in den Verkehr gebracht worden sind, nicht anzuwenden.

---

*) nichtamtliche Überschrift

§ 19a. (1) § 1 Abs. 1 Z 2, § 2, § 9, § 13, § 15 Abs. 2 und § 17 in der Fassung des Bundesgesetzes BGBl. Nr. 95/1993 treten zum selben Zeitpunkt in Kraft wie das Abkommen über den Europäischen Wirtschaftsraum.

(2) Die Neufassung dieser Bestimmungen ist auf Schäden durch Produkte, die vor dem im Abs. 1 genannten Zeitpunkt in Verkehr gebracht worden sind, nicht anzuwenden.

§ 20. Mit der Vollziehung dieses Bundesgesetzes ist der Bundesminister für Justiz betraut.

2.1 Ist das Produkthaftungsgesetz auf EDV-Produkte anzuwenden?

Seit Inkrafttreten des Gesetzes (1.7.1988) hat es keine höchstgerichtlichen Entscheidungen zur Frage gegeben, inwieweit EDV-Produkte dem Produkthaftungsgesetz unterliegen.

Soweit die Fachmeinungen überblickbar sind, zweifelt niemand ernsthaft daran, daß für Schäden, die durch mangelhafte Hardware entstehen, der Hersteller bzw. der Importeur und subsidiär der Händler zu haften hat.

Bei der Frage, ob Software als Produkt i.S. des § 4 Produkthaftungsgesetz zu gelten hat und daher Hersteller von Software nach dem Produkthaftungsgesetz haften, gehen die Meinungen nach wie vor auseinander.

Ein Teil der Fachleute vermeint, daß Software ein körperliches Produkt ist. Sie vergleichen Software mit einem Plan, für dessen Erstellung z.B. ein Architekt oder ein Konstrukteur nach dem Produkthaftungsgesetz nicht haftet. Erst derjenige, der aufgrund des Planes ein Objekt herstellt, haftet für dieses, und zwar auch dann, wenn der Plan Mängel hat.

Im Kommentar zur EG-Richtlinie betreffend das Produkthaftungsgesetz, an welches sich das österr. Produkthaftungsgesetz eng anlehnt, meint unter anderen Taschner, daß der Softwareproduzent nach dem Sinn und Zweck des Gesetzes auch nach dem Produkthaftungsgesetz zu haften habe, weil es keinen Unterschied macht, ob der Betroffene einen Schaden durch einen Fehler der Hardware oder der Software erleidet.

Andere wieder differenzieren (Prendl) zwischen Individual- und Standardsoftware. Während letztere als Produkt i.S. des Produkthaftungsgesetzes gelten soll, geht man bei Individualsoftware davon aus, daß sie im Rahmen einer Dienst- oder Werkleistung erbracht wird, für welche das Produkthaftungsgesetz nicht gilt.

Zu beachten bleibt stets, daß das Gesetz rein geistige Leistungen vom Produktbegriff ausschließt.

Betrachtet man insbesondere § 8 Z 3 Produkthaftungsgesetz, so ist auch die Ansicht vertretbar, daß derjenige, der ein EDV-System, bestehend aus Hard- und Software, liefert, nach dem Produkthaftungsgesetz auch dann haftet, wenn sich herausstellen sollte, daß nur die Software fehlerhaft ist.

Ansatzweise scheint mir eine Lösung dahingehend vertretbar, daß immer dann, wenn Soft- und Hardware eine untrennbare Einheit bilden, d.h. die Software unselbständiger Bestandteil der Hardware ist, was insbesondere für alle Arten von Betriebssoftware zutrifft, derjenige, der Soft- und Hardware verbindet (z.B. die Betriebssoftware installiert) als Hersteller zu haften hat. Da grundsätzlich Betriebssoftware, ohne die ein Computer überhaupt nicht funktioniert, ja nicht einmal einsetzbar ist, als Bestandteil einer beweglichen Sache (Hardware) gilt, handelt es sich dabei um ein Teilprodukt, für dessen Fehlerhaftigkeit meines Erachtens darüber hinaus auch der Hersteller der Betriebssoftware zu haften hat.

Zur Fage, wie weit dies auch für Anwenderprogramme gilt, wird man sehen, in welcher Richtung sich die Judikatur entwickelt. Im Hinblick auf den Schutzzweck der Norm wird man im Zweifel auch Computerprogramme, die ein wesentlicher Bestandteil aller intelligenter Industrieprodukte sind, unter das Produkthaftungsgesetz zu subsummieren haben.

Meines Erachtens sind nach dem Produkthaftungsgesetz insbesondere jene Softwaremängel zu beurteilen, die bei der Steuerung von Maschinen sowie sonstigen physischen Vorgängen auftreten, und zwar gleichgültig, ob es sich um Individual- oder Standardsoftware handelt; insoweit ist der Meinung Taschners beizupflichten. Darüber hinaus ist eine Haftung eher problematisch.

2.2 Welche Konsequenzen ergeben sich aus dieser Rechtslage?

a) Haftungsausschluß

Bis zum Inkrafttreten des EWR-Abkommens gilt:

Allen Händlern/Produzenten von EDV-Produkten und Software sei im Verkehr mit Unternehmen angeraten, von den Haftungsausschlußmöglichkeiten, die im Verkehr zwischen Unternehmen gem. § 9 Produkthaftungsgesetz für Sachschäden vereinbart werden können, Gebrauch zu machen. Zu beachten ist aber, daß auch zwischen Unternehmungen der Ausschluß einer Ersatzpflicht für Personenschäden unzulässig ist. Bei der Formulierung dieser Klausel sollte man darauf achten, daß nicht im „Umkehrschluß" das Produkthaftungsgesetz gilt. Eine zu empfehlende Klausel würde lauten:

„Aufgrund der derzeitigen Rechtslage ist es unsicher, ob für die Produkte des Veräußerers das Produkthaftungsgesetz zur Anwendung kommt. Vorsichtshalber und ohne Anerkennung, daß der Veräußerer nach dem Produkthaftungsgesetz in Anspruch genommen werden kann, schließen die Parteien eine verschuldensunabhängige Ersatzpflicht nach diesem Gesetz für Sachschäden aus."

Ab dem Inkrafttreten des EWR-Abkommens gilt:
Ein Ausschluß der Haftung ist unzulässig (vergleiche § 9).

Das Inkrafttreten des EWR-Abkommens wird im Bundesgesetzblatt kundgemacht werden, vermutlich im Sommer oder Herbst 1993.

b) **Versicherungsmöglichkeiten**

Weiters seien Soft- und Hardwarehändler sowie Produzenten (Händler, soweit sie Importeure sind) auf § 16 (Deckungsvorsorge) ausdrücklich hingewiesen.

Diese Bestimmung besagt, daß sich jeder, der nach dem Produkthaftungsgesetz in Anspruch genommen werden kann, ausreichend zu versichern hat (bzw. ausreichend andere Vorsorge treffen muß). § 16 stellt eine Schutzvorschrift dar. Sollte daher der handelsrechtliche Geschäftsführer einer Ges.m.b.H., der gewerberechtliche Geschäftsführer oder ein anderer leitender Angestellter eines Unternehmens diese Bestimmungen verletzen und nicht für eine ausreichende Versicherung vorsorgen, so besteht die – bisher noch nicht ausjudizierte – Möglichkeit, einen Haftungsdurchgriff auf ihn persönlich anzustreben. Nach neueren – immer wieder geäußerten – Erwägungen kann ein Haftungsdurchgriff auch auf die Person des gewerberechtlichen Geschäftsführers erfolgen, zumal dessen Haftung nach den nunmehrigen Bestimmungen des § 39 der Gewerbeordnung (in der Fassung, die seit 1.1.1989 gilt) nicht ausgeschlossen werden kann.

Andererseits wird man mit Recht, insbesondere als reiner Softwarehändler, darauf verweisen können, daß nach derzeit durchaus vertretbarer Rechtsansicht für reine Softwareprodukte nach dem Produkthaftungsgesetz nicht gehaftet wird, weshalb es auch im redlichen Geschäftsverkehr nicht üblich ist, sich versichern zu lassen. Dies würde zwar für einen Ausschluß einer persönlichen Haftung der leitenden Angestellten von Firmen denkbarerweise ausreichen, befreit aber nicht, für den Fall, daß ein Produkthaftungsprozeß verloren werden sollte, von der Ersatzpflicht des Unternehmens.

Es wäre daher anzustreben, daß reine Softwareproduzenten unter Hinweis darauf, daß überhaupt nicht sicher ist, ob Produkthaftpflichtfälle für Softwareproduzenten überhaupt entstehen können, eine entsprechende Ermäßigung bei Versicherungsprämien durchsetzen.

2.3 Mit welchen Haftungen ist zu rechnen?

Was die Höhe der Haftung angeht, so ist Vorsicht geboten. Ein reines Buchhaltungsprogramm wird in der Regel keinen Schaden an Personen oder Sachen anrichten können. Bei einem Programm, das etwa Signalanlagen einer Bahn steuert oder den Flugverkehr mitregeln hilft, sind die möglichen Schäden weitaus größer. Sinnvoll wird es unter Umständen sein, einzelne Gruppen von Produkten, je nach ihrem Risiko getrennt versichern zu lassen oder aber, bei besonders riskanten Produkten, bei denen die Prämie besonders hoch wäre, mit Tochtergesellschaften, die in Ländern ihren Sitz haben, die kein Produkthaftungsgesetz kennen (wobei der Kunde, über Vermittlung des Veräußerers, selbst zu importieren hat) zu arbeiten.

Für Schäden, die durch ein Programm entstehen, das im eigenen Unternehmen entwickelt wurde, besteht, solange das Programm nicht in den Verkehr gebracht wurde, keine Haftung nach dem Produkthaftungsgesetz, weil es am Element des

„in den Verkehr bringens" fehlt. Sollten aber mit diesen Programmen Produkte erzeugt werden (Computermanufactoring), besteht zwischen dem Erzeuger der Software und dem Erzeuger des dann mittels des Computers erstellten Produktes Identität, sodaß wiederum für Mängel des Produkts gehaftet wird.

2.4 Gibt es auch eine Haftung nach dem Allgemeinen bürgerlichen Gesetzbuch?

Vorstehende Ausführungen beziehen sich nur auf eine verschuldensunabhängige Haftung für Produktfehler. Sollte dem Hersteller oder Produzenten ein Verschulden nachgewiesen werden, so besteht im Rahmen des sogenannten „Vertrages mit Schutzwirkung zu Gunsten Dritter" durchaus auch eine Haftungsdurchgriffsmöglichkeit auf den Hersteller nach den Vorschriften des Allgemeinen bürgerlichen Gesetzbuches.

Allerdings wirkt bei verschuldensabhängiger Haftung eine allfällige Freizeichnung zwischen dem Produzenten und dem Händler, im Zweifel auch auf das Verhältnis zwischen dem Produzenten und dem letzten Käufer. Um so mehr gilt dies im Verhältnis zu unbeteiligten Dritten.

Zusammenfassend ist festzuhalten:

1) Es gibt derzeit keine Judikatur, die verläßlich darüber Aufschluß gibt, ob das Produkthaftungsgesetz auf Softwareprodukte zur Anwendung kommt oder nicht. Auf Hardwareprodukte, einschließlich der Betriebssoftware, kommt es meines Erachtens nach stets zur Anwendung.

2) Es spricht viel dafür, daß eine Anwendung auch immer dort erfolgt, wo Software zur Steuerung von Maschinen und Apparaten oder zur Herstellung von Produkten verwendet wird.

   Bei Software, die auf die Steuerung von beweglichen Sachen keinen Einfluß hat, z.B. reine Datenbankprogramme, Buchhaltungsprogramme, Programme zur Steuerung von rein administrativen Vorgängen (z.B. das Aussenden von Bescheiden), verringert sich nicht nur die Möglichkeit eines Personenschadens durch die Software, sondern erscheint auch die Anwendung des Produkthaftungsgesetzes eher fraglich.

3) Soweit Soft- und Hardware gemeinsam verkauft wird, ist es vertretbar, den Händler als denjenigen, der die Soft- und Hardware verbindet (konfiguriert), als Hersteller zu sehen und von einem einheitlichen Produktbegriff auszugehen, was zu seiner Haftung nach dem Produkthaftungsgesetz führen kann.

4) Im Prinzip geht es auch hier darum, ob Hard- und Software als teilbare oder unteilbare Leistung verstanden wird und ob die Software selbständiger oder unselbständiger Bestandteil der gelieferten Hardware ist.

5) Sinnvoll ist es, zur Absicherung des Weiterbestandes des Unternehmens ausreichende Versicherungen einzugehen. Gegebenenfalls besteht auch die denkbare Möglichkeit eines Haftungsdurchgriffes auf jene leitenden Angestellten, die es verabsäumt haben, entsprechende Vorkehrungen zu treffen, d.h., diese haften u.U. mit ihrem persönlichen Privatvermögen für allfällige

Schäden, soweit diese bei der Firma uneinbringlich sind. Zu den leitenden Angestellten gehören insbesondere handelsrechtliche Geschäftsführer und allenfalls auch, soweit sie maßgebenden Einfluß haben, Prokuristen oder gewerberechliche Geschäftsführer.

6) Beim „Aushandeln" der Versicherungsprämie scheint es zulässig, darauf hinzuwirken, daß eine Prämienreduktion gewährt wird, vor allem, weil es nach der Rechtslage nicht sicher ist, ob es überhaupt zu einer Haftung kommt.

Ratsam ist es, eine Kündigungsmöglichkeit für den Fall vorzusehen, daß aufgrund von gerichtlichen Entscheidungen die Anwendung des Produkthaftungsgesetzes auf Software verneint werden sollte.

7) Man sollte bis zum Inkrafttreten des EWR-Abkommens im Verkehr zwischen Unternehmen die Haftung für reine Vermögensschäden ausschließen (gegenüber Dritten und Verbrauchern geht dies nicht). Nach dem Zeitpunkt des Inkrafttretens ist der Ausschluß der Haftung für reine Vermögensschäden nicht mehr möglich.

3. GEWERBLICHER RECHTSSCHUTZ UND EDV

3.1 Was ist Piraterie?

Unter „Piraterie" versteht man die Ausnutzung fremder Leistungen durch Nachahmung oder Kopierung. Hardwarepiraterie, d.h. der Nachbau von Computern, wird vor allem im asiatischen Raum betrieben. Diese Geräte überschwemmen als sogenannte „Klons" die Märkte in Europa. Daneben hat sich auch, besonders auf dem „PC-Sektor", ein umfangreicher Markt für „gestohlene Software" entwickelt.

3.2 Wie ist Hardware geschützt?

Hardware wird vor allem durch das sogenannte „Halbleiterschutzgesetz" geschützt, das dem Schutz von Microchips – dem wesentlichsten Bestandteil eines jeden Computers – dient. Der Schutz wurde durch die Einführung des sogenannten Halbleiterschutzgesetzes und der Halbleiterschutz-Verordnung gewährleistet. Die Bestimmungen finden sich im Bundesgesetzblatt Nr. 372 (Halbleiterschutzgesetz)/1988 und im Bundesgesetzblatt Nr. 528 (Halbleiterschutzverordnung)/1988.

Halbleiterschutzgesetz
Bundesgesetzblatt Nr. 372/1988

Schutzgegenstand

§ 1 (1) Für dreidimensionale Strukturen von mikroelektronischen Halbleitererzeugnissen (Topographien) kann auf Antrag Schutz nach diesem Bundesgesetz erworben werden, wenn und soweit sie Eigenart (§ 2) aufweisen.

(2) Der Schutz der Topographie von Halbleitererzeugnissen nach Abs. 1 gilt nicht für die in der Topographie enthaltenen Konzepte, Verfahren, Systeme, Techniken oder gespeicherten Informationen, sondern nur für die Topographie als solche.

Eigenart

§ 2 (1) Eine Topographie weist Eigenart auf, wenn sie das Ergebnis der eigenen geistigen Arbeit ihres Schöpfers und in der Halbleitertechnik nicht alltäglich ist.

(2) Besteht eine Topographie aus einer Anordnung an sich alltäglicher Teile, so wird sie dennoch insoweit geschützt, als die Anordnung in ihrer Gesamtheit Eigenart aufweist.

Anspruch auf Schutz

§ 3 (1) Anspruch auf Halbleiterschutz hat der Schöpfer der Topographie.

(2) Ist die Topographie im Rahmen eines Dienstverhältnisses oder sonst im Auftrag eines anderen geschaffen worden, so steht der Anspruch auf Halbleiterschutz, wenn nichts anderes vereinbart wurde, dem Dienstgeber oder dem Auftraggeber zu.

(3) Kann der nach Abs. 1 oder 2 Anspruchsberechtigte seinen Anspruch mangels vorliegender Voraussetzung nach § 5 nicht geltend machen und ist die Topographie zuvor von einem anderen noch nicht oder nur vertraulich geschäftlich verwertet worden, so steht der Anspruch demjenigen zu, der vom Anspruchsberechtigten die ausschließliche Zustimmung erhalten hat, die Topographie erstmals im Inland nicht nur vertraulich geschäftlich

zu verwerten. Mit der Geltendmachung dieses Anspruches durch Anmeldung erlischt der auf Abs. 1 und 2 gestützte Anspruch.

(4) Der Anspruch auf Halbleiterschutz (Abs. 1 bis 3) ist übertragbar.

Erlöschen des Anspruches

§ 4 Der Anspruch erlischt 15 Jahre nach dem Tag der ersten Aufzeichnung, wenn die Topographie bis dahin weder
1. nicht bloß vertraulich geschäftlich verwertet worden ist, noch
2. beim Patentamt angemeldet worden ist.

Geltendmachung des Anspruches

§ 5 (1) Der Anspruch auf Halbleiterschutz (§ 3) kann nur von österreichischen Staatsbürgern, sowie von natürlichen Personen, die ihren ständigen Wohnsitz im Inland haben und von juristischen Personen und Personengesellschaften des Handelsrechtes, die im Inland eine tatsächliche und nicht nur zum Schein bestehende Niederlassung besitzen, geltend gemacht werden.

(2) Andere können den Anspruch auf Halbleiterschutz nur geltend machen, wenn sie die Staatsangehörigkeit eines Staates haben, der den Personen oder Gesellschaften gem. Abs. 1 gleichen Schutz gewährt, oder wenn sie in einem solchen Staat ihren ständigen Wohnsitz oder eine tatsächlich und nicht nur zum Schein bestehende Niederlassung besitzen und die Gegenseitigkeit durch zwischenstaatliche Vereinbarung oder durch eine vom Bundesminister für wirtschaftliche Angelegenheiten im Bundesgesetzblatt zu verlautbarende Kundmachung festgestellt worden ist.

Wirkung des Schutzes

§ 6 (1) Das Halbleiterschutzrecht hat die Wirkung, daß der Schutzrechtsinhaber jedem Dritten verbieten kann, im geschäftlichen Verkehr
1. die Topographie oder deren selbständig verwertbare Teile nachzubilden oder Darstellungen zur Herstellung der Topographie anzufertigen;
2. Darstellungen zur Herstellung der Topographien oder das die Topographie oder deren selbständig verwertbare Teile enthaltenden Halbleitererzeugnisse anzubieten, in Verkehr zu bringen oder zu vertreiben, oder zu den genannten Zwecken einzuführen.

(2) Die Wirkung des Schutzes der Topographie erstreckt sich insbesondere nicht auf
1. Handlungen, die zu nicht geschäftlichen Zwecken vorgenommen werden,
2. die Nachbildung der Topographie zum Zwecke der Analyse, der Bewertung oder der Lehre oder
3. die geschäftliche Verwertung einer Topographie, die aufgrund einer solchen Analyse oder Bewertung geschaffen wurde und selbst Eigenart (§ 2) aufweist.

§ 7 Die Wirkung des Halbleiterschutzgesetzes tritt gegenüber demjenigen nicht ein, der ein Halbleitererzeugnis erwirbt, ohne zu wissen oder wissen zu müssen, daß es eine geschützte Topographie enthält; sobald er weiß oder wissen muß, daß die Topographie durch ein Halbleiterschutzrecht geschützt ist, muß er dem Schutzrechtsinhaber auf dessen Verlangen für die weitere geschäftliche Verwertung des vorher erworbenen Halbleitererzeugnisses ein den Umständen angemessenes Entgelt bezahlen. Der Schutzrechtsinhaber hat Anspruch auf Rechnungslegung nach § 151 des Patentgesetzes 1971, BGBl. Nr. 259.

Beginn und Dauer des Schutzes

§ 8 (1) Der Schutz ensteht mit dem Tag der erstmaligen nicht nur vertraulichen, geschäftlichen Verwertung der Topographie, sofern diese innerhalb von zwei Jahren beim Patentamt angemeldet wird oder mit dem Tag der Anmeldung beim Patentamt, wenn die Topographie zuvor noch nicht oder nur vertraulich geschäftlich verwertet worden ist.

(2) Der Schutz endet spätestens mit Ablauf des zehnten Kalenderjahres nach dem Jahr des Schutzbeginnes.

(3) Der Schutz kann erst geltend gemacht werden, wenn das Halbleiterschutzrecht in das Halbleiterschutzregister eingetragen ist.

Anmeldungserfordernisse

§ 9 (1) Die Topographie ist beim Patentamt schriftlich anzumelden. Für jede Topographie ist eine gesonderte Anmeldung erforderlich.

(2) Die Anmeldung muß enthalten:
1. einen Antrag auf Eintragung des Schutzes der Topographie in das Halbleiterschutzregister und eine kurze und genaue Beschreibung derselben (Titel),
2. Unterlagen zur Identifizierung oder Veranschaulichung der Topographie oder eine Kombination davon und gegebenenfalls das Halbleiterzeugnis selbst,
3. den Tag der ersten nicht nur vertraulich geschäftlichen Verwertung der Topographie, wenn dieser Tag vor der Anmeldung liegt und
4. Angaben, aus denen sich im Falle des § 3 Abs. 3 der Anspruch auf Halbleiterschutz ergibt, und Angaben über die Berechtigung zur Geltendmachung dieses Anspruches (§ 5).

(3) Der Antrag unterliegt einer Gebühr von öS 3.000,–.

(4) Die näheren Erfordernisse der Anmeldung, sowie der vorzulegenden Urkunden sind mit Verordnung des Bundesministers für wirtschaftliche Angelegenheiten zu bestimmen, wobei auf eine möglichst zweckmäßige, rasche, einfache und kostensparende Regelung, sowie auf die Bedürfnisse der Halbleiterindustrie und den Stand der technischen Entwicklung Bedacht zu nehmen ist.

Halbleiterschutzregister

§ 10 (1) Entspricht die Anmeldung den Anforderungen des § 9 und der darauf gestützten Verordnung, so ist das Halbleiterschutzrecht ohne weitere Prüfung in das vom Patentamt geführte Halbleiterschutzregister einzutragen.

(2) Das Halbleiterschutzregister hat die Nummer, den Titel, den Anmeldetag und gegebenenfalls den Tag der ersten nicht nur vertraulich geschäftlichen Verwertung der Topographie (§ 9 Abs. 2 Z 3) sowie den Namen und den Wohnort des Schutzrechtsinhaber und ihrer Vertreter zu enthalten. Der Anfang, das Erlöschen, die Nichtigkeitserklärung, die Aberkennung und Übertragung des Schutzrechtes, Lizenzeinräumungen, Pfandrechte und sonstige dingliche Rechte am Schutzrecht, Wiedereinsetzungen in den vorherigen Stand, Feststellungsentscheidungen und Streitanmerkungen sind ebenfalls in das Register einzutragen.

(3) Die Einsicht in das Halbleiterschutzgesetz steht jedermann frei.

(4) Die näheren Bestimmungen über das Halbleiterschutzregister werden mit Verordnung des Bundesministers für wirtschaftliche Angelegeneheiten getroffen, wobei sowohl auf die Wahrung von Betriebs- und Geschäftsgeheimnissen als auch auf das Informationsbedürfnis der Öffentlichkeit Bedacht zu nehmen ist.

(5) Die gem. § 9 Abs. 2 Z 2 vorgelegten Unterlagen und gegenbenenfalls das Halbleitererzeugnis selbst sind ab dem Ende des Halbleiterschutzes sechs Jahre hindurch aufzubewahren. Nach Ablauf dieser Frist ist der letzte im Halbleiterschutzregister eingetragene Schutzrechtsbesitzer unter Fristsetzung aufzufordern, die Unterlagen und gegenbenen-

falls das Halbleitererzeugnis zurückzunehmen. Kommt er dieser Aufforderung nicht fristgerecht nach, sind die Unterlagen und gegebenenfalls das Halbleitererzeugnis vom Patentamt zu vernichten.

(6) Führt die Anmeldung nicht zur Eintragung in das Halbleiterschutzregister, beträgt die Aufbewahrungsfrist ein Jahr, gerechnet von der Rechtskraft des Zurückweisungsbeschlusses.

Veröffentlichung

§ 11 Die Eintragungen in das Halbleiterschutzregister (§ 10 Abs. 2) sind im Patentblatt zu veröffentlichen.

Übertragung von Lizenzen

§ 12 (1) Das Halbleiterschutzrecht kann zur Gänze oder nach ideellen Anteilen übertragen werden. Es geht auf die Erben über; ein Heimfallsrecht findet nicht statt.

(2) Die Übertragung ist in das Halbleiterschutzregister einzutragen und wird mit der Eintragung wirksam.

(3) Am Halbleiterschutzrecht können Lizenzrechte erworben werden. Die Lizenzrechte sind auf Antrag in das Halbleiterschutzregister einzutragen; mit der Eintragung werden sie auch Dritten gegenüber wirksam.

(4) Im übrigen gelten die Bestimmungen der §§ 27 und 37 des Patentgesetzes 1970 sinngemäß.

Nichtigerklärung

§ 13 (1) Jedermann kann beantragen, ein bestimmtes zu bezeichnendes Halbleiterschutzrecht für nichtig zu erklären, wenn
1. die geschützte Topographie nicht schutzfähig (§§ 1 und 2) war,
2. der Anspruch auf ein Halbleiterschutzrecht nach § 4 erloschen war oder die Frist zur Anmeldung (§ 8 Abs. 1) ungenützt verstrichen war,
3. die Berechtigung zur Geltendmachung des Anspruches (§ 5) gefehlt hat oder nachträglich weggefallen ist oder
4. die Unterlagen gemäß § 9 Abs. 2 Z 2 dem gegebenenfalls hinterlegten Halbleitererzeugnis nicht entsprechen.

(2) Die rechtskräftige Nichtigerklärung wirkt auf den Beginn des Schutzes (§ 8 Abs. 1) zurück; ist der Nichtigkeitsantrag darauf gestützt, daß eine Berechtigung zur Geltendmachung des Anspruches nachträglich weggefallen ist (Abs. 1 Z 3), so wirkt die rechtskräftige Nichtigerklärung auf den Zeitpunkt zurück, in dem das Halbleiterschutzrecht anfechtbar geworden ist.

Aberkennung

§ 14 (1) Das Halbleiterschutzrecht ist dem Inhaber abzuerkennen, wenn der Nachweis erbracht wird, daß ihm der Anspruch auf dessen Erteilung nicht zustand. (§ 3).

(2) Der Anspruch auf Aberkennung des Halbleiterschutzrechtes steht nur dem zu, der den Anspruch auf das Schutzrecht hat und verjährt gegen den gutgläubigen Schutzrechtsinhaber innerhalb dreier Jahre vom Zeitpunkt seiner Eintragung ins Halbleiterschutzregister.

(3) Wenn der Antragsteller obsiegt, steht es ihm frei, binnen einem Monat nach dem Eintritt der Rechtskraft der Entscheidung die Übertragung des Halbleiterschutzrechtes auf seine Person zu begehren, sofern er den Anspruch auf Halbleiterschutz geltend machen kann (§ 5).

(4) Die Unterlassung eines rechtzeitigen Übertragungsbegehrens ist dem Verzicht auf das Halbleiterschutzrecht gleichzuhalten.

Feststellungsanträge

§ 15 Wer eine Topographie geschäftlich verwertet, insbesondere ein diese enthaltendes Halbleiterzeugnis anbietet, in Verkehr bringt, vertreibt oder zu diesen Zwecken einführt, oder wer solche Maßnahmen beabsichtigt, kann gegen Inhaber eines Halbleiterschutzrechtes oder den ausschließlichen Lizenznehmer beim Patentamt die Feststellung beantragen, daß die Topographie oder das diese enthaltende Halbleitererzeugnis weder ganz noch teilweise unter das Halbleiterschutzrecht fällt (§ 6).

(2) Der Inhaber eines Halbleiterschutzrechtes oder der ausschließliche Lizenznehmer kann gegen jemanden, der eine Topographie geschäftlich verwertet, insbesondere ein diese enthaltendes Halbleitererzeugnis anbietet, in Verkehr bringt, vertreibt oder zu diesem Zwecke einführt oder solche Maßnahmen beabsichtigt, beim Patentamt die Feststellung beantragen, daß die Topographie oder das diese enthaltende Halbleitererzeugnis ganz oder teilweise unter das Halbleiterschutzrecht fällt (§ 6).

(3) Anträge gemäß Abs. 1 und 2 sind zurückzuweisen, wenn der Antragsgegner nachweist, daß bei Gericht zwischen denselben Parteien eine vor Überreichung des Feststellungsantrages eingebrachte Verletzungsklage, die dieselbe Topographie betrifft, anhängig ist (§ 21).

(4) Der Feststellungsantrag kann sich nur auf ein einzelnes Halbleiterschutzrecht beziehen. Dem Antrag sind Unterlagen im Sinne des § 9 Abs. 2 Z 2 und gegebenenfalls zusätzlich das Halbleitererzeugnis selbst in vier Ausfertigungen anzuschließen. Ein Exemplar der Unterlagen und gegebenenfalls des Halbleitererzeugnisses ist der Endentscheidung anzuheften.

(5) Bei der Beurteilung des Schutzbereiches des Halbleiterschutzrechtes, das Gegenstand des Feststellungsverfahrens ist, hat das Patentamt den von den Parteien nachgewiesenen Stand der Technik zu berücksichtigen.

(6) Die Verfahrenskosten sind vom Antragsteller zu tragen, wenn der Antragsgegner durch sein Verhalten zur Antragstellung nicht Anlaß gegeben und den Anspruch innerhalb der ihm für die Gegenschrift gesetzten Frist anerkannt hat.

Zuständigkeit

§ 16 (1) Das Halbleiterschutzregister wird vom Patentamt geführt.

(2) Zur Beschlußfassung über die Eintragung in das Halbleiterschutzregister (§ 10) ist das nach der Geschäftsverteilung zuständige fachtechnische Mitglied berufen.

(3) Zur Beschlußfassung in Angelegenheiten, die sich auf erteilte Halbleiterschutzrechte beziehen, ist, soweit nicht die Gerichte, der Oberste Patent- und Markensenat oder die Beschwerde- oder die Nichtigkeitsabteilung des Patentamtes zuständig sind, das nach der Geschäftsverteilung zuständige rechtskundige Mitglied der Rechtsabteilung berufen.

(4) Die Beschwerdeabteilung und die Nichtigkeitsabteilung entscheiden durch drei Mitglieder, von denen eines den Vorsitz führt. Der Vorsitzende und ein weiteres Mitglied müssen rechtskundig sein.

(5) Die §§ 58 bis 61 und 74, 75 sowie 76 Abs. 1, 4 und 5 des Patentgesetzes 1970 sind anzuwenden.

Verfahren

§ 17 Soweit nichts anderes bestimmt ist, finden auf das Verfahren die §§ 52 bis 56, 64, 66 bis 73, 77 bis 79, 82, 112 bis 126, 127 Abs. 1, 2, 4 und 5, § 128 erster Satz, §§ 129 bis 145, 168 und 169 des Patentgesetzes 1970 sinngemäß Anwendung; die im § 132 Abs. 1 lit. b des Patentgesetzes 1970 vorgesehene Verfahrensgebühr entspricht der Anmeldungsgebühr in Patentsachen.

Akteneinsicht

§ 18 (1) Die an einem Verfahren Beteiligten sind zur Einsicht in die das Verfahren betreffenden Akten berechtigt.

(2) In Akten, die erteilte Halbleiterschutzrechte betreffen, kann – ausgenommen Beratungsprotokolle und nur den inneren Geschäftsgang betreffende Aktenteile – vorbehaltlich der nachfolgenden Bestimmungen jedermann Einsicht nehmen. Dieser Einsicht unterliegen auch die bei der Anmeldung gemäß • 9 Abs. 2 Z 2 vorgelegten Unterlagen und das gegebenenfalls vorgelegte Halbleitererzeugnis selbst, allerdings mit der Maßgabe, daß Einsicht in Unterlagen, die Betriebs- und Geschäftsgeheimnisse enthalten und vom Anmelder bei der Anmeldung als solche gekennzeichnet sind, nur in einem Nichtigkeits-, Aberkennungs- oder Feststellungsverfahren auf Anordnung der Nichtigkeitsabteilung oder in einem Rechtsstreit über die Verletzung des Halbleiterschutzrechtes auf Anordnung des Gerichtes gegenüber den Personen gewährt wird, die an dem Nichtigkeits-, Aberkennungs- oder Feststellungsverfahren oder an dem Rechtsstreit beteiligt sind. Unterlagen, die zur Identifizierung oder Veranschaulichung der Topographie erforderlich sind, dürfen nicht in ihrer Gesamtheit als Betriebs- oder Geschäftsgeheimnisse gekennzeichnet werden.

(3) Die Geheimhaltung nach Abs. 2 steht der Akteneinsicht durch denjenigen nicht entgegen, dem gegenüber sich der Schutzrechtsinhaber auf sein Schutzrecht berufen darf.

Vertreter

§ 19 Für die Vertretung im Verfahren vor dem Patentamt und vor dem Obersten Patent- und Markensenat finden die Bestimmungen des § 21 des Patentgesetzes 1970 Anwendung.

Auskunftspflicht

§ 20 Wer Gegenstände in einer Weise bezeichnet, die geeignet ist, den Eindruck zu erwecken, daß sie Halbleiterschutz genießen, hat auf Verlangen Auskunft darüber zu geben, auf welches Schutzrecht sich die Bezeichnung stützt.

Verletzung von Halbleiterschutzrechten

§ 21 (1) Wer in seinem Halbleiterschutzrecht verletzt worden ist (§ 6), kann in sinngemäßer Anwendung der §§ 147 bis 154 und 164 des Patentgesetzes 1970 auf Unterlassung, Beseitigung, Urteilsveröffentlichung, angemessenes Entgelt, Schadenersatz, Herausgabe der Bereicherung, angemessene Entschädigung, sowie auf Rechnungslegung zu klagen. Auf Unterlassung und Urteilsveröffentlichung kann auch derjenige klagen, der eine solche Verletzung zu besorgen hat.

(2) Einstweilige Verfügungen können erlassen werden, auch wenn die im § 381 EO bezeichneten Voraussetzungen nicht zutreffen. Das Gericht kann bei Vorliegen rücksichtswürdiger Gründe eine von ihm erlassene einstweilige Verfügung aufheben, wenn der Gegner angemessene Sicherheit leistet.

§ 22 (1) Wer ein Halbleiterschutzgesetz verletzt (§ 6), ist vom Gericht mit Geldstrafe bis zu 360 Tagessätzen zu bestrafen.

(2) Ebenso ist der Inhaber oder Leiter eines Unternehmens zu bestrafen, der eine im Betrieb des Unternehmens von einem Bediensteten oder Beauftragten begangene Verletzung eines Halbleiterschutzrechtes nicht verhindert. Ist der Inhaber des Unternehmens eine juristische Person, so ist die Bestimmung auf die Organe des Unternehmens anzuwenden, die eine solche Unterlassung begangen haben. Für die über die Organe verhängten Geldstrafen haftet das Unternehmen zur ungeteilten Hand mit dem Verurteilten.

(3) Die Verfolgung findet nur auf Verlangen des Verletzten statt.

(4) Für das Strafverfahren gelten die §§ 160 und 161 des Patentgesetzes 1970 sinngemäß.

Zuständigkeit

§ 23 (1) Für Klagen und einstweilige Verfügungen nach diesem Bundesgesetz ist ausschließlich das Handelsgericht Wien zuständig. Ohne Rücksicht auf den Streitwert hat der Senat (§ 7 Abs. 2 erster Satz, § 8 Abs. 2 JN) zu entscheiden. Das gilt auch für die einstweilige Verfügung.

(2) Die Gerichtsbarkeit in Strafsachen nach diesem Bundesgesetz steht dem Landesgericht Wien zu.

Vorfragen

§ 24 (1) Für die Beurteilung der Gültigkeit oder Wirksamkeit eines Halbleiterschutzrechtes, hinsichtlich dessen Verletzungsklage erhoben wird, gelten vorbehaltlich des Abs. 2 die §§ 156 und 157 des Patentgesetzes sinngemäß

(2) § 156 Abs. 3 des Patentgesetzes 1970 gilt mit der Einschränkung, daß das Verfahren nur zu unterbrechen ist, wenn Nichtigkeit im Grunde des § 13 Abs. 1 Z 1 oder 4 geltend gemacht wird.

Verhältnis zum Urheberrechtsschutz

§ 25 Der geschäftlichen Verwertung von Topographien stehen Urheberrechte an Werken der Literatur nach § 2 Z 3 des Urheberrechtsgesetzes, BGBl. Nr. 111/1936 und verwandte Schutzrechte für Lichtbilder nach § 73 des Urheberrechtsgesetzes nicht entgegen.

Zitierungen

§ 26 Die in diesem Bundesgesetz genannten bundesgesetzlichen Bestimmungen sind in ihrer jeweils geltenden Fassung anzuwenden.

Inkrafttreten

§ 27 (1) Dieses Bundesgesetz tritt mit dem Beginn des dritten auf die Kundmachung folgenden Monates in Kraft.

(2) Verordnungen auf Grund dieses Bundesgesetzes können bereits an dem ihrer Kundmachung folgenden Tag erlassen werden. Sie dürfen jedoch erst zugleich mit diesem Bundesgesetz in Kraft gesetzt werden.

Vollziehung

§ 28 Mit der Vollziehung dieses Bundesgesetzes sind betraut:
1. hinsichtlich des § 17, soweit die sinngemäße Anwendung des § 168 Abs. 6 des Patentgesetzes 1970 vorsieht, der Bundesminister für wirtschaftliche Angelegenheiten im Einvernehmen mit dem Bundesminister für Finanzen,
2. hinsichtlich der §§ 21 bis 24 der Bundesminister für Justiz im Einvernehmen mit dem Bundesminister für wirtschaftliche Angelegenheiten,
3. hinsichtlich aller übrigen Bestimmungen diese Bundesgesetzes der Bundesminister für wirtschaftliche Angelegenheiten.

Die Halbleiterschutzverordnung

Anmeldung

§ 1 Bei der Anmeldung der Topographie (§ 9 Abs. 1 HlSchG) muß der Antrag auf Eintragung des Schutzes der Topographie in das Halbleiterschutzregister mit den übrigen im § 9 Abs. 2 Z 1, 3 und 4 vorgeschriebenen Angaben getrennt von den Unterlagen zur Identifizierung oder Veranschaulichung der Topographie (§ 9 Abs. 2 Z 2 HlSchG) eingebracht werden.

Antrag

§ 2 (1) Der Antrag auf Eintragung des Schutzes der Topographie in das Halbleiterschutzregister (§ 9 Abs. 2 Z 1 HlSchG) muß enthalten
1. den Namen und die Anschrift des Anmelders, sowie gegebenenfalls seines inländischen Vertreters,
2. bei natürlichen Personen die Staatsangehörigkeit oder, wenn der Anmelder nicht österreichischer Staatsbürger ist, seinen Wohnsitz bzw. bei juristischen Personen oder Personengesellschaften des Handelsrechtes die tatsächliche Niederlassung.

(2) als kurze und genaue Bezeichnung (Titel der Topographie)(§ 9 Abs. 2 Z1 HlSchG) kann der Name oder die Produktbezeichnung der Topographie unter Angabe des Produktionsbereiches dienen.

(3) das Datum des Tages der ersten nicht nur vertraulich geschäftlichen Verwendung der Topographie, wenn dieser Tag vor der Anmeldung liegt (§ 9 Abs. 2 Z3 HlSchG), ist anzugeben.

(4) Wenn die Anspruchsberechtigung auf § 3 Abs. 3 des Halbleiterschutzgesetzes gestützt ist, sind Angaben über die Staatsangehörigkeit und den ständigen Wohnsitz bzw. über den Ort der Niederlassung des nach § 3 Abs. 1 oder 2 des Halbleiterschutzgesetzes ursprünglich Anspruchsberechtigten und über die von diesem eingeräumte ausschließliche Zustimmung, die Topographie erstmals in Österreich nicht nur vertraulich geschäftlich zu verwerten, erforderlich.

Unterlagen

§ 3 (1) Zur Identifizierung oder Veranschaulichung der Topographie sind folgende Unterlagen einzureichen:
1. Zeichnungen oder Photographien von Layouts zur Herstellung des Halbleitererzeugnisses oder
2. Zeichnungen oder Photographien von Masken oder ihren Teilen zur Herstellung des Halbleitererzeugnisses oder
3. Zeichnungen oder Photographien von einzelnen Schichten des Halbleitererzeugnisses.

(2) Zusätzlich zu den in Abs. 1 genannten Unterlagen können Datenträger oder Ausdrucke davon oder das Halbleitererzeugnis selbst, für dessen Topographie Schutz beantragt wird, oder eine erläuternde Beschreibung eingereicht werden.

Betriebs- oder Geschäftsgeheimnisse enthaltende Unterlagen

§ 4 (1) Unterlagen, die Betriebs- oder Geschäftsgeheimnisse enthalten und vom Anmelder als solche gekennzeichnet sind, sind bei der Anmeldung getrennt von den übrigen Teilen der Unterlagen einzureichen. Die Unterlagen können auch in einem Originalexemplar und in einem weiteren Exemplar (Zweitexemplar) mit unkenntlich gemachten Teilen eingereicht werden; in diesem Fall unterliegt das Zweitexemplar der Akteneinsicht im Umfang des § 18 Abs. 2 erster Satz des Halbleiterschutzgesetzes.

(2) Die Unterlagen nach Abs. 1 sind vom Patentamt unter Verschluß gesondert aufzubewahren.

(3) Ist Akteneinsicht in die Unterlagen nach Abs. 1 auf Anordnung der Nichtigkeitsabteilung oder des Gerichtes zu gewähren (§ 18 Abs. 2 zweiter Satz HlSchG), so sind diese Teile vom Patentamt unmittelbar an die Nichtigkeitsabteilung bzw. das Gericht unter Verschluß und unter Hinweis auf die Geheimhaltungsbestimmungen zu übermitteln.

Wird das Begehren auf Akteneinsicht in die Unterlagen nach Abs. 1 auf § 18 Abs. 3 des Halbleiterschutzgesetzes gestützt, so hat hierüber das nach der Geschäftsverteilung zuständige rechtskundige Mitglied der Rechtsabteilung (§ 16 Abs. 3 HlSchG) nach Anhörung des Schutzrechtsinhabers zu entscheiden.

Halbleiterschutzregister

§ 5 (1) In das Halbleiterschutzregister sind außer den im § 10 Abs. 2 des Halbleiterschutzgesetzes angeführten Angaben auch der Tag der Eintragung sowie der Hinweis, welche Unterlagen nach § 9 Abs. 2 Z 2 des Halbleiterschutzgesetzes vorgelegt wurden, einzutragen.

(2) Die Einsicht in die gemäß § 9 Abs. 2 Z 2 des Halbleiterschutzgesetzes vorgelegten Unterlagen umfaßt nicht das Recht, Kopien davon anzufertigen.

(3) Auszüge aus dem Halbleiterschutzregister umfassen nicht die gemäß § 9 Abs. 2 Z 2 des Halbleiterschutzgesetzes vorgelegten Unterlagen.

Inkrafttreten

§ 6 Diese Verordnung tritt mit 1. Oktober 1988 in Kraft.

3.3 Was ist nach dem Halbleiterschutzgesetz geschützt?

Letztere Vorschriften beziehen sich auf den Schutz von Hardware und zwar insbesondere auf den Schutz von „Computerchips" und bestimmten Anordnungen derselben.

Gemäß § 1 und § 2 des Halbleiterschutzgesetzes sind dreidimensionale Strukturen von mikroelektronischen Halbleitererzeugnissen (Topographien) auf Antrag schutzfähig, wenn sie und soweit sie eine „Eigenart" aufweisen, was dann vorliegt, wenn sie das Ergebnis der geistigen Arbeit ihres Schöpfers sind und in der Halbleitertechnik nicht als alltäglich zu betrachten sind.

3.4 Wer hat Anspruch auf Schutz?

Anspruch auf Schutz haben der Schöpfer der Topographie, wenn die Schöpfung im Rahmen eines Dienstverhältnisses oder Auftragsverhältnisses erfolgte, der jeweilige Dienstgeber und der Auftraggeber, allenfalls auch der Importeur (§ 3 Halbleiterschutzgesetz).

Der Anspruch auf Halbleiterschutz ist ganz oder auch zum Teil übertragbar (§ 3 Abs. 4 i.V. mit § 12 des Halbleiterschutzgesetzes).

Der Anspruch auf Gewährung des Schutzes erlischt nach 15 Jahren ab dem Tag der ersten Aufzeichnung, so die Topographie bis dahin weder nicht bloß vertraulich geschäftlich verwertet wurde, noch beim Patentamt angemeldet worden ist.

(Vergleiche § 4; der Unterschied zu § 8 ist darin zu sehen, daß § 4 die Eintragungsvoraussetzungen, § 8 Beginn und Ende der Schutzfrist regelt.)

Der Anspruch auf Gewährung von Schutz im Sinne des Halbleiterschutzgesetzes kann prinzipiell nur von österreichischen Staatsbürgern, sowie von natürlichen Personen, die ihren ständigen Wohnsitz im Inland haben, und von juristischen Personen, Personengesellschaften und Personengesellschaften des Handelsrechts, die im Inland eine tatsächliche und nicht nur zum Schein bestehende Niederlassung besitzen, geltend gemacht werden, von Ausländern nur insoweit, als Gegenseitigkeit besteht.

3.5 Welche Schutzwirkungen gibt es?

Die Wirkung des Schutzes besteht darin, daß der Inhaber des Halbleiterschutzrechtes jedem Dritten verbieten kann, im geschäftlichen Verkehr einerseits die Topographie oder deren selbständig verwertbaren Teile nachzubilden oder Darstellungen zur Herstellung der Topographie anzufertigen. Ebenso kann er jede geschäftliche Verwertung „seiner" Topographie verbieten. Er darf auch den Vertrieb von Produkten, die ein Halbleitererzeugnis beinhalten, das für ihn geschützt ist, verbieten (§ 6 Halbleiterschutzgesetz).

Ausgenommen von dieser Schutzwirkung sind

1) Handlungen, die zu nicht geschäftlichen Zwecken vorgenommen werden
2) die Nachbildung der Topographie zum Zweck der Analyse, der Bewertung oder der Lehre oder
3) die geschäftliche Verwertung einer Topographie, die auf Grund einer solchen Analyse oder Bewertung geschaffen wurde und selbst Eigenart aufweist.

Die Wirkung des Halbleiterschutzrechtes tritt gegenüber demjenigen nicht ein, der ein Halbleitererzeugnis erwirbt, ohne zu wissen oder wissen zu müssen, daß es eine geschützte Topographie enthält. Sobald er aber weiß oder wissen muß, daß die Topographie durch ein Halbleiterschutzrecht geschützt ist, muß er dem Schutzrechtsinhaber auf dessen Verlangen für die weitere geschäftliche Verwertung des vorher erworbenen Halbleitererzeugnisses ein den Umständen angemessenes Entgelt bezahlen. Der Schutzrechtsinhaber hat Anspruch auf Rechnungslegung.

3.6 Wann beginnt und endet die Schutzdauer?

Gemäß § 8 des Halbleiterschutzgesetzes beginnt der Schutz mit dem Tag der erstmaligen (nicht nur vertraulich geschäftlichen) Verwertung, sofern innerhalb von zwei Jahren ab diesem Tag beim Patentamt das Halbleiterschutzrecht angemeldet wird, spätestens aber mit dem Tag der Anmeldung.

Der Schutz endet spätestens mit dem Ablauf des zehnten Kalenderjahres nach dem Jahr des Schutzbeginnes.

Das Verhältnis zwischen § 4 und § 8 ist meiner Ansicht nach dahingehend zu erklären, daß es durchaus möglich wäre, daß eine Topographie, die 1980 erfunden wurde, erstmalig 1989 in den geschäftlichen Verkehr kommt und daher beim Patentamt angemeldet wird. Dies führt dazu, daß der Schutz weitere zehn Jahre dauert. Eine 1973 erfundene Topographie kann hingegen nicht mehr geschützt werden, da der Tag der ersten Aufzeichnung mehr als 15 Jahre zurückliegt.

3.7 Ab wann kann der Schutz geltend gemacht werden?

Wesentlich ist, daß der Schutz (offensichtlich auch gegenüber Dritten) erst geltend gemacht werden kann, wenn das Halbleiterschutzrecht in das Halbleiterschutzregister eingetragen ist. (§ 8 Abs. 3 Halbleiterschutzgesetz)

3.8 Wie ist das Verfahren geregelt?

Die §§ 9, 10 und 11 des Halbleiterschutzgesetzes regeln gemeinsam mit der Halbleiterschutzverordnung das Verfahren zur Registrierung einer Topographie. Es empfiehlt sich, im Einzelfall mit dem zuständigen Referenten im Patentamt in Wien vor Einreichung des Gesuches abzusprechen, welchen Inhalt es haben soll. Auf diese Weise kann ein langwieriges Verfahren einschließlich allfälliger Verbesserungsaufträge verhindert werden.

3.9 Wo erfolgt die Eintragung?

Die einzelnen Halbleiterschutzrechte werden in einem Halbleiterschutzregister, das jedermann zur Einsicht offensteht, eingetragen.

3.10 Ist das Recht übertragbar?

Das Halbleiterschutzrecht kann ganz oder nach ideellen Anteilen übertragen werden. Es geht auf die Erben über, wobei aber ein Heimfallrecht an den Staat ausgeschlossen ist. (§ 3 Abs. 4 und § 12 Halbleiterschutzgesetz)

Die Regelung ist insoweit unbefriedigend, als damit überhaupt nicht geklärt ist, was passiert, wenn ein Halbleiterschutzberechtigter, ohne Erben und ohne Legatare zu hinterlassen, stirbt.

Eine allfällige Übertragung von Halbleiterschutzrechten ist in das Halbleiterschutzregister einzutragen und wird erst mit der Eintragung (Modus) wirksam.

Wesentlich ist auch, daß am Halbleiterschutzrecht Lizenzrechte erworben werden können, wobei auch diese in das Halbleiterschutzregister einzutragen sind, wodurch auch der Lizenznehmer gegenüber Dritten berechtigt wird, das Halbleiterschutzrecht geltend zu machen.

Im übrigen gelten die Bestimmungen der §§ 27 und 37 des Patentgesetzes 1970 sinngemäß.

3.11 Wie kann man Halbleiterschutzrechte (wieder) verlieren?

Gemäß § 13 Halbleiterschutzgesetz kann jedermann die Nichtigerklärung eines Halbleiterschutzrechtes verlangen, wenn er nachweist, daß das registrierte Halbleiterschutzrecht nicht zu Recht eingetragen wurde (siehe § 13 Halbleiterschutzgesetz).

Daneben gibt es auch ein Verfahren auf Aberkennung des Halbleiterschutzrechtes, falls der Nachweis gelingt, daß dem Eingetragenen das Recht im Sinne des § 3 nicht zustand, d.h., daß er nicht der Schöpfer der Topographie war.

Hiebei ist darauf zu achten, daß das Recht, die Aberkennung zu fordern, gegenüber dem gutgläubigen Schutzrechtsinhaber innerhalb von drei Jahren ab dem Zeitpunkt der Eintragung in das Halbleiterschutzregister erlischt.

Der Sieger eines solchen Verfahrens kann innerhalb eines Monats nach dem Eintritt der Rechtskraft der Entscheidung die Übertragung des Halbleiterschutzrechtes auf seine Person begehren, widrigenfalls er als darauf verzichtend gilt.

3.12 Wie kann man feststellen, ob ein eigenes Produkt fremde Halbleiterschutzrechte verletzt?

Gemäß § 15 des Halbleiterschutzgesetzes können sowohl die Inhaber von Halbleiterschutzrechten als auch Personen, die Halbleiterschutzerzeugnisse verwenden wollen, von denen sie nicht wissen, ob ein anderer auf den von ihnen verwendeten Halbleiterschutzerzeugnissen ein Halbleiterschutzrecht hat, vor dem Patentamt Feststellungsanträge einbringen, die die Aufgabe haben, diesen Umstand zu klären. Dies ist aber unzulässig, soweit bereits im Zusammenhang mit dem Halbleiterschutzerzeugnis, dessentwegen der Feststellungsantrag eingebracht wurde, ein Rechtsstreit vor Gericht anhängig ist.

3.13 Wer führt das Halbleiterschutzregister?

Gemäß § 16 des Halbleiterschutzgesetzes ist zur Führung des Halbleiterschutzregisters und zur Entscheidung der damit zusammenhängenden Aufgaben das Patentamt zuständig.

3.14 Wie ist die Akteneinsicht geregelt?

Die Akteneinsicht steht den Beteiligten eines Verfahrens frei, Dritten steht sie nur insoweit frei, als dadurch nicht berechtigte Geschäftsgeheimnisse bzw. Betriebsgeheimnisse des Anmelders gefährdet werden. (§ 18 HlSchG)

3.15 Wer darf Parteien vertreten?

Gemäß § 19 Halbleiterschutzgesetz sind für die Vertretung in dem Verfahren vor dem Patentamt und vor dem obersten Patent- und Markensenat die Bestimmungen des § 21 des Patentgesetzes 1970 anzuwenden.

3.16 Wer ist auskunftpflichtig?

Nach § 20 Halbleiterschutzgesetz ist jedermann, der Gegenstände in einer Weise bezeichnet, die geeignet ist, den Eindruck zu erwecken, daß sie Halbleiterschutz genießen, verpflichtet, auf Verlangen darüber Auskunft zu geben, auf welches Schutzrecht sich die verwendete Bezeichnung stützt.

3.17 Welche Folgen hat die Verletzung von Halbleiterschutzrechten?

Gemäß § 21 kann, wer in seinem Halbleiterschutzrecht verletzt worden ist, in sinngemäßer Anwendung der §§ 147 bis 154 und 164 des Patentgesetzes 1970 den Verletzer auf Unterlassung, Beseitigung, Urteilsveröffentlichung, angemessenes Entgelt, Schadenersatz, Herausgabe der Bereicherung, angemessene Entschädigung, sowie auf Rechnungslegung klagen. Auf Unterlassung und Urteilsveröffentlichung kann auch derjenige klagen, der eine solche Verletzung zu besorgen hat.

Gemäß § 21 Abs. 2 können einstweilige Verfügungen erlassen werden, auch wenn die im § 381 EO bezeichneten Voraussetzungen nicht zutreffen. Das Gericht kann bei Vorliegen rücksichtswürdiger Gründe eine von ihm erlassene einstweilige Verfügung aufheben, wenn der Gegner angemessene Sicherheit leistet.

Darüber hinaus besteht gemäß § 22 Halbleiterschutzgesetz die Möglichkeit, daß derjenige, der ein Halbleiterschutzrecht verletzt, vom Gericht mit Geldstrafe bis zu 360 Tagessätzen bestraft wird, ebenso der Inhaber oder Leiter eines Unternehmens, der die von einer bediensteten oder beauftragten Person begangene Verletzung eines Halbleiterschutzrechtes nicht verhindert. Die Organe einer juristischen Person haften ebenfalls. Für die über die Organe verhängten Geldstrafen haftet das Unternehmen zur ungeteilten Hand mit dem Verurteilten.

Die Verfolgung findet nur auf Verlangen des Verletzten statt (Privatanklageverfahren).

Für das Verfahren gelten die §§ 160 und 161 des Patentgesetzes 1970 sinngemäß.

3.18 Wer ist bei Verletzung von Halbleiterschutzrechten zuständig?

Für Klagen und einstweilige Verfügungen nach dem Halbleiterschutzgesetz (im wesentlichen nach den §§ 21 und 22 des Halbleiterschutzgesetzes), allenfalls auch nach § 20 Halbleiterschutzgesetz, ist ausschließlich das Handelsgericht Wien zuständig, wobei ohne Rücksicht auf den Streitwert ein Senat zu entscheiden hat. Dieser Senat entscheidet auch über einstweilige Verfügungen (Eigenzuständigkeit).

Die Gerichtsbarkeit in Strafsachen nach dem Halbleiterschutzgesetz steht ausschließlich dem Landesgericht für Strafsachen Wien zu (Eigenzuständigkeit).

Soweit Vorfragen zu entscheiden sind, gelten die §§ 156 und 157 des Patentgesetzes 1970 sinngemäß, wobei eine Unterbrechung des Verfahrens nur dann

Platz zu greifen hat, wenn eine Nichtigkeit im Grunde des § 13 Abs. 1 Z 1 oder 4 geltend gemacht wird, d.h. im wesentlichen wegen rein technischer Fragen.

Dieses Bundesgesetz trat mit 1.10.1988 in Kraft (Beginn des dritten, auf seine Kundmachung folgenden Monats).

3.19 Wie ist Software vor Piraterie geschützt?

Softwarehersteller sind einerseits nach dem Gesetz gegen den unlauteren Wettbewerb (§ 1 UWG) andererseits auch nach dem Urheberrechtsgesetz geschützt. Während es bisher strittig war, ob Computerprogramme Werke im Sinne des Urheberrechtsgesetzes sind, wobei gesicherte Rechtsprechung zu diesem Thema fehlte, besteht nunmehr seit Inkrafttreten der Urheberrechtsgesetznovelle 1993 (BGBl. 93/1993) daran kein Zweifel mehr, weil der Gesetzgeber dies ausdrücklich normierte.

Dennoch bleibt die „alte" Judikatur weiterhin anwendbar, und man kann sich jedenfalls neben den Bestimmungen des Urheberrechtsgesetzes auch auf die Bestimmungen des Gesetzes gegen den unlauteren Wettbewerb berufen.

3.20 Wie lauten die gesetzlichen Bestimmungen nach dem Bundesgesetz gegen den unlauteren Wettbewerb (UWG) (BGBl 448/1984 in der Fassung BGBl. 147/1992)?

§ 1. Wer im geschäftlichen Verkehr zu Zwecken des Wettbewerbes Handlungen vornimmt, die gegen die guten Sitten verstoßen, kann auf Unterlassung und Schadenersatz in Anspruch genommen werden.

Von der Judikatur wurde die schmarotzerische Ausbeutung einer eigenen Leistung d.h., die Übernahme des an sich ungeschützten Arbeitsergebnisses eines anderen ohne Erbringung einer eigenen Leistung, als schmarotzerische Ausbeutung gesehen und nach dieser Gesetzesbestimmung geahndet.

3.21 Welche Entscheidungen sind bisher zu diesem Themenkreis ergangen?

a) Zahnarztprogramm (vergleiche OGH vom 19.5.1987, 4 Ob 323/86)

Der Oberste Gerichtshof hat ausgesprochen, daß, wer ein Computerprogramm im geschäftlichen Verkehr zu Zwecken des Wettbewerbes kopiert und den Schöpfer so durch „schmarotzerische Ausbeutung" in seiner Leistung konkurrenziert, wettbewerbswidrig handelt. Eine derartige Vorgangsweise genügt, um den „Softwarepiraten" auf Unterlassung, Rechnungslegung und Herausgabe der Bereicherung zu verurteilen. Zur Frage, ob Computerprogrammen nach dem Urheberrechtsgesetz Schutz zukommt, wurde nicht Stellung genommen.

b) **Commodore-Disketten-Betriebssystem (OLG Wien vom 8.8.1986, 3 R 101/86)**

In diesem Fall ging das Oberlandesgericht Wien davon aus, daß ein Disketten-Betriebssystem urheberrechtsschutzfähig sei und bejahte die Verfolgbarkeit bei bloßer Nachahmung des Betriebssystems.

c) **MBS-Manager-Business-Software (OGH vom 25.10.1988, 4 Ob 94/1988)**

Es wurde das Kopieren von Computerprogrammen im geschäftlichen Verkehr zu Wettbewerbszwecken als sittenwidrig und daher als verboten eingestuft. In diesem Zusammenhang wurde auch das Anbieten von Programmen, die einen allenfalls verhandenen Kopierschutz aufheben bzw. umgehen als sittenwidrig und verboten, und daher als untersagbar klassifiziert.

d) **Supertrainer (OLG Linz vom 0.6.1988, 1 R 161/1988)**

Das Gericht sprach aus, daß bereits die teilweise Übernahme eines Programms (bis zu 85%) gegen die guten Sitten verstoße. Es erließ eine sogenannte „einstweilige Verfügung" aufgrund eines Privatgutachtens, in welchem lediglich die „Listings" verglichen wurden. Unter einer einstweiligen Verfügung versteht man eine einstweilige gerichtliche Maßnahme, die verhindern soll, daß während der Dauer des Prozesses der Gegner seine schädliche Verhaltensweise fortsetzen kann.

3.22 Was ist bei Klagen nach dem UWG zu beachten?

Zunächst ist darauf Rücksicht zu nehmen, daß nach dem Gesetz gegen den unlauteren Wettbewerb nur Verhaltensweisen im geschäftlichen Verkehr geschützt sind. Softwarepiraterie unter Privaten, ohne Gewinnerzielungsabsicht ist daher nicht geschützt. Im übrigen setzt eine Verurteilung nach dem Gesetz gegen den unlauteren Wettbewerb Verschulden voraus, d.h., der „Pirat" muß wissen, daß er mit „gestohlener" Software handelt. Dies gilt auch für den Kunden, weil er nur für den Fall, daß er schuldhaft handelt, als Beteiligter an der Verletzung des Gesetzes gegen den unlauteren Wettbewerb in Anspruch genommen werden kann. Der Schutz nach dem Gesetz gegen den unlauteren Wettbewerb ist sohin für viele Bereiche nicht befriedigend. Aus diesem Grund wurden Computerprogramme dem Urheberrechtsgesetz unterstellt, weil nach diesem Gesetz jedermann, der geschützte Software verwendet, unabhängig vom Verschulden und unabhängig von der Frage, ob dies im geschäftlichen Verkehr erfolgt, auf Unterlassung, Schadenersatz und Urteilsveröffentlichung in Anspruch genommen werden kann.

3.23 Welchen Einfluß hat die Europäische Gemeinschaft auf den Schutz von Computerprogrammen?

Per 14. Mai 1991 erließ der Rat der Europäischen Gemeinschaft eine Richtlinie über den Rechtsschutz von Computerprogrammen. Diese Richtlinie war auch Grundlage für die Urheberrechtsgesetznovelle 1993 in Österreich und soll unter anderem auch der Angleichung der europäischen Rechtslage dienen.

3.24 Wie lauten nunmehr die einschlägigen gesetzlichen Bestimmungen – auszugsweise?

(BGBl. 111/1936, zuletzt geändert mit BGBl. 612/1989 in der Fassung BGBl. 93/1993)

I. Hauptstück – Urheberrecht an Werken der Literatur und der Kunst

I. Das Werk

§ 1 Werke der Literatur und der Kunst

(1) Werke im Sinne dieses Gesetzes sind eigentümliche geistige Schöpfungen auf den Gebieten der Literatur, der Tonkunst, der bildenden Künste und der Filmkunst.

(2) Ein Werk genießt als Ganzes und in seinen Teilen urheberrechtlichen Schutz nach den Vorschriften dieses Gesetzes.

§ 2 Werke der Literatur im Sinne des Gesetzes sind:
a) Sprachwerke aller Art, einschließlich Computerprogrammen (§ 40a)
b) Bühnenwerke, deren Ausdrucksmittel Gebärden und andere Körperbewegungen sind (choreographische und pantomimische Werke);
c) Werke wissenschaftlicher und belehrender Art, die in bildlichen Darstellungen in der Fläche oder im Raume bestehen, sofern sie nicht zu den Werken der bildenden Künste zählen.

VI a. Abschnitt
Sondervorschriften für Computerprogramme
Computerprogramme

§ 40a (1) Computerprogramme sind Werke im Sinne dieses Gesetzes, wenn sie das Ergebnis der eigenen geistigen Schöpfung ihres Urhebers sind.

(2) In diesem Gesetz umfaßt der Ausdruck „Computerprogramm" alle Ausdrucksformen, einschließlich des Maschinencodes, sowie das Material zur Entwicklung des Computerprogramms.

Dienstnehmer

§ 40b Wird ein Computerprogramm von einem Dienstnehmer in Erfüllung seiner dienstlichen Obliegenheiten geschaffen, so steht dem Dienstgeber hieran ein unbeschränktes Werknutzungsrecht zu, wenn er mit dem Urheber nichts anderes vereinbart hat. In solchen Fällen ist der Dienstgeber auch zur Ausübung der in § 20 und § 21 Abs. 1 bezeichneten Rechte berechtigt; das Recht des Urhebers nach § 19, die Urheberschaft für sich in Anspruch zu nehmen, bleibt unberührt.

§ 20 lautet: (1) Der Urheber bestimmt, ob und mit welcher Urheberbezeichnung das Werk zu versehen ist.

(2) Eine Bearbeitung darf mit der Urheberbezeichnung nicht auf eine Art versehen werden, die der Bearbeitung den Anschein eines Originalwerkes gibt.

(3) Vervielfältigungsstücke von Werken der bildenden Künste, darf durch die Urheberbezeichnung nicht der Anschein eines Urstückes verliehen werden.

§ 21 lautet: (1) Wird ein Werk auf eine Art, die es der Öffentlichkeit zugängig macht, benutzt oder zum Zweck der Verbreitung vervielfältigt, so dürfen auch von den zu einer solchen Werknutzung Berechtigten an dem Werke selbst, an dessen Titel, oder an der Urheberbezeichnung keine Kürzungen, Zusätze, oder andere Änderungen vorgenommen werden, soweit nicht der Urheber einwilligt und das Gesetz die Änderung zuläßt. Zulässig sind insbesondere Änderungen, die der Urheber dem zur Benutzung des Werkes Berechtigten nach den im redlichen Verkehr geltenden Gewohnheiten und Gebräuchen nicht untersagen kann, namentlich Änderungen, die durch die Art oder den Zweck der erlaubten Werknutzung gefordert werden. *)

§ 19 lautet: (1) Wird die Urheberschaft an einem Werk bestritten, oder wird das Werk einem anderen als seinem Schöpfer zugeschrieben, so ist dieser berechtigt, die Urheberschaft für sich in Anspruch zu nehmen. nach seinem Tod steht in diesen Fällen den Personen, auf die das Urheberrecht übergegangen ist das Recht zu, die Urheberschaft des Schöpfers des Werkes zu wahren.

(2) Ein Verzicht auf dieses Recht ist unwirksam.

Werknutzungsrechte

§ 40c Werknutzungsrechte an Computerprogrammen können, wenn mit dem Urheber nichts anderes vereinbart worden ist, ohne dessen Einwilligung auf einen anderen übertragen werden. Die Vorschriften des § 29 gelten für Werknutzungsrechte an Computerprogrammen nicht.

§ 29 (1) Wird von einem Werknutzungsrecht ein, dem Zweck seiner Bestellung entsprechender Gebrauch überhaupt nicht oder nur in so unzureichendem Maße gemacht, sodaß wichtige Interessen des Urhebers beeinträchtigt werden, so kann dieser, wenn ihn kein Verschulden daran trifft, das Vertragsverhältnis, soweit es das Werknutzungsrecht betrifft, vorzeitig lösen.

(2) Die Auflösung kann erst nach fruchtlosem Ablauf einer vom Urheber dem Werknutzungsberechtigten gesetzten, angemessenen Nachfrist erklärt werden. Der Setzung einer Nachfrist bedarf es nicht, wenn die Ausübung des Werknutzungsrechtes dem Erwerber unmöglich ist, oder von ihm verweigert wird oder wenn die Gewährung einer Nachfrist überwiegende Interessen des Urhebers gefährdet.

(3) Auf das Recht, das Vertragsverhältnis aus den im Abs. 1 bezeichneten Gründen zu lösen, kann im voraus für eine drei Jahre übersteigende Frist nicht verzichtet werden. In diese Frist wird die Zeit nicht eingerechnet, in der der Werknutzungsberechtigte durch Umstände, die auf Seiten des Urhebers liegen, daran verhindert war, das Werk zu benützen.

(4) Die Wirksamkeit der vom Urheber abgegebenen Erklärungen, das Vertragsverhältnis aufzulösen, kann nicht bestritten werden, wenn der Werknutzungsberechtigte diese Erklärung nicht binnen 14 Tagen nach ihrem Empfang zurückweist.

---

*) Anmerkung: siehe § 40d

Freie Werknutzung

§ 40d (1) § 42 gilt für Computerprogramme nicht.

Anmerkung:
Der § 42 regelt die Vervielfältigung zum eigenen Gebrauch von anderen Werkstücken als Computerprogrammen.

(2) Computerprogramme dürfen vervielfältigt und bearbeitet werden, soweit dies für ihre bestimmungsgemäße Benutzung durch den zur Benutzung Berechtigten notwendig ist; hiezu gehört auch die Anpassung an dessen Bedürfnisse.

(3) Die zur Benutzung eines Computerprogrammes berechtigte Person darf
1. Vervielfältigungsstücke für Sicherungszwecke (Sicherungskopien) herstellen, soweit dies für die Benutzung des Computerprogramms notwendig ist;
2. das Funktionieren des Programmes beobachten, untersuchen und testen, um die einem Programmelement zugrunde liegenden Ideen und Grundsätze zu ermitteln, wenn sie dies durch Handlungen zum Laden, Anzeigen, Ablaufen, Übertragen oder Speichern des Programmes tut, zu denen sie berechtigt ist.

(4) Auf die Rechte nach Abs. 2 und 3 kann wirksam nicht verzichtet werden; dies schließt Vereinbarungen über den Umfang der bestimmungsgemäßen Benutzung im Sinne des Abs. 2 nicht aus.

Dekompilierung

§ 40e (1) Der Code eines Computerprogrammes darf vervielfältigt und seine Codeform übersetzt werden, sofern folgende Bedingungen erfüllt sind:
1. Die Handlungen sind unerläßlich, um die erforderlichen Informationen zur Herstellung der Interoperabilität eines unabhängig geschaffenen Computerprogramms mit anderen Programmen zu erhalten;
2. die Handlungen werden von einer zur Verwendung des Vervielfältigungsstückes eines Computerprogrammes berechtigten Person oder in deren Namen von einer hiezu ermächtigten Person vorgenommen;
3. die für die Herstellung der Interoperabilität notwendigen Informationen sind für die unter Z 1 genannten Personen noch nicht ohne weiteres zugänglich gemacht worden; und
4. die Handlungen beschränken sich auf die Teile des Programms, die zur Herstellung der Interoperabilität notwendig sind.

(2) Die nach Abs. 1 gewonnenen Informationen dürfen nicht
1. zu anderen Zwecken als zur Herstellung der Interoperabilität des unabhängig geschaffenen Programms verwendet werden;
2. an Dritte weitergegeben werden, es sein denn, daß dies für die Interoperabilität des unabhängig geschaffenen Programms notwendig ist;
3. für die Entwicklung, Vervielfältigung oder Verbreitung eines Programms mit im wesentlichen ähnlicher Ausdrucksform oder für andere, das Urheberrecht verletzende Handlungen verwendet werden,

(3) Auf das Recht der Dekompilierung (Abs. 1) kann wirksam nicht verzichtet werden.

Strafrechtliche Vorschriften – Eingriff

§ 91 (1) Wer einen Eingriff, der im § 86 Abs. 1 bezeichneten Art begeht, ist mit Freiheitsstrafe bis zu sechs Monaten oder mit Geldstrafe bis zu 360 Tagessätzen zu bestrafen.

(1a) Ebenso ist zu bestrafen, wer Mittel in Verkehr bringt oder zu Erwerbszwecken besitzt, die ausschließlich dafür bestimmt sind, die unerlaubte Beseitigung oder Umgehung technischer Mechanismen zum Schutze von Computerprogrammen zu erleichtern.

(2) Ebenso ist zu bestrafen, wer als Inhaber oder Leiter eines Unternehmens einen im Betrieb des Unternehmens von einem Bediensteten oder Beauftragten begangenen Eingriff dieser Art (Abs. 1 und 1a) nicht verhindert.

(3) Der Täter ist nur auf Verlangen des in seinem Recht Verletzten zu verfolgen.

(4) § 85 Abs. 1, 3 und 4 über die Urteilsveröffentlichung gilt entsprechend.

(5) Die Strafverhandlung obliegt dem Einzelrichter des Gerichtshofes erster Instanz.

Vernichtung und Unbrauchbarmachung von Eingriffsgegenständen und Eingriffsmitteln

§ 92 (1) In dem Urteil, womit ein Angeklagter des Vergehens nach § 91 schuldig erkannt wird, ist auf Antrag des Privatanklägers die Vernichtung der zur widerrechtlichen Verbreitung bestimmten Eingriffsgegenstände, sowie die Unbrauchbarmachung der ausschließlich zur widerrechtlichen Vervielfältigung bestimmten und der im § 91 Abs. 1a bezeichneten Eingriffsmittel anzuordnen.

Artikel II

(1) Dieses Bundesgesetz tritt vorbehaltlich des Abs. 2 mit 1. März 1993 in Kraft.

(2) – (4) ... (hier nicht abgedruckt)

(5) Die §§ 40b und 40c UrhG in der Fassung dieses Bundesgesetzes gelten nicht für Computerprogramme, die vor dem 1. März 1993 geschaffen worden sind.

3.25 Welchen Rechtsbereich regelt das Urheberrechtsgesetz?

Es regelt u.a. den Schutz des Softwareherstellers vor unbefugter Vervielfältigung seines Werkes. Nicht aber regelt es Ansprüche des Erwerbers, die gegen den Softwarehersteller aus dem Titel der Gewährleistung oder des Schadenersatzes wegen mangelhafter, d.h. nicht funktionstüchtiger Software erhoben werden. Insoweit bleiben die Ausführungen über „Vertragsrecht und EDV" beachtlich.

3.26 Handelt es sich beim vorliegenden gesetzlichen Schutz um zwingende Bestimmungen?

Grundsätzlich ja, einige Schutznormen des Urheberrechtsgesetzes können auch durch Parteiabrede nicht geändert werden, andere können durch vertragliche Bestimmungen zwischen dem Urheber bzw. Werknutzungsberechtigten im voraus, manche aber nur nach Abschluß des Vertrages, abgeändert werden.

3.27 Was ist ein Werk?

Werke im Sinne des Urheberrechtsgesetzes sind eigentümliche geistige Schöpfungen, unter anderem auf dem Gebiet der Literatur. Das Werk genießt als Ganzes und in seinen Teilen den urheberrechtlichen Schutz, wobei zu den Werken der Literatur Sprachwerke aller Art, einschließlich Computerprogrammen gehören (vergleiche § 1 und § 2 UrhG).

3.28 Was sind Bearbeitungen?

Im § 5 des UrhG ist festgelegt, daß Übersetzungen und andere Bearbeitungen, soweit sie eine eigentümliche geistige Schöpfung des Bearbeiters sind, unbeschadet des am bearbeiteten Werke bestehenden Urheberrechts, wie Originalwerke geschützt sind.

3.29 Was ist eine „eigentümliche geistige Schöpfung"?

Geschützt sind Computerprogramme nur, wenn sie eine sogenannte „Werkhöhe" erreichen. Als Kriterien dafür, ob eine derartige Werkhöhe vorliegt, werden insbesondere Art und Umfang des Programms (der Zeitaufwand, die Mühe und die Kosten der Programmentwicklung, die zur Verfügung stehende Variationsbreite, die Qualifikation der Programmierer und die Verwendung vorhandener Bausteine) heranzuziehen sein. Der österreichische Gesetzgeber fordert im Gegensatz zur deutschen Judikatur keine besonders hohe Werkhöhe.

Nicht schutzfähig ist die hinter dem Programm stehende „Idee", die Machart, die Technik oder der Stil des Programms. Nicht geschützt sind auch neue Typen des Schaffens, wie etwa die Einführung der Fenstertechnik als Nachfolgerin der früher üblichen Menütechnik (früher wurden am Bildschirm einzelne Menüpunkt angezeigt, der Benutzer konnte durch Eingabe einer Ziffer einen bestimmten Programmablauf steuern; heute ist allgemein die Benützung von Windows – von Bildschirmfenstern – die durch die sogenannte „Maus" aufgerufen und bearbeitet werden, üblich. Während die dahinterstehenden, konkreten Programme schutzfähig sind, ist die Idee an sich, statt über eine Menüeingabe mittels Bildschirmfenster und Maus zu arbeiten, nicht schutzfähig, wohl aber z.B. die konkrete Anordnung der Fenster in einem bestimmten Programm (weil sie Bestandteil einer bestimmten Programmierung ist).

3.30 Was sieht das Gesetz für Computerprogramme vor (§ 40 a UrhG)?

Computerprogramme sind Werke im Sinne des Urheberrechtsgesetzes, wenn sie das Ergebnis der eigenen geistigen Schöpfung ihres Urhebers sind. Ausdrücklich im Gesetz vorgesehen ist, daß der Ausdruck „Computerprogramm" alle Ausdrucksformen, einschließlich des Maschinencodes, sowie das Material zur Entwicklung des Computerprogrammes umfaßt.

3.31 Wann ist ein Werk erschienen (§ 9 UrhG)?

Ein Werk ist erschienen, sobald es mit Einwilligung des Berechtigten der Öffentlichkeit dadurch zugänglich gemacht worden ist, daß Werkstücke in genügender Anzahl feilgehalten oder in Verkehr gebracht worden sind. Ein Werk, das innerhalb eines Zeitraums von 30 Tagen im In- und Ausland erschienen ist, zählt zu den im Inland erschienenen Werken.

3.31a Wer ist Urheber (vergleiche § 10 UrhG)?

Urheber eines Werkes ist, wer es geschaffen hat.

3.32 Wer ist Miturheber (§ 11)?

Haben mehrere gemeinsam ein Werk geschaffen, bei dem die Ergebnisse ihres Schaffens eine untrennbare Einheit bilden, so steht das Urheberrecht allen Miturhebern gemeinschaftlich zu.

Jeder Miturheber ist für sich berechtigt, Verletzungen des Urheberrechts gerichtlich zu verfolgen. Zu einer Änderung oder Verwertung des Werkes bedarf es des Einverständnisses aller Miturheber. Verweigert ein Miturheber seine Einwilligung ohne ausreichenden Grund, so kann ihn jeder andere Miturheber auf deren Erteilung klagen. Hat der Beklagte im Inland keinen allgemeinen Gerichtsstand, so sind die Gerichte, in deren Sprengel der erste Wiener Gemeindebezirk liegt, zuständig.

3.33 Bei wem wird die Urheberschaft vermutet (§ 12 UrhG)?

Wer auf den Vervielfältigungsstücken eines erschienenen Werkes in der üblichen Weise als Urheber bezeichnet wird, gilt bis zum Beweis des Gegenteils als Urheber des Werkes, wenn die Bezeichnung in der Angabe seines wahren Namens oder eines von ihm bekanntermaßen gebrauchten Decknamens besteht.

3.34 Was versteht man unter Verwertungsrechten (§ 14 UrhG)?

Der Urheber hat mit den vom Gesetz bestimmten Beschränkungen das ausschließliche Recht, sein Urheberrecht zu verwerten (Verwertungsrechte). Der Urheber einer Übersetzung oder einer anderen Bearbeitung darf diese, auf die ihm vorbehaltene Art nur verwerten, soweit ihm der Urheber des bearbeiteten Werkes das ausschließliche Recht oder die Bewilligung dazu erteilt hat.

3.35 Welche Verwertungsrechte sind im Gesetz genannt?

Das Recht auf Vervielfältigung, das Recht auf Verbreitung, das Vortrags-, Aufführungs- und Vorführrecht sind im Gesetz definiert.

3.35a Wie ist das Vervielfältigungsrecht geregelt (§ 15 UrhG)?

Der Urheber hat das ausschließliche Recht, das Werk – gleichviel in welchem Verfahren und in welcher Menge – zu vervielfältigen.

3.35b Welches Verbreitungsrecht steht dem Urheber zu (§ 16 UrhG)?

Der Urheber hat das ausschließliche Recht, Werkstücke zu verbreiten. Kraft dieses Rechtes dürfen Werkstücke ohne seine Einwilligung weder feilgehalten, noch auf eine Art, die das Werk der Öffentlichkeit zugänglich macht, in Verkehr gebracht werden. Dem Verbreitungsrecht unterliegen Werkstücke nicht, die mit Einwilligung des Berechtigten durch Übertragung des Eigentums in Verkehr gebracht worden sind. Die Einwilligung kann auf ein bestimmtes Gebiet beschränkt werden.

3.35c Wer hat das Vortrags-, Aufführungs- oder Vorführungsrecht (§ 18 UrhG)?

Der Urheber hat das ausschließliche Recht, ein Sprachwerk, wozu nunmehr auch Computerprogramme zählen, öffentlich vorzutragen oder aufzuführen.

3.36 Wie sind die geistigen Interessen des Urhebers geschützt (§ 20 UrhG)?

Der Urheber bzw. der Dienstgeber – bei von Dienstnehmern erstellten Computerprogrammen – (§ 40 b) bestimmt, ob und mit welcher Urheberbezeichnung das Werk zu versehen ist. Hiebei darf eine Bearbeitung nicht auf eine Art gekennzeichnet werden, die der Bearbeitung den Anschein eines Originalwerkes gibt.

3.37 Was versteht man unter Werkschutz (§ 21 UrhG)?

Wird ein Werk auf eine Art, die es der Öffentlichkeit zugänglich macht, benutzt oder zum Zweck der Verbreitung vervielfältigt, so dürfen auch von dem zu einer solchen Werknutzung Berechtigten an dem Werk selbst, an dessen Titel oder an der Urheberbezeichnung keine Kürzungen, Zusätze oder andere Änderungen vorgenommen werden, soweit nicht der Urheber einwilligt oder das Gesetz die Änderung zuläßt. Zulässig sind inbesondere Änderungen, die der Urheber dem zur Benutzung des Werkes Berechtigten nach den im redlichen Verkehr geltenden Gewohnheiten und Gebräuchen nicht untersagen kann, namentlich Änderungen, die durch die Art oder den Zweck der erlaubten Werknutzung erfolgen. Nach § 40 b UrhG steht dieses Recht bei Computerprogrammen, die ein Dienstnehmer in Erfüllung seiner dienstlichen Obliegenheiten geschaffen hat, dem Dienstgeber zu. Dem Urheber selbst (Dienstnehmer) bleibt aber vorbehalten, sich Entstellungen, Verstümmelungen oder anderen Änderungen des Werkes zu widersetzen, die seine geistigen Interessen am Werke schwer beeinträchtigen (siehe auch § 40 d UrhG).

3.38 Welche Pflichten hat der Besitzer eines Werkstückes?

Der Besitzer eines Werkstückes hat dieses dem Urheber auf Verlangen soweit zugänglich zu machen, als es notwendig ist, um das Werk vervielfältigen zu können; hiebei hat der Urheber die Interessen des Besitzers entsprechend zu berücksichtigen. Der Besitzer ist nicht verpflichtet, dem Urheber das Werkstück zu dem angeführten Zwecke herauszugeben; auch ist er dem Urheber gegenüber nicht verpflichtet, für die Erhaltung des Werkstückes zu sorgen.

3.39 Was gilt für die Übertragung des Urheberrechtes?

Das Urheberrecht ist vererblich; in Erfüllung einer für den Todesfall getroffenen Anordnung kann es auch auf Sonderrechtsnachfolger übertragen werden. Im übrigen ist das Urheberrecht unübertragbar. Geht das Urheberrecht auf mehrere Personen über, so sind auf sie die für Miturheber (§ 11) geltenden Vorschriften anzuwenden.

3.40 Wie kann der Urheber seine Rechte verwerten (§ 24 UrhG)?

Der Urheber kann anderen gestatten, das Werk auf einzelne oder alle nach dem § 14 (Vervielfältigungsrecht, Verwertungsrecht, Verbreitungsrecht – hier nicht in Betracht kommendes Senderecht – Vortrags-, Aufführungs- und Vorführungsrecht) dem Urheber vorbehaltene Verwertungsarten zu benutzen (Werknutzungsbewilligung). Auch kann er einem anderen das ausschließliche Recht dazu einräumen (Werknutzungsrecht).

§ 40 b UrhG regelt, daß dem Dienstgeber an einem Computerprogramm, das von einem Dienstnehmer in Erfüllung seiner dienstlichen Obliegenheiten geschaffen wird, ein unbeschränktes Werknutzungsrecht zusteht, wenn er mit dem Urheber nichts anderes vereinbart hat.

Eine Werknutzungsbewilligung, die vor Einräumung oder Übertragung eines Werknutzungsrechtes erteilt worden ist, bleibt gegenüber dem Werknutzungsberechtigten wirksam, wenn mit dem Inhaber der Werknutzungsbewilligung nichts anderes vereinbart wurde. Es ist sohin zwischen Werknutzungsbewilligung (nicht ausschließliche Benutzung des Werkes) und dem Werknutzungsrecht (ausschließliche Benutzungsmöglichkeit des Werkes) zu unterscheiden. Je nachdem, welches Recht eingeräumt wird, dürfen auch andere ein gleichartiges Computerprogramm (Standardsoftware) verwenden oder nicht. Bei Individualsoftware wird in der Regel der Auftraggeber auf der Einräumung eines Werknutzungsrechtes bestehen, es sei denn, er will, daß die bei ihm erstellten Programme auch für andere Programme verwendet werden. Es empfiehlt sich, dies ausdrücklich zu regeln.

3.41 Was sieht das Gesetz betreffend Werknutzungsrechte vor (§ 26 UrhG)?

Auf welche Art, mit welchen Mitteln, innerhalb welcher örtlichen und zeitlichen Grenzen das Werk von einem Werknutzungsberechtigten benutzt werden darf, richtet sich nach dem mit dem Urheber abgeschlossenen Vertrag. Insoweit das Werknutzungsrecht gilt, hat sich auch der Urheber gleich einem Dritten, jedoch unbeschadet seines Rechtes, Verletzungen des Urheberrechtes gerichtlich zu verfolgen, der Benutzung des Werkes zu enthalten. Mit dem Erlöschen dieser Verpflichtung erlangt das Verwertungsrecht seine frühere Kraft.

3.42 Wie können Werknutzungsrechte übertragen werden (§ 27 UrhG)?

Werknutzungsrechte sind vererblich und veräußerlich.

Während § 27 Abs. 2 im Urheberrechtsgesetz vorsieht, daß auf Sonderrechtsnachfolger ein Werknutzungsrecht in der Regel nur mit Einwilligung des Urhebers übertragen werden kann, oder dieser die Einwilligung nur aus wichtigem Grund verweigern kann, sieht § 40 c UrhG abweichend hievon für Computerprogramme vor, daß Werknutzungsrechte an diesen, wenn mit dem Urheber nichts anderes vereinbart worden ist, ohne dessen Einwilligung auf einen anderen übertragen werden können.

Unbeschadet bleiben jedoch die Bestimmungen des § 27 UrhG auch auf Fälle der Übertragung von Werknutzungsrechten an Computerprogrammen anwendbar, wonach derjenige, der das Werknutzungsrecht im Wege der Sonderrechtsnachfolge (sohin durch Rechtsgeschäft unter Lebenden oder im Legatswege) erwirbt, anstelle des Veräußerers die Verbindlichkeit zu erfüllen hat, die diesen nach dem mit dem Urheber geschlossenen Vertrag obliegt. Der Veräußerer haftet dem Urheber gegenüber wie ein Bürge und Zahler für die dem Urheber gebührenden Entgelte, sowie für den Schaden, den der Erwerber im Falle der Nichterfüllung einer aus dem Vertrag für ihn entspringenden Pflicht dem Urheber zu ersetzen hat. Diese Haftung kann nicht durch ein Geschäft zwischen dem Veräußerer und dem Erwerber dem Urheber gegenüber ausgeschlossen werden.

Diese Vorschrift gilt nicht für Fälle der Gesamtrechtsnachfolge, wie etwa auf dem Erbwege oder bei bestimmten gesellschaftsrechtlichen Vorgängen.

3.43 Welche Sonderregeln gelten für Unternehmensverkäufe (§ 28 UrhG)?

Wenn nichts anderes vereinbart ist, so kann ein Werknutzungsrecht mit dem Unternehmen, zu dem es gehört oder mit einem solchen Zweige des Unternehmens auf jemand anderen übertragen werden, ohne daß es der Einwilligung des Urhebers bedarf. Ferner kann, wenn der Werknutzungsberechtigte zur Ausübung seines Rechtes nicht verpflichtet ist und mit dem Urheber nichts anderes vereinbart hat, ohne dessen Einwilligung Werknutzungsrechte an Sprachwerken, die entweder auf Bestellung des Werknutzungsberechtigten nach seinen, den Inhalt und die Art der Behandlung bezeichnenden Plane oder bloß als Hilfs- oder Nebenarbeit für ein fremdes Werk geschaffen wurden, übertragen werden.

3.44 Können Werknutzungsrechte auch über künftige Werke (erst zu schaffende Computerprogramme) vereinbart werden (§ 31 UrhG)?

Grundsätzlich ist es möglich, über erst zu schaffende Werke im voraus gültig zu verfügen.

3.45 Was gilt im Konkurs und Ausgleich (§ 32 UhG)?

Hat der Urheber einem anderen das ausschließliche Recht eingeräumt, ein Werk zu vervielfältigen und zu verbreiten, und wird gegen den Werknutzungsberechtigten das Ausgleichsverfahren oder über sein Vermögen der Konkurs eröffnet, so wird die Anwendung der Vorschriften der Ausgleichsordnung und der Konkursordnung über noch nicht erfüllte, zweiseitige Verträge dadurch nicht ausgeschlossen, daß der Urheber dem Werknutzungsberechtigten das zu vervielfältigende Werkstück schon vor der Eröffnung des Ausgleichsverfahrens oder des Konkurses übergeben hat. Ist bis zum Zeitpunkt der Eröffnung des Ausgleichsverfahrens oder des Konkurses mit der Vervielfältigung des Werkes noch nicht begonnen worden, so kann der Urheber vom Vertrag zurücktreten. Auf Antrag des Schuldners oder Masseverwalters hat das Ausgleichs- oder Konkursgericht eine Frist zu bestimmen, nach deren Ablauf der Urheber den Rücktritt nicht mehr erklären kann.

3.46 Welche Auslegungsregeln sieht das Gesetz (zugunsten des Urhebers) vor?

Wenn nicht das Gegenteil vereinbart wurde, erstreckt sich die Gewährung des Rechtes ein Werk zu benutzen, nicht auf Übersetzungen und andere Bearbeitungen. In der Übertragung des Eigentums an einem Werkstück ist im Zweifel die Einräumung eines Werknutzungsrechtes oder die Erteilung einer Werknutzungsbewilligung nicht enthalten.

3.47 Welche freien Werknutzungen gibt es für Computerprogramme?

Abweichend vom § 42 UrhG, der die Vervielfältigung zum eigenen Gebrauch für Werke, die nicht Computerprogramme sind, regelt, gilt für diese die Vorschrift des § 40 d UrhG.

Nach dieser dürfen Computerprogramme vervielfältigt und bearbeitet werden, soweit dies für ihre bestimmungsgemäße Benutzung durch den zur Benutzung Berechtigten notwendig ist. Hiezu gehört auch die Anpassung an dessen Bedürfnisse. Auf dieses Recht kann wirksam nicht verzichtet werden, was aber Vereinbarungen über den Umfang der bestimmungsgemäßen Benützung im Sinne des Abs. 2 nicht ausschließt.

Es ist daher gesetzlich zulässig vorzusehen, daß ein Programm oder eine Bearbeitung nur jeweils an einem Arbeitsplatz (und nicht zugleich an mehreren Arbeitsplätzen) verwendet werden darf.

3.48 Darf die zur Benutzung eines Computerprogrammes berechtigte Person Sicherungskopien herstellen und das Funktionieren des Programmes beobachten?

Dies ist ihr ausdrücklich nach § 40 d Abs. 3 in unverzichtbarer Weise gestattet. Die zur Benutzung eines Computerprogrammes berechtigte Person darf
1. Vervielfältigungsstücke für Sicherungszwecke (Sicherungskopien) herstellen, soweit dies für die Benutzung des Computerprogrammes notwendig ist;
2. das Funktionieren des Programmes beobachten, untersuchen oder testen, um die einem Programmelement zugrundliegenden Ideen und Grundsätze zu ermitteln, wenn sie dies durch Handlungen zum Laden, Anzeigen, Ablaufen, Übertragen oder Speichern des Programmes tut, zu denen sie berechtigt ist.

3.49 Wie ist das Recht der Dekompilierung geregelt (§ 40 e UrhG)?

Der Code eines Computerprogrammes darf vervielfältigt und in seine Codeform übersetzt werden, sofern folgende Bedingungen erfüllt sind:
1. Es ist dies notwendig, um die „Interoperabilität" zu einem unabhängig geschaffenen Computerprogramm mit anderen Programmen zu erhalten,
2. die Handlungen werden von einer dazu berechtigten Person unternommen,

3. die für die Herstellung der Interoperabilität notwendigen Informationen sind für die oben genannten Personen noch nicht ohne weiteres zugänglich gemacht worden,
4. die Handlungen beschränken sich auf die Teile des Programmes, die zur Herstellung der Interoperabilität notwendig sind.

Es ist sohin dann möglich zu dekompilieren, wenn dies notwendig ist, um ein Programm lauffähig zu gestalten bzw. mit anderen Programmen zu vernetzen.

3.50 Wozu dürfen durch Dekompilierung gewonnene Informationen nicht verwendet werden (§ 40 e Abs. 2 UrhG)?

Die bei der Dekompilierung gewonnen Informationen dürfen nicht
1. zu anderen Zwecken als zur Herstellung der Interoperabilität des unabhängig geschaffenen Programms verwendet werden,
2. an Dritte weitergegeben werden, es sei denn, daß dies für die Interoperabilität des unabhängig geschaffenen Programms notwendig ist,
3. für die Entwicklung, Vervielfältigung und Verbreitung eines Programms mit im wesentlichen ähnlicher Ausdrucksform oder für andere, das Urheberrecht verletzende Handlungen verwendet werden.

Durch diese Bestimmung wird auch die bloß „ähnliche Ausdrucksform" geschützt, allerdings nur im Rahmen der Verwendung dekompilierter Computerprogramme.

Auf das Recht der Dekompilierung kann wirksam nicht verzichtet werden.

3.51 Können Computerprogramme ohne Verletzung des Urheberrechtsgesetzes vor Gerichten eingesetzt werden?

§ 41 UrhG sieht vor, daß Werke zu Beweiszwecken im Verfahren vor Gerichten oder vor anderen Behörden sowie für Zwecke der Strafrechtspflege und der öffentlichen Sicherheit stets ohne Verletzung des Urheberrechtsgesetzes verwendet werden können.

3.52 Welche Sonderbestimmungen für Kirchen, Schul- oder Unterrichtsgebrauch gibt es?

Im § 45 UrhG ist vorgesehen, daß einzelne Sprachwerke nach ihrem Erscheinen in einem durch den Zweck gerechtfertigten Umfang in einer Sammlung vervielfältigt und verbreitet werden, die Werke mehrerer Urheber enthält und ihrer Beschaffenheit und Bezeichnung nach zum Kirchen-, Schul- oder Unterrichtsgebrauch bestimmt ist. Werden Computerprogramme zu diesem Zweck eingesetzt, so ist hiefür eine Gebühr zu zahlen.

3.53 Wie lange gilt das Urheberrecht (§ 60 UrhG)?

Das Urheberrecht an Werken der Literatur endet 70 Jahre nach dem Tod des Urhebers, bei einem von mehreren Urhebern gemeinsam geschaffenen Werk endet das Urheberrecht 70 Jahre nach dem Tod des letztlebenden Miturhebers.

3.54 Welche Rechte stehen dem Urheber bzw. Inhaber sonstiger Ausschließungsrechte zu?

Der Urheber bzw. der Werknutzungsberechtigte hat das Recht, einen seine Rechte Verletzenden auf Unterlassung, Beseitigung und Urteilsveröffentlichung in Anspruch zu nehmen. Darüber hinaus hat er den Anspruch auf angemessenes Entgelt, Anspruch auf Schadenersatz und Herausgabe der Bereicherung und Anspruch auf Rechnungslegung.

3.55 Was versteht man unter dem „Unterlassungsanspruch" (§ 81 UrhG)?

Jeder, der in einem auf dem Urheberrecht begründeten Ausschließungsrecht verletzt worden ist oder eine solche Verletzung zu besorgen hat, kann auf Unterlassung klagen. Der Inhaber eines Unternehmens kann hierauf auch dann geklagt werden, wenn eine solche Verletzung im Betrieb seines Unternehmens von Bediensteten oder Beauftragten begangen worden ist oder droht.

3.56 Können bei Urheberrechtsverletzungen einstweilige Verfügungen erlassen werden?

Dies ist im Zuge eines Prozesses möglich. Für die Erlassung einer einstweiligen Verfügung genügt sohin die Bescheinigung der Verletzung eines Urheberrechts, wobei im Provisorialverfahren es Sache des Antragsgegners (des Verletzers) ist dazutun und zu bescheinigen, daß ein Computerprogramm über eine zu geringe Werkhöhe verfügt, um geschützt zu sein.

Dem Verletzer wird vorläufig vom Gericht verboten Handlungen zu setzen, die das Recht des Klägers verletzen. Der Kläger hat seinen Anspruch nur zu bescheinigen, nicht zu beweisen. Die einstweilige Verfügung wird bis zum Ende des Prozesses erlassen, in welchem endgültig über den Anspruch abgesprochen wird.

3.57 Was versteht man unter Beseitigungsanspruch?

Wer in einem auf dem Urheberrecht gegründeten Ausschließungsrecht verletzt wird, kann verlangen, daß der dem Gesetz widerstreitende Zustand beseitigt wird. Inbesondere kann verlangt werden, daß die den Vorschriften des Urheberrechtsgesetzes zuwider hergestellten oder verbreiteten, sowie zur widerrechtlichen Verbreitung bestimmten Vervielfältigungsstücke vernichtet, und daß die ausschließlich zur widerrechtlichen Vervielfältigung bestimmten Mittel unbrauchbar gemacht werden. Enthalten derartige Eingriffsgegenstände oder Eingriffsmittel Teile, deren unveränderter Bestand und deren Gebrauch durch den Beklagten das Ausschließungsrecht des Klägers nicht verletzt, so hat das Gericht diese Teile, in dem die Vernichtung oder Unbrauchbarmachung aussprechenden Teil, zu bezeichnen. Zeigt sich im Exekutionsverfahren, daß die Unbrauchbarmachung von Eingriffsmitteln unverhältnismäßige Kosten erfordern würde und werden diese vom Verpflichteten nicht im voraus bezahlt, so hat das Exekutionsgericht nach Einvernehmung der Parteien die Vernichtung des Eingriffsmittels anzuordnen.

Meines Erachtens nach ist nicht der gesamte Computer, sondern nur der Datenträger zu zerstören bzw. wird es genügen, die darauf befindlichen Daten (Programme) physisch und nicht nur relativ zu löschen. Darunter versteht man, daß sie nicht nur als gelöscht auf der Platte gekennzeichnet werden, sondern tatsächlich so überschrieben oder so gelöscht werden, daß sie nicht leicht wieder hergestellt werden können. Werkstücke dürfen aber nicht bloß deshalb vernichtet werden, weil die Quellenangabe fehlt oder dem Gesetz nicht entspricht.

3.58 Was kann der Täter (Verletzer) tun?

Er kann verlangen, daß statt einer Vernichtung von Eingriffsgegenständen oder Unbrauchbarmachung von Eingriffsmitteln die Eingriffsgegenstände oder -mittel von ihrem Eigentümer gegen eine angemessene, die Herstellungskosten nicht übersteigende Entschädigung überlassen werden. Der Beseitigungsanspruch richtet sich gegen den Eigentümer der Gegenstände, die den der Beseitigung des gesetzwidrigen Zustandes dienenden Maßnahmen unterliegen. Der Anspruch kann während der Dauer des verletzten Rechtes solange geltend gemacht werden, wie solche Gegenstände vorhanden sind.

3.59 Wann kann man Urteilsveröffentlichung begehren (§ 85 UhG)?

Wird auf Unterlassung oder Beseitigung oder Feststellung des Bestehens oder Nichtbestehens eines auf dem Urheberrechtsgesetz begründeten Ausschließungsrechtes oder der Urheberschaft geklagt, so hat das Gericht der obsiegenden Partei, wenn diese daran ein berechtigtes Interesse hat, auf Antrag die Befugnis zuzusprechen, das Urteil innerhalb bestimmter Frist auf Kosten des unterlegenen Gegners zu veröffentlichen. Die Art der Veröffentlichung ist im Urteil zu bestimmen. Die Veröffentlichung umfaßt den Urteilsspruch.

3.60 Anspruch auf angemessenes Entgelt (§ 86 UrhG)

Wer unbefugt ein Werk der Literatur oder Kunst vervielfältigt oder verbreitet, hat, auch wenn ihn kein Verschulden trifft, dem Verletzten, dessen Einwilligung einzuholen gewesen wäre, ein angemessenes Entgelt zu bezahlen.

3.61 Welchen Anspruch auf Schadenersatz und Herausgabe des Gewinnes hat der Geschützte (§ 87 UrhG)?

Wer einen anderen darüber hinaus schuldhaft schädigt, hat dem Verletzten, ohne Rücksicht auf den Grad des Verschuldens, auch den entgangenen Gewinn zu ersetzen. Auch kann der Verletzte in einem solchen Fall eine angemessene Entschädigung für die in keinem Vermögensschaden bestehenden Nachteile verlangen, die er durch die Handlung erlitten hat. Der Verletzte, dessen Einwilligung einzuholen gewesen wäre, kann als Ersatz des ihm schuldhaft zugefügten Vermögensschadens, wenn kein höherer Schaden nachgewiesen wird, das doppelte des ihm nach § 86 UrhG gebührenden Entgelts begehren.

Wird ein Werk der Literatur oder Kunst unbefugt vervielfältigt oder verbreitet, so kann der Verletzte, dessen Einwilligung einzuholen gewesen wäre, auch die Herausgabe des Gewinnes verlangen, den der Schädiger durch den schuldhaften Eingriff erzielt hat. Neben einem angemessenen Entgelt oder der Herausgabe des Gewinnes kann ein Ersatz des Vermögensschadens nur begehrt werden, soweit er das Entgelt oder den herauszugebenden Gewinn übersteigt.

Bei Computerprogrammen wird an Entgelt bzw. an herauszugebendem Gewinn bei Standardsoftware in der Regel das marktübliche Entgelt zu bezahlen sein (Listenpreis). Bei Individualsoftware ergeben sich Bewertungsprobleme, weil ein Produkt umso billiger werden kann, je öfter es veräußert wird. Der Preis der Individualsoftware deckt nämlich in der Regel bereits bei seiner ersten Veräußerung an einen Berechtigten die vollen Kosten einschließlich des Gewinnes ab, sodaß bei jeder weiteren Veräußerung dem Urheber kein Schaden entsteht. Unbillig wäre es, den Preis der Individualsoftware noch einmal von einem anderen verlangen zu können. Wie sich die Judikatur entscheiden wird, bleibt abzuwarten.

3.62 Was ist der Anspruch auf Rechnungslegung?

§ 87 a UrhG sieht vor, daß derjenige, der nach dem Gesetz zur Leistung eines angemessenen Entgelts oder einer angemessenen Vergütung, zum Schadenersatz oder zur Herausgabe des Gewinns verpflichtet ist, dem Anspruchsberechtigten Rechnung zu legen und deren Richtigkeit durch einen Sachverständigen überprüfen zu lassen hat. Wenn sich dabei ein höherer Betrag als aus der Rechnungslegung ergibt, sind die Kosten der Prüfung vom Zahlungspflichtigen zu tragen.

3.63 Wer haftet neben dem Verletzer noch mit, und wie haften mehrere Verpflichtete (§ 88 und § 89 UrhG)?

Wird der einen Anspruch auf angemessenes Entgelt begründende Eingriff im Betrieb eines Unternehmens von einem Bediensteten oder Beauftragten begangen, so trifft die Pflicht zur Zahlung des Entgelts den Inhaber des Unternehmens. Hat ein Bediensteter oder Beauftragter im Betrieb eines Unternehmens dem Urheberrechtsgesetz zuwidergehandelt, so haftet, unbeschadet einer allfälligen Ersatzpflicht dieser Personen, der Inhaber des Unternehmens für den Ersatz des dadurch verursachten Schadens (§ 87 Abs. 1 bis 3), wenn ihm die Zuwiderhandlung bekannt war oder bekannt sein mußte. Auch trifft ihn in einem solchen Fall die Pflicht zur Herausgabe des Gewinns nach § 87 Abs. 4 UrhG.

Mehrere Verpflichtete haften zur ungeteilten Hand.

3.64 Worin besteht der strafrechtliche Schutz, den das Urheberrechtsgesetz gewährt?

§ 91 sieht vor, daß, wer einen Eingriff, der im § 86 Abs. 1 bezeichneten Art begeht (für den Bereich des Computerstrafrechtes somit ein Werk der Literatur oder Kunst auf eine nach den §§ 14 bis 18 des UrhG dem Urheber vorbehaltene Verwertungsart benutzt), mit Freiheitsstrafe bis zu sechs Monaten oder mit Geldstrafe bis zu 360 Tagessätzen zu bestrafen ist.

Ebenso ist zu bestrafen, wer Mittel in Verkehr bringt oder zu Erwerbszwecken besitzt, die ausschließlich dazu bestimmt sind, die unerlaubte Beseitigung oder Umgehung technischer Mechanismen zum Schutz von Computerprogrammen zu erreichen.

In gleichem Maße ist zu bestrafen, wer als Inhaber oder Leiter eines Unternehmens, in seinem Betrieb einen von einem Bediensteten oder Beauftragten begangenen Eingriff dieser Art nicht verhindert.

Der Täter ist nur auf Verlangen des in seinen Rechten Verletzten zu verfolgen.

Der § 85 Abs. 1, 3 und 4 über die Urteilsveröffentlichung gilt entsprechend.

Das Strafverfahren obliegt dem Einzelrichter des Gerichtshofes erster Instanz.

Die Tat ist ein Privatanklagedelikt, d.h., sie muß binnen sechs Wochen ab genügender Kenntnis von Tat und Täter (dringender Tatverdacht) verfolgt werden, damit sie auch strafbar ist.

In der Regel wird aufgrund einer eidesstattlichen Erklärung einer Person, die eine derartige Urheberrechtsverletzung bescheinigt, durch die Ratskammer des zuständigen Gerichtshofes der ersten Instanz (Landesgericht) eine Hausdurchsuchung bewilligt werden, aus deren Anlaß jene Beweise gesichert werden können, die sowohl zur strafrechtlichen als auch zur zivilrechtlichen Verfolgung der Verletzung des Urheberrechtsgesetzes dienen. Gleichzeitig kann aus Anlaß dieser Hausdurchsuchung eine entsprechende Beschlagnahme vorgenommen werden.

§ 92 UrhG sieht vor, daß Vernichtung und Unbrauchbarmachung von Eingriffsgegenständen und Eingriffsmitteln angeordnet werden kann, womit insbesondere das Löschen von unbefugten Programmen von der Platte auf physische Art sowie die Vernichtung sämtlicher Datenträger und Dokumentationsmaterialien von zu Unrecht besessener Software gemeint ist.

3.65 Was ist eine Beschlagnahme?

Zur Sicherung dieses Vernichtungsanspruchs können die der Vernichtung unterliegenden Eingriffsgegenstände und -mittel auf Antrag des Privatanklägers vom Strafgericht in Beschlag genommen werden. Das Strafgericht hat über einen solchen Antrag sofort zu entscheiden, es kann die Bewilligung der Beschlagnahme vom Erlag einer Sicherstellung abhängig machen. Die Beschlagnahme ist auf das unbedingt notwendige Maß zu beschränken. Sie muß aufgehoben werden, wenn eine angemessene Sicherheit dafür geleistet wird, daß die beschlagnahmten Gegenstände nicht auf eine unerlaubte Art benutzt und dem Zugriff des Gerichtes nicht entzogen werden können. Die Beschlagnahme kann schon vor rechtskräftiger Beendigung des Strafverfahrens erfolgen. Gegen Beschlüsse betreffend die Anordnung, Einschränkung oder Aufhebung der Beschlagnahme kann binnen drei Tagen Beschwerde erhoben werden; sie hat nur dann aufschiebende Wirkung, wenn sie sich gegen die Aufhebung oder Beschränkung der Beschlagnahme richtet.

Erkennt das Gericht nicht auf Vernichtung oder Unbrauchbarmachung der beschlagnahmten Gegenstände, so hat der Antragsteller dem von der Beschlagnahme Betroffenen alle hierdurch verursachten, vermögensrechtlichen Nachteile zu ersetzen. Kommt es in Folge einer von den Parteien getroffenen Vereinbarung zu keiner Entscheidung über den Antrag auf Vernichtung oder Unbrauchbarmachung, so kann der Betroffene den Anspruch auf Ersatz nur erheben, wenn er sich ihn in der Vereinbarung vorbehalten hat. Der Anspruch auf Ersatz ist im ordentlichen Rechtsweg geltend zu machen.

3.66 Wen schützt das Urheberrechtsgesetz (§ 94 UrhG)?

§ 94 UrhG sieht vor, daß eine Werk, ohne Rücksicht darauf, ob und wo es erschienen ist, den Urheberrechtsschutz dieses Gesetzes genießt, wenn der Urheber oder ein Miturheber österreichischer Staatsbürger ist. Darüber hinaus genießen den urheberrechtlichen Schutz alle Werke, die im Inland erschienen sind.

Für Werke ausländischer Urheber, die nicht bereits nach dem oben Gesagten geschützt sind, besteht der urheberrechtliche Schutz unbeschadet von Staatsverträgen unter der Voraussetzung, daß die Werke österreichischer Urheber auch in dem Staat, dem der ausländische Urheber angehört, in annähernd gleicher Weise geschützt sind, jedenfalls aber im selben Ausmaß wie die Werke der Angehörigen dieses Staates.

Daneben gilt das Welturheberrechtsabkommen.

3.67 Was ist ein Lizenzvertrag?

Das Wort „Lizenz" ist dem Patentrecht entlehnt. Im Rahmen des Urheberrechtsgesetzes spricht man von „Werknutzungsrechten oder Werknutzungsbewilligungen", je nach dem Umfang, der für die Benützung eingeräumt ist.

3.68 Wie verhält man sich als Softwarehersteller, wenn man der Meinung ist, von der unberechtigten Verwendung von Software, deren Urheber man ist bzw. die man aufgrund einer Werknutzungsberechtigung nutzen darf, erfahren zu haben?

Grundsätzlich sollte man zunächst Beweise sichern, d.h., möglichst von den Personen, die einem dies mitteilen, eidesstattliche Erklärungen, die man diese vor einem Notar oder vor Gericht beglaubigt unterfertigen läßt, einholen. Gleichzeitig sollten Geschäftsunterlagen (Fakturen, Bestellungen etc.) gesammelt werden. Auch ist es zulässig und möglich, durch einen „Testkäufer" eine sogenannte „Raubkopie" zu erwerben. Gelegentlich wird man Informationen auch von ehemaligen Dienstnehmern erhalten, aber auch von Geschäftspartnern des Softwareverwenders.

Mit diesen Informationen sollte man sich unverzüglich an einen Anwalt wenden, mit dem Auftrag, die Urheberrechtsverletzung zu verfolgen. Dieser wird eine Klage in der Regel sowohl auf die Bestimmungen des Gesetzes gegen den unlauteren Wettbewerb (so die Verletzung im geschäftlichen Bereich erfolgte) als auch auf die Verletzung des Urheberrechtsgesetzes stützen und wird – soweit die Frist für die Erhebung der Privatanklage noch offen ist (sechs Wochen ab genügender Kenntnis von Tat und Täter) – versuchen, mittels einer Hausdurchsuchung und Beschlagnahme der „gestohlenen Software" alle Beweise zu sichern, die für ein anschließendes Zivilverfahren notwendig sind. Gegebenenfalls kann auch gleich ein Verfahren vor dem Zivilgericht eingeleitet werden. Bis zur Beendigung des Rechtsstreites kann auch eine einstweilige Verfügung beantragt und erlassen werden. Damit wird während der Dauer des Verfahrens die unbefugte Weiterverwendung der Software verhindert.

3.69 Welche sonstigen Möglichkeiten, Soft- und Hardware zu schützen, gibt es?

Software ist ausdrücklich nicht patenschutzfähig. Dennoch können bestimmte technische Verfahren, deren Hauptbestandteil Softwareprodukte darstellen, im Rahmen sogenannter „Verfahrenspatente" auch patentrechtlich geschützt werden. Zu beachten ist allerdings, daß aus der Patentschrift nicht hervorgeht, daß wesentlicher Bestandteil die hinter der Erfindung stehende Software ist, sodaß der Eindruck erweckt wird, daß diese nur ein unwesentlicher Bestandteil der zu schützenden Erfindung ist.

3.70 Welchen Schutz gibt es nach dem Markenrecht?

Es ist möglich, daß für Softwareprodukte Marken erworben werden, die dann ausschließlich vom eingetragenen Markenrechtsinhaber benutzt werden können. Damit wird allerdings nicht die Software als solche, sondern nur die Bezeichnung geschützt, unter der sie vertrieben wird.

4. STRAFRECHT UND EDV

4.1 Was versteht man unter Computerkriminalität im engeren Sinn?

Darunter versteht man die Verwirklichung von Tatbeständen, die im Strafgesetzbuch (StGB) geregelt sind. Durch die Strafgesetznovelle 1987 wurden mit Wirkung vom 1.3.1988 zwei Tatbestände eingeführt, die der Bestrafung des Deliktes der Datenbeschädigung und des Deliktes des betrügerischen Datenverarbeitungsmißbrauches dienen.

4.2 Was versteht man unter Datenbeschädigung?

§ 126 a StGB normiert:

1) Wer einen anderen dadurch schädigt, daß er automatisationsunterstützt verarbeitete, übermittelte oder überlassene Daten, über die er nicht oder nicht allein verfügen darf, verändert, löscht oder sonst unbrauchbar macht oder unterdrückt, ist mit Freiheitsstrafe bis zu sechs Monaten oder mit Geldstrafe bis zu 360 Tagessätzen zu bestrafen.

2) Unter Daten im Sinne des Abs. 1 sind sowohl personenbezogene und nicht personenbezogene Daten als auch Programme zu verstehen.

3) Wer durch die Tat an den Daten einen 25.000,– S übersteigenden Schaden herbeiführt, ist mit Freiheitsstrafe bis zu zwei Jahren oder mit Geldstrafe bis zu 360 Tagessätzen, wer einen 500.000,– S übersteigenden Schaden herbeiführt, mit Freiheitsstrafe von sechs Monaten bis zu fünf Jahren zu bestrafen.

Im Schutzbereich des § 126 a StGB befinden sich personenbezogene Daten, nicht personenbezogene Daten und Programme. Er dient dem umfassenden Schutz des Standes und der Verfügbarkeit von Daten schlechthin.

Automatisationsunterstützt verarbeitete Daten sind solche, die maschinell oder programmgesteuert erfaßt, gespeichert, geordnet, verglichen, verändert, verknüpft, vervielfältigt, ausgegeben oder gelöscht werden.

Die Tat ist ein Vorsatzdelikt, d.h., bloß fahrlässiges Handeln schadet strafrechlich nicht. Tatbildlich handelt, wer einen anderen dadurch schädigt, daß er die Daten verändert, löscht, sonstwie unbrauchbar macht oder unterdrückt, ohne hiezu berechtigt zu sein (z.B. aufgrund einer Weisung des Dienstgebers). Der Täter muß sowohl vorsätzlich im Bezug auf das Vorliegen von automatisationsunterstützten Daten bzw. Programmen als auch vorsätzlich im Bezug darauf, daß er einen anderen dadurch am Vermögen schädigt, handeln.

Geschützt ist nur die Beschädigung der sogenannten „Software" samt Daten. Die sogenannte „Hardware" ist im Rahmen der allgemeinen Strafbestimmungen gegen Sachbeschädigung geschützt.

Beispiel:
Ein Dienstnehmer löscht aus Verärgerung über seine Kündigung sämtliche von ihm erarbeiteten Programme.

4.3 Was versteht man unter betrügerischem Datenverarbeitungsmißbrauch?

§ 148 a normiert:

1) Wer mit dem Vorsatz, sich oder einen Dritten unrechtmäßig zu bereichern, einen anderen dadurch am Vermögen schädigt, daß er das Ergebnis einer automatisationsunterstützten Datenverarbeitung durch Gestaltung des Programmes, durch Eingabe, Veränderung oder Löschen von Daten (§ 126 a Abs. 2) oder sonst durch Einwirkung auf den Ablauf des Verarbeitungsvorganges beeinflußt, ist mit Freiheitsstrafe bis zu sechs Monaten oder mit Geldstrafe bis zu 360 Tagessätzen zu bestrafen.

2) Wer die Tat gewerbsmäßig begeht oder durch die Tat einen 25.000,– S übersteigenden Schaden herbeiführt, ist mit Freiheitsstrafe bis zu drei Jahren, wer durch die Tat einen 500.000,– S übersteigenden Schaden herbeiführt, mit Freiheitsstrafe von einem bis zu zehn Jahren zu bestrafen.

§ 148 a ist ein betrugsähnliches Vermögensdelikt, das eine Bestrafung wegen Betruges auch bei Manipulationen eines Datenverarbeitungsprogrammes ermöglicht.

Beispiel:
Der Programmierer einer Bank verändert ein Computerprogramm so, daß der sogenannte Groschenausgleich auf sein Privatkonto überwiesen wird.

Sowohl das Delikt der Datenbeschädigung als auch das Delikt des betrügerischen Datenverarbeitungsmißbrauches ist, wenn es im Familienbereich begangen wird, nach § 166 StGB mit einem geringeren Strafausmaß bedroht, dies aber nur dann, wenn es der Geschädigte binnen sechs Wochen ab ausreichender Kenntnis von Tat und Täter bei Gericht verlangt (sogenanntes Privatanklagedelikt).

4.4 Was versteht man unter Delikten betreffend die Computerkriminalität im weiteren Sinn?

Darunter versteht man Delikte, die in sogenannten strafrechtlichen Nebengesetzen normiert sind, wie etwa im Datenschutzgesetz (siehe dort) oder im Urheberrechtsgesetz (siehe dort).

5. GEWERBERECHT UND EDV

5.1 Was versteht man unter einer gewerbsmäßigen Tätigkeit?

Eine Tätigkeit wird gewerbsmäßig ausgeführt, wenn sie selbständig, regelmäßig und in der Absicht betrieben wird, einen Ertrag oder sonstigen wirtschaftlichen Vorteil zu erzielen, gleichgültig für welche Zwecke dieser bestimmt ist; hiebei macht es keinen Unterschied, ob der durch die Tätigkeit beabsichtigte Ertrag oder sonstige wirtschaftliche Vorteil im Zusammenhang mit einer in den Anwendungsbereich der Gewerbeordnung fallenden Tätigkeit oder im Zusammenhang mit einer nicht der Gewerbeordnung unterliegenden Tätigkeit erzielt werden soll.

5.2 Wie nennt man die für den Bereich der elektronischen Datenverarbeitung in Frage kommenden Gewerbe?

Neben dem „Handelsgewerbe" für Hardwareprodukte kommt vor allem „Erbringung von Dienstleistungen in der automatischen Datenverarbeitung und Informationstechnik" in Frage.

Was das „Handelsgewerbe" angeht, gelten die allgemeinen Bestimmungen der Gewerbeordnung, wie für alle anderen Handelsgewerbe auch. Darüber hinaus kennt die Gewerbeordnung für den Bereich der „Softwareherstellung" das Gewerbe der „Erbringung von Dienstleistungen in der automatischen Datenverarbeitung und Informationstechnik".

5.3 Wo sind die Vorschriften betreffend das Gewerbe der Erbringung von Dienstleistungen in der automatischen Datenverarbeitung und Informationstechnik geregelt?

Der Nationalrat hat mit BGBl. 29/1993 die Gewerberechtsnovelle 1992 beschlossen, welche im wesentlichen mit 1. Juli 1993 in Kraft tritt.

Mit diesem Tag wird das Gewerbe der Erbringung von Dienstleistungen in der automatischen Datenverarbeitung und Informationstechnik zum freien Gewerbe.

Unter freiem Gewerbe versteht man ein Gewerbe, das ohne die Erbringung eines besonderen Befähigungsnachweises ausgeübt werden darf. Damit darf – gewerberechtlich – jedermann ein derartiges Gewerbe aufnehmen und ausüben, soweit folgende Voraussetzungen gegeben sind:

1) Er hat eigenberechtigt zu sein (mit Vollendung des 19. Lebensjahres).
2) Wird das Gewerbe von einer juristischen Person oder einer Personengesellschaft des Handelsrechtes betrieben, so ist ein gewerberechtlicher Geschäftsführer zu bestellen, der entweder persönlich haftender Gesellschafter, Geschäftsführer oder Angestellter im Betrieb zu sein hat, letzteres aber nur

dann, wenn er mindestens die Hälfte der Normalarbeitszeit voll sozialversicherungspflichtig angemeldet ist.

3) Der Gewerbeinhaber darf von der Ausübung eines Gewerbes nicht ausgeschlossen sein. Das ist er dann, wenn er von einem Gericht zu einer drei Monate übersteigenden Freiheitsstrafe oder zu einer Geldstrafe von mehr als 180 Tagessätzen verurteilt worden ist, zudem die Verurteilung weder getilgt ist, noch der Beschränkung der Auskunft aus dem Strafregister gemäß § 6 des Tilgungsgesetzes 1972 in der jeweils geltenden Fassung unterliegt. (Dies gilt auch, wenn Ausschließungsgründe im Ausland verwirklicht wurden.)

4) Darüber hinaus ist von der Ausübung von Gewerben ausgeschlossen, wer wegen des Finanzvergehens des Schmuggels, der Hinterziehung von Eingangs- oder Ausgangsabgaben, der Abgabenhehlerei nach § 37 Abs. 1 lit. a des Finanzstrafgesetzes BGBl. 129/1958, in der jeweils geltenden Fassung, der Hinterziehung von Monopoleinnahmen, des vorsätzlichen Eingriffes in ein staatliches Monopolrecht oder der Monopolhehlerei nach § 46 Abs. 1 lit a des Finanzstrafgesetzes von einer Finanzstrafbehörde bestraft worden ist, so wegen eines solchen Finanzvergehens eine Geldstrafe von mehr als S 10.000,– oder neben einer Geldstrafe eine Freiheitsstrafe verhängt wurde und wenn seit der Bestrafung noch nicht fünf Jahre vergangen sind. Dies gilt auch, wenn die mit den angeführten Ausschließungsgründen vergleichbaren Tatbestände im Ausland verwirklicht wurden.

5) Rechtsträger, über deren Vermögen der Konkurs eröffnet, oder gegen die der Antrag auf Konkurseröffnung gestellt wurde, der Antrag aber mangels eines zur Deckung der Kosten des Konkursverfahrens voraussichtlich hinreichenden Vermögens abgewiesen wurde, sind von der Gewerbeausübung als Gewerbetreibende ausgeschlossen. Dies gilt auch, wenn mit den angeführten Ausschließungsgründen vergleichbare Tatbestände im Ausland verwirklicht wurden. Solche Personen dürfen aber als gewerberechtliche Geschäftsführer tätig werden.

Der Ausschluß von der Ausübung des Gewerbes wegen Konkurseröffnung gilt nicht, wenn es im Rahmen des Konkurses zum Abschluß eines Zwangsausgleiches kommt und dieser erfüllt wird.

6) Eine natürliche Person ist von der Ausübung eines Gewerbes als Gewerbetreibender ausgeschlossen, wenn ihr ein maßgebender Einfluß auf den Betrieb der Geschäfte eines anderen Rechtsträgers als einer natürlichen Person zusteht oder zugestanden ist und dieser in Konkurs gegangen ist bzw. ein Antrag auf Konkurseröffnung mangels kostendeckenden Vermögens abgewiesen wurde.

7) Auch sonstige Rechtsträger (Gesellschaften mit beschränkter Haftung, Aktiengesellschaften, Personengesellschaften des Handelsrechtes) sind von der Gewerbeausübung ausgeschlossen, wenn an ihnen natürliche Personen beteiligt sind, denen ein maßgebender Einfluß auf den Betrieb der Geschäfte zusteht, soweit in ihrer Person Gewerbeausschließungsgründe im Sinne der vorstehenden Bestimmungen gegeben sind.

5.4 Was hat zu geschehen, wenn jemand ein freies Gewerbe aufnimmt?
Er hat z.B. die Aufnahme des Gewerbes der Erbringung von Dienstleistungen in der automatisationsunterstützen Datenverarbeitung und Informationstechnik bei der zuständigen Behörde anzumelden. Zuständig ist die örtlich zuständige Bezirkshauptmannschaft, in Wien das örtlich zuständige Magistratische Bezirksamt für den jeweiligen Bezirk, in dem sich der Sitz der Firma befindet.

5.5 Wie wird eine derartige Anmeldung in der Praxis durchgeführt?
In der Regel hat jede Behörde Formulare, die man sich zu diesem Zweck besorgen kann. Diese legt man ausgefüllt zusammen mit entsprechenden Standesurkunden vor. Eine derartige Anmeldung lautet beispielsweise:

M U S T E R

An die
Bezirkshauptmannschaft Mödling
Bahnstraße 2
2340 Mödling
EINSCHREIBEN

Mödling, am 12.09.1993
öS 400,00 BStM.

Max Mustermann
Programmierer
Bahnhofsplatz 34
2340 Mödling

Anmeldung des freien Gewerbes der Erbringung von Dienstleistungen in der automatisationsunterstützten Datenverarbeitung und Informationstechnik

1fach
8 Beilagen

(umseitig)
Ich lege vor:
1. Geburtsurkunde
2. Heiratsurkunde
3. Meldezettel
4. Auszug aus dem Firmenbuch
5. Staatsbürgerschaftsnachweis
6. §13 Erklärung
7. Treuhanderklärung
8. Strafregisterauskunft

Ich melde die Ausübung des Gewerbes der Erbringung von Dienstleistungen in der automatisationsunterstützten Datenverarbeitung und Informationstechnik mit Standort in

2340 Mödling, Bahnhofsplatz 34
an.

Max Mustermann

Zu den einzelnen Urkunden ist auszuführen, daß diese entweder im Original oder in gerichtlich oder notariell beglaubigter Kopie vorgelegt werden.

Die Vorlage der Heiratsurkunde kann dann unterbleiben, wenn es aus Anlaß der Eheschließung zu keiner Namensänderung gegenüber den in der Geburtsurkunde angeführten Bezeichnungen gekommen ist.

Die Vorlage eines Auszuges aus dem Firmenbuch kann unterbleiben, falls das Unternehmen im Firmenbuch nicht eingetragen ist.

Die sogenannte §-13-Erklärung ist eine Erklärung, die meistens auf einem Formular der Behörde abgegeben wird, in der der Gewerbeanmelder bestätigt, daß keine Gewerbeausschlußgründe im Sinne des Gesetzes gegeben sind.

Die sogenannte Treuhanderklärung ist eine Erklärung, die vor allem bei juristischen Personen beizulegen ist, aus der sich ergibt, daß keinerlei Personen außer der im Gesellschaftsvertrag genannten Gesellschafter einen maßgebenden Einfluß auf den Betrieb der Geschäfte besitzen. Dies soll verhindern, daß über Treuhandkonstruktionen Personen, die von der Ausübung des Gewerbes ausgeschlossen sind, dennoch ein Gewerbe ausüben. (Unter Treuhandkonstruktion versteht man, daß jemand namens eines anderen ein Gewerbe ausübt, ohne dies nach außen zu deklarieren).

Wird ein gewerberechtlicher Geschäftsführer bestellt, so sind dessen Standesurkunden (Geburtsurkunde, gegebenenfalls Heiratsurkunde, Staatsbürgerschaftsnachweis sowie Erklärung betreffend seine sonstigen Tätigkeiten (als Geschäftsführer darf nur bestellt werden, wer sich entsprechend betätigt) und ein Meldezettel vorzulegen. Der gewerberechtliche Geschäftsführer wird in der Praxis nur in jenen Fällen bestellt werden, in denen der Gewerbeinhaber nicht die entsprechenden persönlichen Voraussetzungen für die Ausübung des Gewerbes, insbesondere einen Befähigungsnachweis, besitzt. Da ein Befähigungsnachweis aber für die Ausübung des Gewerbes der Erbringung von Dienstleistungen der automatisationsunterstützten Datenverarbeitung und Informationstechnik nicht vorgesehen ist, wird es in diesem Bereich in der Regel nicht zur Bestellung eines gewerberechtlichen Geschäftsführers kommen, es sei denn bei juristischen Personen bzw. Personengesellschaften des Handelsrechts, die den jeweiligen handelsrechtlichen Geschäftsführer auch als gewerblichen Geschäftsführer namhaft machen können. Bei solchen Rechtsträgern sind die oben genannten Urkunden für alle handelsrechtlichen Geschäftsführer, Vorstände, gegebenenfalls auch für den Mehrheitseigentümer beizulegen.

5.6 Welche besondere gesetzesrechtliche Bestimmung gilt für die Erbringung von Dienstleistungen in der automatischen Datenverarbeitung und Informationstechnik?

§ 264 a der Gewerbeordnung in der Fassung der Gewerbeordnungsnovelle 1992, in Kraft ab 1.7.1993 sieht vor, daß Gewerbetreibende, die zur Ausübung des Gewerbes der Dienstleistungen in der automationsunterstützen Datenverarbeitung und Informationstechnik berechtigt sind, auch zur Erstellung von Problemlösungen, insoweit hiezu die Techniken, Verfahren und Methoden der Informationstechnologie angewandt werden, berechtigt sind.

Damit dürfen derartige Gewerbetreibende neben den eigentlichen Programmen und Informationsmaterialien auch die komplette Problemlösung, einschließlich die dafür notwendigen Unternehmensstrukturen bzw. Konzepte für die Umwandlung von Unternehmensstrukturen „mitliefern".

5.7 Gelten die Bestimmungen auch für Angehörige des Europäischen Wirtschaftsraumes?

Das Hauptstück Nr. V a. der Gewerbeordnung in der Fassung der Gewerbeordnungsnovelle 1992 sieht vor, daß nach Inkrafttreten des EWR-Abkommens für Staatsangehörige der EWR-Vertragsparteien die selben Bestimmungen wie für Inländer gelten (vergleiche § 373 b der Gewerbeordnung). Darüber hinaus gibt es erleichternde Bestimmungen, insbesondere in Rahmen des sogenannten Nachsichtsverfahrens, durch die gewährleistet werden soll, daß auch Bürger des EWR bzw. juristische Personen, die ihren Sitz im EWR-Raum haben, in Österreich tätig werden können.

6. ARBEITSRECHT UND EDV

In der Vergangenheit wurden häufig folgende Fragenkomplexe im Zusammenhang mit Bildschirmarbeit auf dem Gebiet des Arbeitsrechts diskutiert:
1) Welche Ruhepausen haben Personen, die an Bildschirmarbeitsplätzen arbeiten, einzuhalten?
2) Können Ausbildungskosten vom Arbeitnehmer bei seinem Ausscheiden zurückgefordert werden?
3) Inwieweit kann der Betriebsrat die Zustimmung zur Errichtung von Telefonüberwachungsanlagen verweigern?
4) Inwieweit unterliegen Personen, für die Bildschirmarbeit bestimmend ist, dem Nachtschwerarbeitsgesetz?
5) Wie ist die Bildschirmzulage steuerlich zu behandeln?
6) Hat der Arbeitgeber dem Arbeitnehmer die Kosten der „Bildschirmbrille" zu ersetzen?
7) Wie ist der Bildschirmarbeitsarbeitsplatz zu gestalten?

Zu den einzelnen Punkten:

6.1 Welche Ruhepausen haben Personen, die an Bildschirmarbeitsplätzen arbeiten, einzuhalten?

Gem. § 11 Abs. 7 des Arbeitszeitgesetzes (BGBl. 461/1969 mit Novellen) in Verbindung mit den Erlässen des Bundesministeriums für Arbeit und Soziales vom 23.3.1982 (Zahl 61.720/5-4/82, ARD 3401-3) und vom 30.7.1982 wurden die Arbeitsinspektorate vom Bundesministerium für Arbeit und Soziales angewiesen, in Betrieben bei mehrstündigen kontinuierlichen Arbeitsperioden an Bildschirmgeräten für 50 Minuten ununterbrochene Tätigkeit eine Pause in der Dauer von 10 Minuten vorzuschreiben, wobei es möglich sein soll, daß zumindest im ersten Zweistundenblock einer kontinuierlichen Arbeitsperiode, die nach 50 Minuten zustehende Pause, sofern der Arbeitsablauf dies erfordert, in die anschließende zweite Stunde verlegt werden kann.

Diese Bildschirmerlässe gründen sich auf § 11 Abs. 7 des Arbeitszeitgesetzes, welche Bestimmung lautet:

„Das Arbeitsinspektorat kann ferner für Betriebe, Betriebsabteilungen oder für bestimmte Arbeiten über die Bestimmungen des Abs. 1 hinausgehende Ruhepausen anordnen, wenn die Schwere der Arbeit oder der sonstige Einfluß der Arbeit auf die Gesundheit der Arbeitnehmer es erfordert."

Grundsätzlich stützen sich die Bildschirmarbeitserlässe auf die einschlägigen wissenschaftlichen Arbeiten der Professoren M. Heider und M. Kundi (Beanspruchung bei Bildschirmarbeit), welche im Auftrag der Gewerkschaft der Privatangestellten vor einigen Jahren erstellt wurden. Diese Sachverständigen kommen zum Schluß, daß Bildschirmarbeit zu Sehbeschwerden, Augenbrennen, Kopfschmerzen infolge des ständigen Wechsels der Akkomodation des Auges führt. Auch Haltungsschäden und Rückenschmerzen können die Folge von Bildschirmarbeit sein.

Der Verwaltungsgerichtshof hat in seiner Entscheidung vom 29.6.1987, 86/08/0062 ausgesprochen, daß die Anordnung zusätzlicher Ruhepausen durch das Arbeitsinspektorat voraussetzt, daß die zu beurteilenden konkreten Arbeiten wegen ihrer, über die durchschnittliche körperliche und geistige Beanspruchung aller Arbeitnehmer hinausgehende Schwere oder sonstigen größeren gesundheitlichen Abträglichkeit zusätzliche Pausen zur Regenerierung der Arbeitskraft der mit diesen konkreten Arbeiten befaßten Arbeitnehmer erforderliche machen.

Es genügt daher nicht, wenn das Arbeitsinspektorat unter Hinweis auf die oben zitierten Erlässe einfach in Fällen, in denen mehr als zwei Stunden pro Tag am Bildschirm gearbeitet wird, zusätzliche Ruhepausen vorschreibt, sondern es ist erforderlich, daß durch konkrete Untersuchungen festgestellt wird, ob die betreffende Bildschirmarbeit als solche tatsächlich eine Gefährdung der Arbeitnehmer verursachen kann.

Dabei wird wohl zu unterscheiden sein, ob die Bildschirme als reine Informationssysteme dienen, ob mit ihnen Daten erfaßt werden, oder ob an ihnen Entscheidungen zu treffen sind bzw. dies unter großem Zeitdruck geschieht oder nicht. Letztere Arbeit ist erfahrungsgemäß äußerst anstrengend, während etwa das gelegentliche Abfragen von bestimmten Daten keine besonderen Beschwerden hervorrufen dürfte, zumal dann, wenn der Bildschirm nur aus Bequemlichkeit zwischendurch nicht abgeschaltet wird. Eine mittlere Belastung wird bei der Dateneingabe anzunehmen sein. Bei der Textverarbeitung wird wohl das reine Schreiben des Textes nicht als besonders anstrengend, das Korrigieren aber schon als schwieriger aufzufassen sein. (Die in diesem Absatz dargelegten Auffassungen gründen sich auf persönliche Erfahrungen und Beobachtungen des Autors, welche er teils bei sich selbst, teils bei anderen machte.)

6.2 Inwieweit können Unternehmen Ausbildungskosten zurückverlangen?

Grundsätzlich ist zu unterscheiden zwischen Einschulungs- und Ausbildungskosten. Einschulungskosten sind solche, die entstehen, wenn ein Unternehmen neue Maschinen anschafft oder neue Dienstnehmer einstellt und diese auf die vorhandenen Geräte einschult. Es wird in Lehre und Rechtsprechung der Standpunkt vertreten, daß die Kosten, die damit verbunden sind, daß Dienstnehmer auf konkrete Bedürfnisse eines Unternehmens hin geschult werden, nicht zurückgefordert werden können.

Finden darüber hinaus Ausbildungsveranstaltungen statt, die dazu führen, daß der Dienstnehmer sein Wissen in einer Art und Form vergrößert, die geeignet ist, seine Berufschancen am Arbeitsmarkt wesentlich zu verbessern, so ist es zulässig, mit ihm zu vereinbaren, daß er im Fall eines von ihm verschuldeten

Ausscheidens aus dem Betrieb einen Teil der Ausbildungskosten, abhängig von der Zeit, die seit der Ausbildung verstrichen ist, zurückzuzahlen hat.

Bei der Vertragsgestaltung ist darauf zu achten, daß der Dienstnehmer in seinem Recht zu kündigen nicht wesentlich eingeschränkt wird und daß zwischen dem rückzuzahlenden Betrag und den Vorteilen, die er aus der Ausbildung zieht, ein vernünftiges Verhältnis gegeben ist.

Im übrigen ist die Höhe des Rückforderungsbetrages begrenzt mit den tatsächlich aufgewandten Ausbildungskosten des Dienstgebers, wobei strittig ist, ob auch die Löhne (samt Lohnnebenkosten), die während der Ausbildungszeit bezahlt wurden, wieder rückzuerstatten sind.

Gerichtliche Entscheidungen, die spezifisch auf EDV-Probleme abstellen, sind selten; zitiert seien hievon zwei:

1) Die Entscheidung des OGH vom 21.11.1972, Arb. 9095 und
2) die Entscheidung des OGH vom 15.5.1979, Arb. 9787.

6.3 Inwieweit unterliegen Personen, die an Bildschirmarbeitsplätzen arbeiten, dem Nachtschwerarbeitsgesetz 1981 in der geltenden Fassung?

Nach dem Nachtschwerarbeitsgesetz erhalten Personen, die, grob gesprochen, an mehr als sechs Tagen im Kalendermonat zwischen 22 Uhr und 6 Uhr arbeiten, besondere Vergünstigungen, wie Zusatzurlaub, mehr Ruhepausen, höhere Abfertigungen, einen verstärkten vorbeugenden Arbeitnehmerschutz sowie Vorteile aus anderen Maßnahmen. Innerhalb der Nachtarbeit ist zwischen normaler Nachtarbeit und Nachtschwerarbeit zu unterscheiden. Gemäß Art. VII Abs. 2 Z. 6 Nachtschwerarbeitsgesetz leisten Personen Nachtschwerarbeit, die (so sie überhaupt Nachtarbeit leisten) an Bildschirmarbeitsplätzen (das sind Arbeitsplätze, bei denen das Bildschirmgerät und die Dateneingabetastatur, sowie gegebenenfalls ein Informationsträger eine funktionelle Einheit bilden, sofern die Arbeit mit dem Bildschirmgerät und die Arbeitstätigkeit an diesem Gerät für die gesamte Tätigkeit bestimmend sind) arbeiten.

Wesentlich ist, daß Dienstgeber jeden von ihnen beschäftigten Dienstnehmer, der eine Nachtschwerarbeit im Sinne des Art. VII Abs. 2 leistet, gesondert der Sozialversicherung zu melden haben. Diesbezüglich gelten dieselben Bestimmungen wie für die Meldepflicht im Rahmen des Allgemeinen Sozialversicherungsgesetzes. Ebenso hat eine Meldung an das Arbeitsinspektorat zu erfolgen.

Der OGH hat entschieden, daß eine überwiegende Verwendung zur Bedienung eines Bildschirmgerätes nur dann gegeben ist, wenn der Arbeitnehmer mehr als die Hälfte der Gesamtarbeitszeit Bildschirmarbeit verrichtet. Es ist darauf abzustellen, ob in der vom Arbeitnehmer ausgeübten Funktion die Tätigkeit am Bildschirm insgesamt (im Jahresdurchschnitt) mehr als die Hälfte der Arbeitszeit beträgt (vergleiche OGH vom 25.4.1990, 9 Ob a 57-59/90).

6.4 Inwieweit ist die Installation einer Telefonüberwachungsanlage zulässig?

Gemäß § 96 Abs. 1 Z. 3 des Arbeitsverfassungsgesetzes hat der Betriebsrat bei der Einführung von technischen Maßnahmen, die die Menschenwürde der Arbeitnehmer berühren könnte, ein Mitbestimmungsrecht.

In der Vergangenheit wurde nun des öfteren die Frage diskutiert, ob eine Telefonregistrierungsanlage, bei der in der Regel gespeichert wird, wer wann wielange mit wem telefoniert hat (selbstverständlich nur die Endnummer) bzw., von welchem Apparat welche gebührenpflichtigen Gespräche geführt wurden, unterschiedlich beantwortet. Es gibt hiezu einschlägige Entscheidungen, wie die des Einigungsamtes Wien vom 20.6.1983 ARD 3516/11/83, des Einigungsamtes Linz vom 19.12.1985 RE 6/85 und des Einigungsamtes Amstetten vom 8.7.1986. Gegen Letztere wurde Beschwerde beim Verwaltungsgerichtshof erhoben, welcher zu Zl. 87/01/0034 mit Urteil vom 11.11.1987 richtungsweisend entschieden hat.

Während die Rechtsmeinung zunächst davon ausging, daß eine Telefonregistrierungsanlage nur dann in einem Betrieb installiert werden dürfe, wenn entweder genügend andere Telefone (Münzfernsprechautomaten) im Betrieb zur Verfügung stünden, um dem Dienstnehmer zu ermöglichen, auch Privatgespräche zu führen, oder durch eine Zusatzeinrichtung im Einzelfall die Registrierung des Gespräches unterbunden werden könne, entschied der Verwaltungsgerichtshof, daß die unmittelbare Konsequenz der Eigenschaft des Dienstgebers als Inhaber eines Telefonanschlusses sein Recht ist, zu bestimmen, von wem, wann, wo und wielange Gespräche geführt werden dürfen. Daher ist er auch berechtigt, den Gebrauch des Anschlusses zu überwachen, sei es auch durch eine Computeranlage. Daher dürfen Telefonregistrierungsanlagen grundsätzlich installiert werden, wobei es jedoch nicht zulässig ist, daß der Dienstgeber sich die Möglichkeit einräumt, die Gespräche mitzuhören. Noch nicht ganz ausdiskutiert ist die Frage, wie weit Daten über solche Telefongespräche auf Dauer abgespeichert und verwertet werden können, wobei meines Erachtens eine Abspeicherung und Verwertung gegenüber Kunden (z.B. zum Erstellen von Honorarnoten) möglich sein sollte, weil es keine sachliche Rechtfertigung gibt, dies zu unterbinden. Wieweit allerdings eine Berechtigung (insbesondere im Hinblick auf das Datenschutzgesetz) dahingehend gegeben ist, auch Personaldaten abzuspeichern, ist derzeit noch nicht endgültig entschieden. Jedenfalls wird auch eine Telefondatenerfassungsanlage im Sinne des Datenschutzgesetzes zu registrieren sein (so die Datenerfassung personenbezogen ist).

6.5 Wie ist eine Bildschirmzulage steuerlich zu behandeln?

Die Bildschirmzulage wurde nach der Praxis mit 10% des Grundbezuges, maximal mit S 1.500,– pro Monat steuerfrei im Rahmen der Freibeträge des § 68 Einkommensteuergesetz – unter den dort weiter genannten Voraussetzungen – seitens der Finanzverwaltung bis zum 31.12.1991 behandelt. Ab 1.1.1992 stellt die Bildschirmzulage keine Erschwerniszulage im Sinne des § 68 des Einkommensteuergesetzes mehr dar, wobei diese Neuerung damit begründet wird, daß mit dem heutigen Stand der Technik Bildschirmarbeit allgemein üblich ist und daher diese Tätigkeit keine nach dem Gesetz geforderte, außerordentliche Erschwernis im Vergleich zu den allgemein üblichen Arbeitsbedingungen darstellt. Ab 1.1.1992 ist daher die sogenannte Bildschirmzulage voll steuerpflichtig zu behandeln. (Vergleiche Erlaß des Bundesministeriums für Finanzen vom 27.11.1991 GZ 070104/1-IV/7/91= sogenannte Lohnsteuerrichtlinie 1992.)

6.6 Hat der Arbeitnehmer Anspruch auf Beistellung einer „Bildschirmbrille"?

Der OGH hat mit seiner Entscheidung vom 10.7.1991, 9 Ob a 601/91 entschieden, daß weder aus der allgemeinen Fürsorgepflicht des Arbeitgebers, noch aus den Vorschriften des Arbeitnehmerschutzgesetzes sich eine Verpflichtung des Arbeitgebers ableiten läßt, wonach er dem Arbeitnehmer eine Bildschirmbrille zu ersetzen hat, als Ausgleich für dessen individuell bedingte gesundheitliche Behinderung. Vielmehr trifft die Pflicht zur Übernahme derartiger Kosten die Krankenversicherung. Ein Arbeitnehmer, der somit eine Bildschirmbrille benötigt, kann sich diesen Sehbehelf über einen Arzt auf Kosten der Krankenkasse besorgen.

Entschieden wurde dies über Antrag des österreichischen Arbeiterkammertages, welcher die Feststellung begehrte, daß jeder Arbeitnehmer, der bei seiner Arbeit ein Bildschirmgerät benützt, Anspruch auf Beistellung spezieller Sehhilfen durch den Arbeitgeber für die betreffende Arbeit hat, sofern eine Verwendung medizinisch notwendig ist. Näher begründet wurde diese Entscheidung durch den OGH damit, daß aufgrund der allgemeinen Vorschriften der Arbeitgeber nur jene Schutzeinrichtungen zur Verfügung zu stellen hat, die aufgrund der Beschaffenheit der Dienstleistung erforderlich sind, nicht aber auch aufgrund der persönlichen Disposition des Arbeitnehmers.

Sollte die EG-Richtlinie über Arbeitnehmerschutz auch für Österreich wirksam werden, womit mit dem Inkrafttreten des EWR-Raumes zu rechnen ist, so wird die oben genannte Entscheidung zu überdenken sein, weil nach dieser Richtlinie (Art. 9 Abs. 3) dem Arbeitnehmer ein Recht auf die Beistellung spezieller Sehhilfen zusteht, wenn dies aufgrund einer ärztlichen Untersuchung notwendig ist. Allerdings genügt es, wenn der Schutz des Sehvermögens Bestandteil eines nationalen Gesundheitsfürsorgesystems ist (Artikel 9 Abs. 5) (siehe Punkt 6.7 bis 6.9).

6.7 Wie sind Bildschirmarbeitsplätze mit digitaler Daten- und Textverarbeitung zu gestalten?

Seit 1.6.1983 gibt es in Österreich die Ö-Norm A 2630 Teil 1 und Teil 2, sowie seit 1.5.1993 auch Teil 3. Zweck der Ö-Norm A 2630 ist es, Richtlinien aufzustellen, nach denen die Gestaltung von Bildschirmarbeitsplätzen unter der Berücksichtigung ergonomischer Erkenntnisse erfolgen soll.

Die Ö-Norm A 2630 Bildschirmarbeitsplätze mit digitaler Daten- und Textverarbeitung umfaßt folgende Teile:

Teil 1: Gestaltung von Arbeitsraum und Arbeitsplatz
Teil 2: Gestaltung der Wahrnehmbarkeit von Schriftzeichen auf dem Bildschirm
Teil 3: Darstellung von Daten und Informationen

Diese Ö-Norm nimmt für sich in Anspruch, daß deren Einhaltung dazu beitragen wird, gesundheitliche Schäden des Benutzers zu vermeiden und die Arbeitsbedingungen am Bildschirm so günstig wie möglich zu gestalten. Sie nimmt insbesondere auch auf ergonomische Gegebenheiten Rücksicht.

Die Ö-Normen können beim österreichischen Normungsinstitut, Heinestraße 38, Postfach 130 a, 1021 Wien, im Volltext kostenpflichtig bestellt und bezogen werden.

Eine genaue detaillierte Beschreibung des Inhaltes dieser Ö-Normen würde den Rahmen dieses Buches sprengen. Es sei jedoch darauf hingewiesen, daß aus dem Gesetz, insbesondere aus § 1157 ABGB und § 18 Angestelltengesetz die sogenannte „allgemeine Fürsorgepflicht des Arbeitgebers" abgeleitet wird, wonach dieser zur größtmöglichen Wahrung der physischen und psychischen Integrität der Arbeitnehmer verpflichtet ist. Insbesondere ist der Arbeitsplatz und die Form der Arbeitsleistung so zu regeln (auf Kosten des Arbeitgebers), daß Leben und Gesundheit der Arbeitnehmer geschützt werden, soweit es mit der Funktion der Tätigkeit vereinbar ist. Da die Ö-Norm A 2630 für sich in Anspruch nimmt, bei ihrer Einhaltung das Entstehen gesundheitlicher Schäden zu verhindern, handelt es sich damit zweifelsohne um die Wiedergabe des „Standes der Technik", der ohne weiteres erreicht werden kann, um derartigen Schäden vorzubeugen. Es kann daher in Verbindung mit der allgemeinen Arbeitnehmerschutzverordnung davon ausgegangen werden, daß diese Ö-Normen einzuhalten sind, wobei im Einzelfall Verbesserungen, die zumindest gleichen oder höheren Schutz gewähren, zulässig sind.

Weit über die Vorschriften dieser Ö-Normen hinaus geht die EG-Richtlinie über Bildschirmarbeit, mit deren Inkrafttreten spätestens mit dem Beitritt zur EG bzw. auch schon aus Anlaß des Inkrafttretens des Europäischen Wirtschaftsraumes zu rechnen ist.

6.8 Was gilt es im Hinblick auf die zu erwartende EG-Richtlinie über Bildschirmarbeit zu bedenken?

Zunächst ist auszuführen, daß diese derzeit in Österreich nicht in Kraft ist. Sie wird voraussichtlich aber in das österreichische Recht rezipiert werden, bzw. wird sie in das österreichische Recht spätestens beim EG-Beitritt zu übernehmen sein, wahrscheinlich aber auch bereits mit Inkrafttreten des EWR in das österreichische Recht übernommen werden. Aus diesem Grund muß allen Arbeitgebern geraten werden, bei Investitionsentscheidungen bereits heute – trotz der voraussichtlich einzuräumenden Übergangsfristen – auf diese Bedacht zu nehmen, um spätere Investitionen zu vermeiden.

6.9 Wie lautet die EG-Richtlinie – auszugsweise?

Der Rat der Europäischen Gemeinschaft hat am 29.5.1990 eine Richtlinie über die Mindestvorschriften bezüglich der Sicherheit und des Gesundheitsschutzes bei der Arbeit an Bildschirmgeräten (5. Einzelrichtlinie im Sinne von Art. 16 Abs. 1 der Richtlinie 89/391/EWG) – 90/270/EWG – erlassen.

In der Einleitung heißt es unter anderem:

Die Einhaltung der Mindestvorschriften zur Sicherstellung eines höheren Maßes an Sicherheit an Bildschirmarbeitsplätzen ist eine unabdingbare Voraussetzung für die Gewährleistung der Sicherheit und des Gesundheitsschutzes der Arbeitnehmer.

Diese Richtlinie ist eine Einzelrichtlinie im Sinne von Art. 16 Abs. 1 der Richtlinie 89/391/EWG vom 12.6.1989 über die Durchführung von Maßnahmen zur Verbesserung der Sicherheit und des Gesundheitsschutzes der Arbeitnehmer bei der Arbeit. Die Bestimmungen der letztgenannten Richtlinie finden daher unbeschadet strengerer und/oder spezifischerer Bestimmungen der vorliegenden Richtlinie in vollem Umfang auf die Benutzung von Bildschirmgeräten durch Arbeitnehmer Anwendung.

Die Arbeitgeber sind verpflichtet, sich über den neuesten Stand der Technik und der wissenschaftlichen Erkenntnisse auf dem Gebiet der Gestaltung der Arbeitsplätze zu informieren und etwa erforderliche Änderungen vorzunehmen, um damit größere Sicherheit und einen besseren Gesundheitsschutz der Arbeitnehmer gewährleisten zu können.

An Bildschirmarbeitsplätzen sind die ergonomischen Aspekte besonders wichtig.

Abschnitt 1: Allgemeine Bestimmungen
Artikel 1 – Zielsetzung

1) Diese Richtlinie ist die 5. Einzelrichtlinie im Sinne von Art. 16. Abs. 1 der Richtlinie 89/391/EWG. Sie legt Mindestvorschriften in Bezug auf die Sicherheit und den Gesundheitsschutz bei der Arbeit am Bildschirmgerät im Sinne von Art. 2 fest.
2) Die Richtlinie 89/391/EWG findet unbeschadet strengerer und/oder spezfischerer Bestimmungen der vorliegenden Richtlinie in vollem Umfang auf den gesamten in Abs. 1 genannten Bereich Anwendung.
3) Diese Richtlinie gilt nicht für:
   a) Fahrer- bzw. Bedienungsplätze von Fahrzeugen und Maschinen;
   b) Datenverarbeitungsanlagen an Bord eines Verkehrsmittels;
   c) Datenverarbeitungsanlagen, die hauptsächlich zur Benutzung durch die Öffentlichkeit bestimmt sind;
   d) Sogenannte „tragbare" Datenverarbeitungsanlagen, sofern sie nicht regelmäßig an einem Arbeitsplatz eingesetzt werden;
   e) Rechenmaschinen, Registrierkassen und Geräte mit einer kleinen Daten- oder Meßwertanzeigenvorrichtung, die zur direkten Benutzung des Gerätes erforderlich ist;
   f) Schreibmaschinen klassischer Bauart, sogenannte „Display-Schreibmaschinen".

Artikel 2 – Begriffsbestimmungen

Im Sinn dieser Richtlinie gilt als:
a Bildschirm: Schirm zur Darstellung alphanumerischer Zeichen oder zur Graphikdarstellung, ungeachtet des Darstellungsverfahrens;
b) Arbeitsplatz: Bildschirmgerät, das gegebenenfalls mit einer Tastatur oder einer Datenerfassungsvorrichtung und/oder einer die Mensch-Maschine-Schnittstelle bestimmenden Software, optionalen Zusatzgeräten, Anlagenelementen einschließlich Diskettenlaufwerk, Telefon, Modem, Drucker, Manuskripthalter, Sitz und Arbeitstisch oder Arbeitsfläche ausgerüstet ist, sowie die unmittelbare Arbeitsplatzumgebung;
c) Arbeitnehmer: jeder Arbeitnehmer im Sinne von Art. 3 lit. a der Richtlinie 89/391/EWG, der gewöhnlich bei einem nicht unwesentlichen Teil seiner normalen Arbeit ein Bildschirmgerät benutzt.

Abschnitt 2: Pflichten des Arbeitgebers

Artikel 3 – Arbeitsplatzanalyse

1) Der Arbeitgeber ist verpflichtet, eine Analyse der Arbeitsplätze durchzuführen, um die Sicherheits- und Gesundheitsbedingungen zu beurteilen, die dort für die beschäftigen Arbeitnehmer vorliegen; dies gilt insbesondere für die mögliche Gefährdung des Sehvermögens, sowie für körperliche Probleme und psychische Belastungen.
2) Der Arbeitgeber muß auf der Grundlage der Analyse gemäß Abs. 1 zweckdienliche Maßnahmen zur Ausschaltung der festgestellten Gefahren treffen, wobei er die Addition und /oder die Kombination der Wirkungen der festgestellten Erfahrungen zu berücksichtigen hat.

Artikel 4 – Erstmals in Betrieb genommene Arbeitsplätze

Der Arbeitgeber muß zweckdienliche Maßnahmen treffen, damit Arbeitsplätze, die nach dem 31.12.1992 erstmals in Betrieb genommen werden, die im Anhang genannten Mindestvorschriften erfüllen.

Artikel 5 – Bereits im Betrieb befindliche Arbeitsplätze

Der Arbeitgeber muß die zweckdienlichen Maßnahmen treffen, damit die Arbeitsplätze, die bereits vor dem 31.12.1992 erstmals in Betrieb genommen wurden, so gestaltet werden, daß sie spätestens vier Jahre nach diesem Zeitpunkt die im Anhang genannten Mindestvorschriften erfüllen.

Artikel 6 – Unterrichtung und Unterweisung der Arbeitnehmer

1) Unbeschadet des Art. 10 der Richtlinie 89/391/EWG sind die Arbeitnehmer umfassend über alle gesundheits- und sicherheitsrelevanten Fragen im Zusammenhang mit ihrem Arbeitsplatz und insbesondere über die, für die Arbeitsplätze geltenden Maßnahmen, die gemäß Art. 3, sowie gemäß den Art. 7 und 9 durchgeführt werden, zu unterrichten.

In jedem Fall sind die Arbeitnehmer oder die Arbeitnehmervertreter über alle gesundheits- und sicherheitsrelevanten Maßnahmen, die gemäß der vorliegenden Richtlinie getroffen werden, zu unterrichten.

2) Unbeschadet des Art. 12 der Richtlinie 89/391/EWG ist jeder Arbeitnehmer außerdem vor Aufnahme seiner Tätigkeit am Bildschirm und bei jeder wesentlichen Veränderung der Organisation des Arbeitsplatzes im Umgang mit dem Gerät zu unterweisen.

Artikel 7 – Täglicher Arbeitsablauf

Der Arbeitgeber ist verpflichtet, die Tätigkeit des Arbeitnehmers so zu organisieren, daß die tägliche Arbeit am Bildschirmgeräten regelmäßig durch Pausen oder andere Tätigkeiten unterbrochen wird, die die Belastung durch die Arbeit an Bildschirmgeräten verringern.

Artikel 8 – Anhörung und Beteilung der Arbeitnehmer

Der Arbeitnehmer und/oder die Arbeitnehmervertreter werden gemäß Art. 11 der Richtlinie 89/391/EWG zu den unter die vorliegende Richtlinie, sowie deren Anhang fallenden Fragen gehört und an ihrer Behandlung beteiligt.

Artikel 9 – Schutz der Augen und des Sehvermögens der Arbeitnehmer

1) Die Arbeitnehmer haben das Recht auf eine angemessene Untersuchung der Augen und des Sehvermögens durch eine Person mit entsprechender Qualifikation und zwar vor Aufnahme der Bildschirmarbeit, anschließend regelmäßig und bei Auftreten von Sehbeschwerden, die auf die Bildschirmarbeit zurückgeführt werden können.
2) Die Arbeitnehmer haben das Recht auf eine augenärztliche Untersuchung, wenn sich dies aufgrund der Ergebnisse der Untersuchung gemäß Abs. 1 als erforderlich erweist.
3) Den Arbeitnehmern sind spezielle Sehhilfen für die betreffende Arbeit zur Verfügung zu stellen, wenn die Ergebnisse der Untersuchung gemäß Abs. 1 oder der Untersuchung gemäß Abs. 2 ergeben, daß diese notwendig sind und normale Sehhilfen nicht verwendet werden können.
4) Die gemäß diesem Artikel getroffenen Ausnahmen dürfen in keinem Fall zu einer finanziellen Mehrbelastung der Arbeitnehmer führen.
5) Der Schutz der Augen und des Sehvermögens der Arbeitnehmer kann Bestandteil eines nationalen Gesundheitsfürsorgesystems sein.

Abschnitt 3: Sonstige Bestimmungen

Artikel 10 – Anpassung des Anhanges

Rein technische Anpassungen des Anhanges unter Berücksichtigung des technischen Fortschritts, der Entwicklung der internationalen Vorschriften oder Spezifikationen und des Wissensstandes auf dem Gebiet der Bildschirmgeräte werden nach dem Verfahren des Art. 17 der Richtlinie 89/391/EWG vorgenommen.

Anhang

Mindestvorschriften (Auszug)
1) Gerät
   a) Allgemeine Bemerkung
      Die Benutzungs des Bildschirms als solche darf keine Gefährdung der Arbeitnehmer mit sich bringen.
   b) Bildschirm
      Die auf dem Bildschirm angezeigten Zeichen müssen scharf und deutlich, ausreichend groß, mit angemessenem Zeichen- und Zeilenabstand dargestellt werden.
      Das Bild muß stabil und frei von Flimmern sein und darf keine Instabilität anderer Art aufweisen.
      Die Helligkeit und/oder der Kontrast zwischen Zeichen und Bildschirmhintergrund müssen leicht vom Benutzer eingestellt und den Umgebungsbedingungen angepaßt werden können.

Der Bildschirm muß zur Anpassung an die individuellen Bedürfnisse des Benutzers frei und leicht drehbar und neigbar sein. Ein seperater Ständer für den Bildschirm oder ein verstellbarer Tisch kann ebenfalls verwendet werden. Der Bildschirm muß frei von Reflexen und Speigelungen sein, die den Benutzer stören können.

c) Tastatur
Die Tastatur muß neigbar und eine vom Bildschirm getrennte Einheit sein, damit der Benutzer eine bequeme Haltung einnehmen kann, die Arme und Hände nicht ermüdet. Die Fläche vor der Tastatur muß ausreichend sein, um dem Benutzer ein Auflegen von Händen und Armen zu ermöglichen. Zur Vermeidung von Reflexen muß die Tastatur eine matte Oberfläche haben. Die Anordnung der Tastatur, sowie die Beschaffenheit der Tasten müssen die Bedienung der Tastatur erleichtern. Die Tastenbeschriftung muß sich vom Untergrund deutlich genug abheben und bei normaler Arbeitshaltung lesbar sein.

d) Arbeitstisch und Arbeitsfläche
Der Arbeitstisch bzw. die Arbeitsfläche muß eine ausreichend große und und reflexionsfreie Oberfläche besitzen und eine flexible Anordung von Bildschirm, Tastatur, Schriften und sonstigen Arbeitsmitteln ermöglichen. Der Manuskripthalter muß stabil und verstellbar sein und ist so einzurichten, daß unbequeme Kopf- und Augenbewegungen soweit wie möglich eingeschränkt werden. Ausreichender Raum für eine bequeme Arbeitshaltung muß vorhanden sein.

e) Arbeitsstuhl
Der Arbeitsstuhl muß kippsicher sein, darf die Bewegungsfreiheit des Benutzers nicht einschränken und muß ihm eine bequeme Haltung ermöglichen. Die Sitzhöhe muß verstellbar sein, die Rückenlehne muß in Höhe und Neigung verstellbar sein. Auf Wunsch ist eine Fußstütze zur Verfügung zu stellen.

2) Umgebung
a) Platzbedarf
Der Arbeitsplatz ist so zu bemessen und einzurichten, daß ausreichend Platz vorhanden ist, um wechselnde Arbeitshaltungen und Bewegungen zu ermöglichen.

b) Beleuchtung
Die allgemeine Beleuchtung und/oder die spezielle Beleuchtung (Arbeitslampen) sind so zu dimensionieren und anzuordnen, daß zufriedenstellende Lichtverhältnisse und ein ausreichender Kontrast zwischen Bildschirm und Umgebung im Hinblick auf die Art der Tätigkeit und die sehkraftbedingten Bedürfnisse des Benutzers gewährleistet sind. Störende Blendung und Reflexe oder Spiegelungen auf dem Bildschirm und anderen Ausrüstungsgegenständen sind durch Abstimmung der Einrichtung vom Arbeitsraum und Arbeitsplatz auf die Anordung und die technischen Eigenschaften künstlicher Lichtquellen zu vermeiden.

c) Reflexe und Blendung
Bildschirmarbeitsplätze sind so einzurichten, daß Lichtquellen wie Fenster und sonstige Öffnungen durchsichtige oder durchscheinende Trennwände, sowie helle Einrichtungsgegenstände und Wände keine Direktblendung und möglichst keine Reflexion auf dem Bildschirm verursachen. Die Fenster müssen mit einer geeigneten verstellbaren Lichtschutzvorrichtung ausgestatten sein, durch die sich die Stärke des Tageslichteinfalles auf den Arbeitplatz vermindern läßt.

d) Dem Lärm, der durch die zu dem Arbeitsplatz (den Arbeitsplätzen) gehörenden Geräte verursacht wird, ist bei der Einrichtung des Arbeitsplatzes Rechnung zu tragen, insbesondere um eine Beeinträchtigung der Konzentration und Sprachverständlichkeit zu vermeiden.

e) Die zum Arbeitsplatz (zu den Arbeitsplätzen) gehörenden Geräte dürfen nicht zu einer Wärmezunahme führen, die auf die Arbeitnehmer störend wirkend könnte.

f) Strahlungen
Alle Strahlungen mit Ausnahme des sichtbaren Teiles des elektromagnetischen Spektrums müssen auf Werte verringert werden, die vom Standpunkt der Sicherheit und des Gesundheitsschutzes der Arbeitnehmer unerheblich sind. Es ist für ausreichende Luftfeuchtigkeit zu sorgen.

3) Mensch – Maschine – Schnittstelle
Bei Konzipierung, Auswahl, Erwerb und Änderung von Software, sowie bei der Gestaltung von Tätigkeiten, bei denen Bildschirmgeräte zum Einsatz kommen, hat der Arbeitgeber folgenden Faktoren Rechnung zu tragen:
a) Die Software muß der auszuführenden Tätigkeit angepaßt sein;
b) die Software muß benützerfreundlich sein, gegebenenfalls dem Kenntnis- und Erfahrungsstand des Benutzers angepaßt werden können. Ohne Wissen des Arbeitnehmers darf keinerlei Vorrichtung zur quantitativen oder qualitativen Kontrolle verwendet werden;
c) die Systeme müssen den Arbeitnehmern Angaben über die jeweiligen Abläufe bieten;
d) die Systeme müssen die Information in einem Format und in einem Tempo anzeigen, das den Benutzern angepaßt ist;
e) die Grundsätze der Ergonomie sind insbesondere auf die Verarbeitung von Informationen durch den Menschen anzuwenden.

Exkurs:

6.10 Hat ein Software- bzw. Hardwarehersteller diese Richtlinie zu beachten?

Soweit die Software in Gebiete exportiert wird, in denen die vorstehende Richtlinie zur Anwendung kommt, hat sie dieser Richtlinie zu entsprechen, da diese Richtlinie zum Schutze der Arbeitnehmer dient und die angesprochenen Produkte dem Gesetz zu entsprechen haben. Soll daher die Soft- bzw. Hardware in Gebieten verwendet werden, in denen diese Richtlinie wirksam ist, so hat sie dieser Richtlinie zu entsprechen, widrigenfalls sie mangelhaft ist.

6.11 Wer haftet für unterlassene Datensicherung (Arbeitnehmer oder Arbeitgeber)?

Der OGH hat in seiner Entscheidung vom 29.8.1990, 9 Ob a 182/90 entschieden, daß

a) ein mit Softwareentwicklung betrauter Arbeitnehmer grundsätzlich nur für die Einhaltung der ihm gegebenen Weisungen einzustehen hat. Das Risiko falscher, unvollständiger oder unzureichender Weisungen trägt der Arbeitgeber.
b) Zu den Aufgaben des Arbeitgebers gehört es, die Unternehmensorganisation so zu strukturieren, daß ausreichende Datensicherung regelmäßig erfolgt, wobei er das Risiko trägt, wenn er es unterläßt, ein branchenübliches System der Datensicherung einzurichten und genaue Richtlinien an den Arbeitnehmer zur Durchführung der Datensicherung zu erteilen und diese regelmäßig zu überwachen.

Es trifft daher den Arbeitgeber das volle Risiko, wenn der Arbeitnehmer, ohne eine Sicherung oder Übergabe des von ihm entwickelten Programmes durchzuführen, aus dem Unternehmen austritt und dieses Programm in der Folge im Datenbestand des Arbeitgebers nicht mehr aufgefunden werden kann.

Diese Entscheidung ist insofern bemerkenswert, weil der Arbeitgeber behauptete, der austretende Arbeitnehmer hätte das Programm vorsätzlich gelöscht. Es ist ihm allerdings der Beweis diese Umstandes nicht gelungen. Da ihm der Beweis nicht gelungen ist, mußte man davon ausgehen, daß das Programm „zufällig" untergegangen ist, was dann nicht der Fall gewesen wäre, wenn entsprechende Datensicherungsmaßnahmen vorgekehrt worden wären, weil man in diesem Fall über eine Sicherungskopie das Programm leicht wieder hätte herstellen können, was aber im konkreten Fall mangels Vorliegen einer solchen Kopie nicht möglich war.

Selbstverständlich würde sich der Fall anders darstellen, wenn der Arbeitnehmer vorsätzlich ein Programm löschen und alle Sicherungskopien vernichten würde. In diesem Fall hätte er sich nach § 126 a StGB (siehe Strafrecht und EDV) schuldig gemacht und damit eine Schutzvorschrift verletzt, welche ihn haftbar machen würde. In diesem Zusammenhang ist zu bemerken, daß aber nur die vorsätzliche Vernichtung von Daten strafbar macht, nicht die fahrlässige. Kommt es also versehentlich zum Löschen von Daten und Programmen, so ist dies nicht strafbar und trägt das Risiko derartiger Handlungen der Arbeitgeber, weil es seine Aufgabe ist, dafür zu sorgen, daß ausreichend Datensicherung betrieben wird, sodaß der Schaden der Größe nach minimiert ist.

Im Fall von fahrlässigen Handlungen (fahrlässiges Löschen von Daten und Programmen) schützt das Dienstnehmerhaftpflichtgesetz den Dienstnehmer. Dieses schränkt die Möglichkeit, von ihm Ersatz zu verlangen, erheblich ein. Entweder es besteht überhaupt keine Haftung (z.B. für entschuldbare Fehlleistungen) oder es besteht ein richterliches Mäßigungsrecht des Arbeitsgerichtes im Streitfall (Genaueres siehe Mayrhofer – Arbeitsrecht für die betriebliche Praxis, erschienen im Verlag „Der Steuerzahler").

Überdies ist die Haftung i.S. der oben dargestellten Judikatur der Höhe nach beschränkt auf den Ersatz des Wiederbeschaffungsaufwandes für Daten und Programme, die nicht verloren gegangen wären, wenn im Betrieb im üblichen und nach dem Stand der Technik zumutbaren Ausmaß Datensicherung betrieben worden wäre.

Hiebei ist auf den konkreten Einzelfall abzustellen, weil die übliche Sicherungshäufigkeit stark von der konkreten EDV-Anwendung sowie der Einschätzung eines möglichen Daten- und Programmverlustes abhängt. Sie kann im Einzelfall nur durch Sachverständige ermittelt werden.

Sollte allerdings ein Dienstnehmer die Durchführung einer Datensicherung trotz Weisung, Kontrolle und Abmahnung wiederholt unterlassen und es deshalb zu einem Schaden kommen, wird man sein Verschulden so stark zu bemessen haben, daß er eine weitaus größere Haftung zu befürchten hat, als bei einem einmaligen, vielleicht auch für ihn überraschenden Vorfall. Es empfiehlt sich daher, schriftlich einen Datensicherungsplan zu erstellen, konkret festzulegen, wer wann wie oft Datensicherungsmaßnahmen durchzuführen hat und diesen von dem/den verantwortlichen Mitarbeiter/n unterfertigen zu lassen und regelmäßig zu kontrollieren, ob dieser Plan auch eingehalten wird. Allfällige Mißstände sind schriftlich abzumahnen, gegebenenfalls sind Maßnahmen zu setzen, um Wiederholungen zu vermeiden.

Auch sollte man jeden Dienstnehmer laufend anweisen, von ihm geschaffene Programme zu dokumentieren, zu sichern und entsprechend zu archivieren.

6.12 Inwieweit bedarf die Einführung einer Personaldatenverarbeitung der Zustimmung des Betriebsrates?

Gemäß § 69 a Arbeitsverfassungsgesetz ist zu unterscheiden zwischen Personaldatenverarbeitung, die mitbestimmungsfrei sind und solchen Personaldatenverarbeitungsanlagen, die der an sich durch gerichtliche Entscheidung ersetzbaren Zustimmung des Betriebsrates bedürfen.

Grundsätzlich bedarf die manuelle oder automatisationsunterstützte Durchführung sämtlicher Arbeiten, die rechtlich zur Personalverwaltung notwendig und zur Personalverrechnung erforderlich sind, nicht der Zustimmung des Betriebsrates.

Eine Zustimmung ist somit nicht erforderlich, soweit die tatsächlich oder vorgesehene Verwendung von Daten über die Erfüllung von Verpflichtungen nicht hinausgeht, die sich aus Gesetz, Normen der kollektiven Rechtsgestaltung oder einem Arbeitsvertrag ergeben. In allen anderen Fällen hat der Betriebsrat ein Zustimmungsrecht, wobei eine mangelnde Zustimmung in gewissen Fällen durch gerichtliche Entscheidung ersetzt werden kann. Ohne diese Zustimmung steht dem Betriebsrat das Recht der Klage auf Beseitigung bzw. Unterlassung einer entsprechenden Verarbeitung sowie eine betriebliche Kollektivklage auf Feststellung der Pflicht zur Datenlöschung zu. Der einzelne Arbeitnehmer kann überdies eine Löschungsklage im Sinne des Datenschutzgesetzes einbringen, in qualifizierten Fällen auch seinen vorzeitigen Austritt aus dem Dienstverhältnis aus wichtigem Grund verlangen.

Nicht zustimmungspflichtig sind im einzelnen:

a) Erfassung und Verarbeitung von Daten, die nicht personenbezogen sind und auch keinen Schluß auf Einzelpersonen zulassen,

b) die Erfassung von allgemeinen Angaben zur Person (Vor- und Nachname, Geburtsdatum, Adresse, Familienstand),

c) die Erfassung von fachlichen Voraussetzungen, insbesondere die Erfassung sämtlicher beruflichen Tätigkeiten und Ausbildungsstufen,

d) die Erfüllung von Aufzeichnungspflichten, insbesondere die Führung eines Jugendlichenverzeichnisses, Urlaubsaufzeichnungen, Arbeitszeit-Istaufzeichnungen,

e) Aufzeichnungen zwecks Erfüllung arbeits- und sozialrechtlicher Meldepflichten (hiezu gehören Aufzeichnungen betreffend Meldevorschriften des Sozialversicherungsrechtes gegenüber dem Sozialversicherungsträger, Meldepflichten nach dem Mutterschutzgesetz gegenüber dem Arbeitsinspektorat oder nach dem Behinderteneinstellungsgesetz gegenüber dem Landesinvalidenamt)

f) die gesamte Personalverrechnung brutto bis netto

Ohne Zustimmung des Betriebsrates wäre z.b. die Verknüpfung und Auswertung dieser Daten unzulässig, die erfaßt werden um jene Dienstnehmer festzustellen, die häufig vor und nach Urlauben erkranken, ebenso häufig an Freitagen bzw. Montagen erkranken, oder jene Dienstnehmer „elektronisch herauszufiltern", die jedes Jahr den ihnen zustehenden Pflegeurlaub voll ausschöpfen, wobei dies zum Ziel hätte, derartige Dienstnehmer vorzugsweise nicht zu befördern, zu kündigen oder zu versetzen.

Die Weitergabe von personenbezogenen Daten – soweit dies nicht der Natur der Sache nach, etwa zur Erfüllung einer Meldepflicht gegenüber den Sozialversicherungsträgern erforderlich ist – bedarf jedenfalls arbeitsverfassungsrechtlich der Zustimmung des Betriebsrates (überdies kann auch eine Zustimmung des betroffenen Dienstnehmers erforderlich sein). Es dürfen z.B. keine Listen von Dienstnehmern im Betrieb „veröffentlicht", d.h., allen Mitarbeitern zugänglich gemacht werden, aus denen sich ergibt, wer, wie oft, wie lange, im Krankenstand war.

6.13 Wer ist Urheber der vom Dienstnehmer geschaffenen Computerprogramme?

§ 40 b des Urheberrechtsgesetzes (UrhG) in der Fassung der Urheberrechtsgesetznovelle 1993 sieht vor, daß ein Computerprogramm, das von einem Dienstnehmer in Erfüllung seiner dienstlichen Obliegenheiten geschaffen wird – wenn mit dem Dienstnehmer nichts anderes vereinbart wird – diesem als Urheber zuzurechnen ist, wobei allerdings dem Dienstgeber hieran ein unbeschränktes Werknutzungsrecht zusteht (siehe Kapitel „Gewerblicher Rechtsschutz und EDV"). Für Computerprogramme, die vor dem 1.3.1993 geschaffen wurden, gibt es keine ausdrückliche gesetzliche Regelung. Hiezu sind folgende Entscheidungen ergangen:

1) OGH vom 16.06.1992, 4 Ob 65/92 „Übungsprogramm, entwickelt von einem Universitätsassistenten"
2) OGH vom 29.08.1990, 9 Ob a 157/90 „betreffend ein vom Arbeitnehmer privat erstelltes und dem Arbeitgeber überlassenes Computerprogramm"
3) OLG Wien vom 20.11.1991, 31 Ra 107/91 „betreffend die Nutzung eines vom Arbeitnehmer vor Dienstantritt erstellten Computerprogramms durch den Arbeitgeber".

Tenor dieser Entscheidungen ist, daß grundsätzlich sämtliche Urheberrechte dem Dienstnehmer zustehen, so nichts anderes vereinbart ist (für Computerprogramme, die ab 1.3.1993 geschaffen wurden, gilt dieser Rechtssatz nicht mehr, weil das Gesetz ausdrücklich dahingegehend abgeändert wurde, daß ein Dienstgeber an sämtlichen Programmen des Dienstnehmers, soweit dieser sie im Rahmen seiner dienstlichen Obliegenheiten herstellte, ein unbeschränktes Werknutzungsrecht zusteht, soweit nichts anderes mit ihm vereinbart ist).

Stellt allerdings ein Dienstnehmer seinem Dienstherren unentgeltlich ein Programm zur Verfügung, das er privat, außerhalb seiner dienstlichen Obliegenheiten geschaffen hat, so hat er – mangels anderer Vereinbarungen – nicht das Recht, dem Dienstgeber die Nutzung des Programmes wieder zu entziehen; tut er es trotzdem, indem er z.B. Löschungsroutinen einbaut, so setzt er einen Entlassungsgrund. Die Judikatur geht davon aus, daß bei Dauerrechtsverhältnissen das unentgeltliche Zurverfügungstellen verschiedener Einrichtungen und Leistungen nicht mehr einseitig widerrufen werden kann und daher mangels anderer Vereinbarung die Nutzungsbewilligung nicht mehr einseitig zurückgenommen werden kann.

Es ist daher zu empfehlen, für den Fall, daß ein Dienstnehmer seinem Dienstgeber ein Programm zur Verfügung stellt, das er außerhalb seiner dienstlichen Obliegenheiten geschaffen hat, er entweder hiefür ein Entgelt verlangt, oder aber ausdrücklich vereinbart, daß er dieses Programm nur für die Dauer seines Dienstverhältnisses dem Dienstgeber kostenlos zur Verfügung stellt und für den Fall der Auflösung des Dienstverhältnisses – aus welchen Gründen auch immer – ihm dieses Programm entweder gegen Bezahlung eines besonderen Entgelts, oder nach diesem Zeitpunkt nicht mehr, zur Nutzung zur Verfügung stellt. In jedem Fall empfiehlt es sich ausdrücklich festzulegen, ob dem Arbeitgeber ein ausschließliches Nutzungsrecht (Werknutzungsrecht), oder nur ein nicht ausschließliches Nutzungsrecht (Werknutzungsbewilligung) zusteht.

Das österreichische Datenschutzgesetz

Dr. Arthur WINTER

I. ALLGEMEINER TEIL

KAPITEL 1: EINFÜHRUNG UND GRUNDBEGRIFFE

Was heißt Datenschutz?

Der mittlerweile im Deutschen eingebürgerte Begriff Datenschutz ist nicht ganz zutreffend. Schutzobjekt sind nicht die Daten, sondern die Privatsphäre; im Englischen kommt dies durch die Bezeichnung „privacy" deutlicher zum Ausdruck.

Unter Datenschutz ist die Gesamtheit der Standards der gesetzlichen und betrieblichen Maßnahmen zum Schutze der Rechte von natürlichen und juristischen Personen sowie von Personengemeinschaften vor Verletzungen der Vertraulichkeit, der Integrität und der Sicherheit des Informationshaushaltes zu verstehen.

Beispiel:

Verschiedene Stellen (private Unternehmen, Behörden, Vereine) speichern Daten über unterschiedliche Lebenssachverhalte des einzelnen. Zum Teil handelt es sich um „sensible" Daten (z.B. Vermögen, Gesundheit, Gebrechen), von denen der einzelne nicht will, daß sie allgemein bekannt werden. Durch den Datenschutz wird sichergestellt, daß solche Daten nicht ohne weiteres gespeichert werden können und selbst wenn sie zulässigerweise gespeichert wurden, wie beispielsweise Untersuchungsergebnisse im Krankenhaus, nicht weitergegeben werden dürfen.

In welchen Gesetzen ist der Datenschutz geregelt?

Die generelle Regelung des Datenschutzes erfolgt durch das Datenschutzgesetz, BGBl. Nr. 565/1978, in der Fassung BGBl. Nr. 370/1986, in der Folge als DSG bezeichnet. Strafbestimmungen wurden durch das Strafrechtsänderungsgesetz 1987, BGBl. Nr. 605/1987, neu formuliert. Zuletzt wurde das DSG durch Art. II des Bundesgesetzes über weitere Zuständigkeiten des Landesgerichtes St.Pölten, BGBl. Nr. 233/1988, die Kundmachung des VfGH-Erkenntnisses vom 12.10.1989, BGBl. Nr. 609/1989 sowie das Umland-Bezirksgerichtsänderungsgesetzes 1993, BGBl. Nr. 91/1993, geändert. Darüber hinaus werden in verstärktem Ausmaß einzelne datenschutzrechtliche Bestimmungen in den sogenannten Materiengesetzen, die besondere Rechtsmaterien regeln, aufgenommen.

Was ist Datensicherung?

Alle Maßnahmen, Vorkehrungen und Einrichtungen, mit denen der Datenschutz verwirklicht und der erforderliche Grad an Sicherheit erreicht werden kann. Hier sind tatsächlich die Daten das Schutzobjekt.

Beispiele:
- Zutrittssicherung
- Bedienerkennzeichen mit Passwort
- Sicherung der Daten in einem Datensafe

Was ist der Unterschied zwischen Datenschutz und Datensicherung?

Während der Datenschutz davon ausgeht, was wovor zu schützen ist, behandelt die Datensicherung, wie dieser notwendige Schutz realisiert werden soll.

Was ist das Grundrecht auf Datenschutz? (§ 1 DSG)

Jedermann (also nicht nur österreichische Staatsbürger) hat in Österreich Anspruch auf Geheimhaltung der ihn betreffenden personenbezogenen Daten, soweit er daran ein schutzwürdiges Interesse hat. Diese Verfassungsbestimmung im § 1 DSG normiert das Grundrecht auf Datenschutz. Dabei bestehen keinerlei Einschränkungen bezüglich der Verarbeitungstechnik. Das bedeutet, daß das Grundrecht sowohl für konventionelle (z.B. händische) Verarbeitung als auch für die automationsunterstützte Verarbeitung gilt.

Was bedeutet schutzwürdiges Interesse? (§ 1 Abs. 1 DSG)

Mit dem Grundrecht wird kein Recht auf absolute Geheimhaltung verankert. Gerade in der hochtechnisierten Industriegesellschaft brauchen sowohl der Staat und die Verbände als auch die verschiedenen Unternehmen Daten über den einzelnen. Es gilt daher ständig, einen Interessensausgleich zwischen den Schutzinteressen des Betroffenen und berechtigten Interessen anderer vorzunehmen. Als schutzwürdig sind vor allem jene Daten anzusehen, die im Hinblick auf die Achtung des Privat- und Familienlebens von Bedeutung sind.

Beispiele:
- Schutzwürdige Daten sind etwa Daten, die die Gesundheit und die Intimsphäre betreffen;
- keine schutzwürdigen Daten sind jene, die aus allgemein zugänglichen Quellen, wie Anschlagtafeln, öffentlichen Büchern etc. ersichtlich sind.

Kann das Grundrecht auf Datenschutz eingeschränkt werden? (§ 1 Abs. 2 DSG)

Beschränkungen sind nur möglich
- zur Wahrung berechtigter Interessen eines anderen oder
- durch Gesetze, die sich auf Art. 8 Abs. 2 der Europäischen Menschenrechtskommission (EMRK) stützen.

Auch im Falle, daß solche Beschränkungen zur Anwendung gelangen, muß der vertraulichen Behandlung personenbezogener Daten Vorrang gegeben werden (§ 1 Abs. 2 DSG).

Beispiel:

§ 83 der Strafprozeßordnung verpflichtet die Gerichte, die Dienstbehörde eines im öffentlichen Dienst stehenden Bediensteten von der Einleitung und von der Beendigung eines Strafverfahrens zu verständigen. Dennoch müssen die näheren Details vertraulich behandelt werden, d.h., daß diese Daten nicht allgemein zugänglich sein dürfen.

Gilt das Auskunfts-, Richtigstellungs- und Löschungsrecht für jede Form der Datenverarbeitung? (§ 1 Abs. 3 DSG)

Obwohl die angeführten Rechte für den Betroffen von größter Bedeutung sind, werden sie im Rahmen des Grundrechtes nur für die automationsunterstützte Verarbeitung von Daten eingeräumt. Das bedeutet, daß bei konventioneller (z.B. händischer) Datenverarbeitung zwar das Grundrecht auf Geheimhaltung gilt, nicht jedoch ein Auskunfts-, Richtigstellungs- und Löschungsrecht auf die Daten besteht.

Wo kann das Grundrecht auf Datenschutz geltend gemacht werden?

Gegenüber Rechtsträgern (das sind alle Rechtssubjekte, die Träger von Rechten und Pflichten sein können), die im privaten Bereich tätig sind, ist das Grundrecht auf Datenschutz im ordentlichen Rechtsweg über die Gerichte geltend zu machen (§ 1 Abs. 6 DSG). Soweit Rechtsträger im öffentlichen Bereich tätig sind, ist für die Geltendmachung die Datenschutzkommission zuständig.

Was bedeutet die „Drittwirkung" des Grundrechtes auf Datenschutz?

Während andere Grundrechte, wie etwa das Recht auf persönliche Freiheit, die Wahrung des Briefgeheimnisses, die Meinungs- und Redefreiheit, Religions- und Gewissensfreiheit, vom Staat dem Staatsbürger gegenüber eingeräumt werden, handelt es sich bei dem Grundrecht auf Datenschutz nicht nur um eine Selbstbindung des Staates. Bei diesem Grundrecht wird auch das Rechtsverhältnis zwischen den Staatsbürgern geregelt. Damit besitzt dieses Grundrecht unmittelbar die sogenannte „Drittwirkung", da bereits aufgrund des Datenschutzgesetzes Datenschutzverletzungen des Grundrechtes zwischen Privaten eingeklagt werden können.

Welche Grundsätze kennzeichnen das Datenschutzgesetz?

- Relevanz
- Publizität
- Richtigkeit
- Weitergabebeschränkung
- Funktionstrennung
- Datensicherheitsmaßnahmen
- Erhöhte Berufspflichten für ADV-Personal
- Fremdaufsicht und Kontrolle

Was bedeutet der Grundsatz der Relevanz? (§§ 6 und 17 DSG)

Jeder Auftraggeber darf nur jene Daten ermitteln und verarbeiten, die relevant (d.h. wesentlich) in bezug auf seinen Unternehmenszweck sind. Das bedeutet, daß Zweck und Inhalt der Datenverarbeitung vom berechtigten Unternehmenszweck gedeckt werden müssen. Jeder Auftraggeber darf daher nur jene Daten speichern und verarbeiten, die er zur Durchführung seiner Aufgabe auch unbedingt benötigt. Daraus ergibt sich im Umkehrschluß das Verbotsprinzip, nämlich, daß das Sammeln von Daten auf Vorrat (d.h., daß die Daten nicht unmittelbar benötigt werden), verboten ist (vgl. II, Kap. 1).

Beispiel:

Eine Behörde legt zur Vollziehung eines Gesetzes ein neues Formular auf. In diesem wird auch die Angabe des Religionsbekenntnisses verlangt. Dieses Datum darf aber nur dann gespeichert werden, wenn eine unmittelbare Vollzugsnotwendigkeit gegeben ist. Ansonsten wäre dies eine verbotene Speicherung auf Vorrat.

Was bedeutet der Grundsatz der Publizität? (§§ 8, 8 a, 11, 22, 23 und 25 DSG)

Hier ist die generelle Publizität (die Erfassung im Datenverarbeitungsregister) von der individuellen Publizität (das Auskunftsrecht des einzelnen) zu unterscheiden.

Durch die generelle Publizität besteht für den Betroffenen die Möglichkeit, in das Datenverarbeitungsregister (vgl. II, Kap. 13) Einsicht zu nehmen und zu erfahren, welche Verarbeitungen bestimmte Auftraggeber durchführen. Korrespondierend dazu besteht die Verpflichtung für jeden Auftraggeber, seine Verarbeitungen registrieren zu lassen (vgl. II, Kap. 6).

Im Rahmen der individuellen Publizität geht das Datenschutzgesetz davon aus, daß am besten der Betroffene selbst die Richtigkeit der über ihn gespeicherten Daten überprüfen kann. Durch das Auskunftsrecht erhält der Betroffene die Möglichkeit zu erfahren, welche konkreten Daten über ihn von einem einzelnen Auftraggeber gespeichert und verarbeitet werden (vgl. II, Kap. 7).

Welche Auftraggeber überhaupt in Frage kommen, ist aus dem Datenverarbeitungsregister zu ersehen.

Was bedeutet der Grundsatz der Richtigkeit? (§§ 12, 26 und 27 DSG)

Der Betroffene hat nicht nur das Recht auf Auskunft, sondern in konsequenter Weise auch die Möglichkeit, jene Daten, die über ihn gespeichert sind, allenfalls richtigstellen bzw. wenn sie unrechtmäßigerweise gespeichert wurden, überhaupt löschen zu lassen. Das Recht auf Löschung ergibt sich aus dem Grundsatz der Relevanz, nämlich, daß die Speicherung all jener Daten untersagt ist, die nicht relevant für den Unternehmenszweck sind. Für die Beurteilung dieser Frage sind im privaten Bereich im Zweifelsfall die Gerichte anzurufen (vgl. II, Kap. 8).

Was bedeutet der Grundsatz der Weitergabebeschränkung? (§§ 7 und 18 DSG)

Die größte Gefährdung der Privatsphäre entsteht dadurch, daß verschiedene, im Einzelfall zulässigerweise verarbeitete Daten miteinander verknüpft werden und damit ein Persönlichkeitsprofil erstellt werden kann. Die Einschränkung der Weitergabe von Daten in Form der Übermittlungsbeschränkung stellt daher ein wesentliches Schutzelement dar. Allerdings ist in vielen Bereichen eine Weitergabe von Daten erforderlich. Dem Grundsatz der Weitergabebeschränkung entsprechend, ist daher eine Interessensabwägung zwischen den Schutzinteressen des Betroffenen und den Interessen von Übermittler und Empfänger erforderlich (vgl. II, Kap. 2).

Die Beschränkung der Weitergabe bezieht sich vor allem auf unterschiedliche Rechtsträger. Aber selbst innerhalb eines Rechtsträgers besteht eine Verknüpfungsbeschränkung, soweit Daten für ein anderes Aufgabengebiet verwendet werden sollen.

Beispiel:

Ein Angehöriger einer Krankenanstalt wird im Zuge einer Erkrankung in dieser Anstalt ärztlich behandelt.

Die Verknüpfung der medizinischen Daten mit den Daten aus der Personalverwaltung wäre eine unzulässige Übermittlung.

Welche Funktionstrennung sieht das Datenschutzgesetz beim Auftraggeber vor?

Der Auftraggeber als Eigentümer der Daten muß die Datenverarbeitung nicht unbedingt selbst durchführen. Er kann sich diesbezüglich auch eines Dienstleisters bedienen. Dieser Dienstleister wird allerdings nur im Rahmen des Auftrages tätig. Trotz Heranziehung eines Dienstleisters verbleibt die gesamte rechtliche Verantwortung beim Auftraggeber. Selbstverständlich können beide Funktionen zusammenfallen, sodaß der Auftraggeber die Verarbeitung selbst durchführt.

Besteht eine Verpflichtung zu Datensicherheitsmaßnahmen? (§§ 10 u. 21 DSG)

Auftraggeber und Dienstleister haben sowohl im öffentlichen als auch im privaten Bereich bestimmte Datensicherheitsmaßnahmen (gem. § 10 DSG) zu treffen. Damit soll sichergestellt werden, daß die Verwendung der Daten ordnungsgemäß erfolgt und sie Unbefugten nicht zur Kenntnis gelangen können. Der Umfang der Datensicherheitsmaßnahmen richtet sich nach der Art der verwendeten Daten, nach Umfang und Zweck der Verwendung sowie nach dem Stand der technischen Möglichkeiten. Bei der Regelung und Durchführung solcher Maßnahmen ist auch die wirtschaftliche Vertretbarkeit zu berücksichtigen.

Gibt es erhöhte Berufspflichten für das ADV-Personal? (§ 20 DSG)

Durch die Datensicherheitsmaßnahmen soll der Zugriff zu den Daten auf die berechtigten Benutzer eingeschränkt werden. Eine bestimmte Gruppe von Bediensteten, nämlich das ADV-Personal, hat allerdings weit mehr Möglichkeiten, da es zum Teil die Sicherheitsmaßnahmen kennt. So sind zum Beispiel für Systemspezialisten technische Sicherheitsmaßnahmen meist kein Hindernis. Diesem Umstand Rechnung tragend, wurde für jene Bediensteten, denen Daten ausschließlich auf Grund einer berufsmäßigen Beschäftigung anvertraut wurden, eine spezielle gesetzliche Verschwiegenheitspflicht, das Datengeheimnis, verankert. Diese Verschwiegenheitspflicht ist anderen, wie dem Ärztegeheimnis, dem Bankgeheimnis, der Amtsverschwiegenheit etc. nachgebildet (vgl. II, Kap. 4).

Das Datengeheimnis besteht nur im privaten Bereich, für den öffentlichen Bereich ist eine solche Regelung nicht erforderlich, da hier die strengeren Bestimmungen der Amtsverschwiegenheit zur Anwendung gelangen.

Welche Organe sind zur Kontrolle des DSG berufen?

Da der einzelne Betroffene in der Regel der wirtschaftlich Schwächere gegenüber dem Staat oder den einzelnen Institutionen, die Datenverarbeitung betreiben, ist, wurden eigene Kontrollorgane gesetzlich verankert. Für den öffentlichen Bereich ist das die Datenschutzkommission, die als gerichtsähnliche Verwaltungsbehörde Entscheidungen zu treffen hat. Für den privaten Bereich sind die Landesgerichte zur Entscheidung von Streitfällen berufen. Als politisches Kontrollorgan, das die Entwicklung zu verfolgen und Empfehlungen abzugeben hat, wurde der Datenschutzrat im Gesetz verankert (vgl. II, Kap. 12). Für Entscheidungen über Verwaltungsübertretungen (§ 50 DSG) ist in 1. Instanz der Landeshauptmann zuständig.

KAPITEL 2: GELTUNGSBEREICH DES DSG

Ist das Datenschutzgesetz bei jeder Form der Verarbeitung von Daten anzuwenden?

Abgesehen vom Grundrecht (siehe oben) beziehen sich die Regelungen des Datenschutzgesetzes nur auf die automationsunterstützte Verarbeitung personenbezogener Daten.

Was sind personenbezogene Daten? (§ 3 Z. 1 DSG)

Es muß sich dabei um Angaben über bestimmte oder mit hoher Wahrscheinlichkeit bestimmbare Betroffene handeln, wobei diese Angaben auf einem Datenträger festgehalten sind. Als Datenträger sind dabei Medien zu verstehen, auf denen Daten für längere Zeit fixiert werden können, wie z.b. Papier, Bild, Magnetband. Die Einschränkung, daß es sich um Daten handeln muß, die auf Datenträgern festgehalten sind, dient der Abgrenzung, daß etwa das gesprochene Wort nicht darunter fallen kann. Diese Abgrenzung ändert freilich nichts daran, daß man auch durch das gesprochene Wort gegen besondere datenschutzrechtliche Bestimmungen (Weitergabebeschränkung!) verstoßen kann.

Der Begriff der personenbezogenen Daten ist damit sehr weit gefaßt. Es fallen auch die konventionell verarbeiteten (z.B. händisch auf Papier festgehaltenen) personenbezogenen Daten darunter.

Beispiele:

Adresse, Lebensgewohnheiten, Einkommen, Bonität, Umsatz, Gewinn, soweit ein Bezug zu einem Betroffenen hergestellt ist oder hergestellt werden kann.

Was sind nichtpersonenbezogene Daten?

Um solche Daten handelt es sich dann, wenn ein Betroffener nicht bestimmt und auch nicht mit hoher Wahrscheinlichkeit bestimmbar ist. Beispiele dafür sind aggregierte Daten, Statistiken, Planungsdaten, topographische Bezeichnungen, aber auch historische Daten. Das bedeutet, daß der Großteil der verwendeten Daten im öffentlichen und im privaten Bereich personenbezogene Daten sind.

Was heißt automationsunterstützte Verarbeitung? (§ 3 Z. 5 DSG)

Automationsunterstützt bedeutet, daß der Ablauf ohne Eingriff durch den Menschen maschinell und programmgesteuert erfolgt. Dabei muß die Auswählbarkeit von Daten nach mindestens einem personenbezogenen Merkmal möglich sein. Es genügt aber nicht die abstrakte Möglichkeit, sondern in der konkret eingesetzten Maschinen- und Programmausstattung muß organisatorisch tatsächlich diese Auswählbarkeit realisiert sein. Als Konsequenz daraus ergibt sich, daß in einem Verfahren, in dem die Auswählbarkeit nicht nach personenbezogenen Merkmalen erfolgen kann, auch wenn dies abstrakt durch eine Umgestaltung des Programmes möglich wäre, diese Verarbeitung nicht dem Datenschutzgesetz unterliegt.

Beispiel:

Eine elektronische Speicherschreibmaschine, die über keinen Datenträger verfügt, fällt nicht unter das DSG, da es sich um keine automationsunterstützte Verarbeitung (s.o.) handelt.

Wo ist das Grundrecht auf Datenschutz anzuwenden?

Das Grundrecht bezieht sich auf jede Verarbeitung personenbezogener Daten, unabhängig von der eingesetzten Technologie. Somit fallen nicht nur automationsunterstützt verarbeitete sondern auch konventionell verarbeitete Daten, wie z.b. Karteikarten, unter das Grundrecht. Nicht unter das Grundrecht fallen nichtpersonenbezogene Daten.

Auf welchen Bereich ist der Artikel 2 des Datenschutzgesetzes anzuwenden?

Der Artikel 2 enhält den Kern der Datenschutzregelung und ist nur auf die zumindest teilweise automationsunterstützte Verarbeitung personenbezogener Daten anzuwenden. Werden daher personenbezogene Daten ausschließlich konventionell verarbeitet, ist Artikel 2 nicht anzuwenden. Für nichtpersonenbezogene Daten ist Artikel 2 (unabhängig von der Art ihrer Verarbeitung) in keinem Fall anzuwenden.

Welche Konsequenzen ergeben sich aus der Anwendung des Artikels 2 des Datenschutzgesetzes auf eine Verarbeitung?

Die Detailregelungen betreffend Registrierung, Auskunft, Richtigstellung und Löschungsverfahren, Kontrolle etc. sind im Artikel 2 geregelt. Wenn daher im folgenden von den Verpflichtungen des DSG gesprochen wird, so ist dieser gesamte Komplex des Artikels 2 gemeint.

Welche Auswirkungen ergeben sich daraus, daß personenbezogene Daten, die konventionell verarbeitet wurden, auf einmal automationsunterstützt verarbeitet werden sollen?

Mit dem Beginn einer automationsunterstützten Verarbeitung fallen diese Daten unter Artikel 2 des Datenschutzgesetzes. Damit sind die Voraussetzungen für die Ermittlung, Verarbeitung und Übermittlung wesentlich strenger. Darüber hinaus sind die oben unter Artikel 2 angeführten Maßnahmen zu treffen. Der Hintergrund dieser Verschärfung besteht darin, daß konventionelle Karteien ab einem gewissen Umfang nicht mehr handhabbar sind, während bei automationsunterstützten Verarbeitungen die Datenmenge heute praktisch keine Rolle mehr spielt. Jede beliebige Art der Auswertung kann durch entsprechende Datenbanksysteme vorgenommen werden. Daraus leitet sich die Rechtfertigung ab, daß die automationsunterstützte Verarbeitung personenbezogener Daten einem strengeren Maßstab unterliegt.

Welche Regelungsbereiche enthält Artikel 2 des Datenschutzgesetzes?
1. Abschnitt: Allgemeine Bestimmungen
2. Abschnitt: Öffentlicher Bereich
3. Abschnitt: Privater Bereich
4. Abschnitt: Internationaler Datenverkehr
5. Abschnitt: Datenschutzkommission, Datenschutzrat und Datenverarbeitungsregister
6. Abschnitt: Strafbestimmungen
7. Abschnitt: Übergangs- und Schlußbestimmungen

Welche unterschiedlichen Regelungsbereiche kennt das DSG noch?
- Öffentlicher Bereich
- Privater Bereich
- Verarbeitung für ausschließlich private Zwecke

Wer fällt in den öffentlichen Bereich?

Rechtsträger nach den §§ 4 und 5 DSG; das sind solche, die durch Bundes- oder Landesgesetze eingerichtet wurden. Dazu gehören die Gebietskörperschaften, die Sozialversicherungsträger, die Kammern etc.

Wer gehört zum privaten Bereich?

Rechtsträger, die nicht gemäß §§ 4 und 5 DSG durch Gesetz eingerichtet wurden. Sie unterliegen dem 3. Abschnitt des Datenschutzgesetzes. Hiebei handelt es sich vor allem um die Unternehmen im Bereich der Privatwirtschaft.

Was ist die Verarbeitung für ausschließlich private Zwecke?

Mit der DSG-Novelle 1986 wurde erstmals auch der Bereich der Homecomputer geregelt. Grundsätzlich ist die Verarbeitung für solche ausschließlich privaten Zwecke unter folgenden Voraussetzungen zulässig (§ 17 Abs. 2 DSG):
- die Daten wurden vom Betroffenen selbst mitgeteilt
- sie wurden dem Auftraggeber als Privatperson übermittelt
- aufgrund rechtmäßiger Übermittlung zugekommene Daten.

Wenn auch die Verarbeitung für ausschließlich private Zwecke ohne weiteres unter den oben angeführten Voraussetzungen zulässig ist, besteht eine wesentliche Einschränkung für die Übermittlung solcher Daten. Eine Übermittlung ist nämlich nur mit Zustimmung des Betroffenen zulässig (§ 18 Abs. 2 DSG).

Beispiel:

A speichert auf seinem Homecomputer die Namen, Adressen und Geburtstage seiner Freunde und Bekannten. B möchte diesen Datenbestand auch auf seinem Personalcomputer speichern. Dies stellt eine Übermittlung dar, die der Zustimmung aller Betroffenen bedarf.

KAPITEL 3: SANKTIONEN DES DATENSCHUTZGESETZES

Steht die Verletzung des Datenschutzgesetzes unter Strafsanktion?

Das DSG sieht sowohl gerichtlich strafbare Tatbestände, wie z.b. Eingriff in die Rechte anderer, als auch Verwaltungsstrafbestimmungen bei Verletzung der Melde- oder Genehmigungspflichten vor.

Welche gerichtlich strafbaren Tatbestände kennt das DSG?

Den Geheimnisbruch (§ 48 DSG) und unbefugte Eingriffe im Datenverkehr (§ 49 DSG).

Wer kann Geheimnisbruch begehen? (§ 48 DSG)

Nur solche Personen, die dem Datengeheimnis (§ 20 DSG) unterliegen, das heißt, berufsmäßig mit Aufgaben der Datenverarbeitung beschäftigt sind, fallen unter diesen Tatbestand. Unter Sanktion wird dabei das widerrechtliche Offenbaren oder Verwerten von Daten gestellt, deren Weitergabe ein berechtigtes Interesse des Betroffenen verletzt hat. Die Strafsanktion dafür besteht in einer Freiheitsstrafe bis zu einem Jahr.

Da die Verletzung berechtigter Interessen des Betroffenen Voraussetzung ist, handelt es sich um ein Privatanklagedelikt, das heißt, daß der Täter nur auf Antrag eines in seinem Interesse an der Geheimhaltung Verletzten verfolgt werden kann. Zusätzlich wurde auch noch ein Antragsrecht der Datenschutzkommission normiert.

Beispiel:

Ein Programmierer kopiert die Kundendatei seines Unternehmens und verkauft diesen Datenbestand an ein Konkurrenzunternehmen.

Wann liegen unbefugte Eingriffe im Datenverkehr vor? (§ 49 DSG)

Wer sich widerrechtlich automationsunterstützt verarbeitete Daten verschafft, um dadurch einem anderen absichtlich in seinen Rechten einen Schaden zuzufügen, wird mit Freiheitsstrafe bis zu einem Jahr bestraft, soweit die Tat nicht nach einer anderen Bestimmung mit strengerer Strafe bedroht ist.

Beispiel:

Nach mehrmaligen Versuchen gelingt es A, den Zugriffscode eines Computers einer Chemiefabrik zu knacken. Er löscht einige Datenbestände, um der Firma zu schaden.

Wodurch wird eine Verwaltungsübertretung begangen? (§ 50 DSG)

Wer eine Datenverarbeitung vornimmt, ohne seine Melde- oder Genehmigungspflicht zu erfüllen, begeht eine Verwaltungsübertretung, die mit Geldstrafe bis zu 150.000,– S zu ahnden ist. Den gleichen Tatbestand erfüllt auch jener, der eine

Datenverarbeitung weiterführt, obwohl ihm dies von der Datenschutzkommission gemäß § 23 a Abs. 2 DSG untersagt worden ist, oder wer Daten entgegen den §§ 8 Abs. 5 oder 22 Abs. 3 DSG weitergibt. Die beiden zuletzt genannten Bestimmungen beziehen sich darauf, daß der Auftraggeber bei der Übermittlung von Daten und bei Mitteilungen an den Betroffenen seine Datenverarbeitungsregisternummer bekanntzugeben hat.

Wird eine Verwaltungsstrafe gem. § 50 DSG nur bei vorsätzlichem Handeln verhängt?

Eine Verwaltungsübertretung kann auch fahrlässig begangen werden. Soweit eine Verwaltungsvorschrift nichts über das Verschulden aussagt, genügt gem. § 5 Abs. 1 VStG bereits fahrlässiges Verhalten für die Strafbarkeit.

KAPITEL 4: BEGRIFFE

Was sind Daten nach dem DSG? (§ 3 Z. 1 DSG)

Nur solche Angaben über bestimmte oder mit hoher Wahrscheinlichkeit bestimmbare Betroffene (personenbezogene Daten), die auf einem Datenträger festgehalten sind, fallen unter das DSG. Vom DSG daher nicht umfaßt sind nichtpersonenbezogene Daten, wie insbesondere die Programme. Als Datenträger kommen nicht nur konventionelle, wie Papier, Karteikarte, sondern auch elektromagnetische, wie Magnetband, Magnetplatte, in Frage. Wesentlich ist, daß die Daten auf einem Medium festgehalten sind, auf dem sie für eine längere Zeit gespeichert werden können.

Wer ist Betroffener? (§ 3 Z. 2 DSG)

Jede natürliche oder juristische Person oder Personengemeinschaft, von der Daten verwendet werden, ist ein Betroffener. Der Auftraggeber ist hinsichtlich seiner eigenen Daten kein Betroffener, da er ausdrücklich ausgenommen wurde.

Im öffentlichen Bereich gibt es eine weitere Ausnahme insoweit, als juristische Personen des öffentlichen Rechts und ihre Organe bei der Besorgung behördlicher Aufgaben nicht als Betroffene gelten. Damit fallen behördliche Daten nicht unter die Verschwiegenheitspflicht des Datenschutzgesetzes.

In Österreich sind im Gegensatz zu anderen Staaten nicht nur natürliche Personen, sondern auch juristische Personen Betroffene. Bei den juristischen Personen handelt es sich dabei nicht nur um Wirtschaftsunternehmen, sondern auch Vereine fallen darunter. Darüber hinaus wurde durch die DSG-Novelle 1986 auch Personengemeinschaften, wie z.B. Bürgerinitiativen, der Status des Betroffenen eingeräumt.

Welche Rechte hat der Betroffene?

Mit dem DSG wurden dem Betroffenen eine Reihe von Rechten eingeräumt, wie Auskunft, Richtigstellung, Löschung und Geheimhaltung.

Wer ist Auftraggeber? (§ 3 Z. 3 DSG)

Jeder Rechtsträger, von dem Daten automationsunterstützt verarbeitet werden. Dabei kann die Verarbeitung selbst oder unter Heranziehung von Dienstleistern erfolgen. Im öffentlichen Bereich ist jedes Organ einer Gebietskörperschaft auch Auftraggeber im Sinne des Datenschutzgesetzes.

Beispiele:

Ein Unternehmen A erhält automationsunterstützt verarbeitete Daten (Computerausdrucke) übermittelt, verarbeitet diese Daten aber nicht automationsunterstützt weiter. A ist kein Auftraggeber.

Ein Unternehmen B führt die Lohnverrechnung und Finanzbuchhaltung auf einem PC durch. Da Daten automationsunterstützt verarbeitet werden, ist B Auftraggeber.

Ein Unternehmen C beauftragt ein Service-Rechenzentrum, die Finanzbuchhaltung automationsunterstützt durchzuführen. C ist Auftraggeber, das Service-Rechenzentrum ist Dienstleister (s.u.).

Wer ist Dienstleister? (§ 3 Z. 4 DSG)

Jeder Rechtsträger, von dem Daten für einen Auftraggeber im Rahmen eines Auftrages verwendet werden. Dabei ist wesentlicher Inhalt dieses Auftrages, daß die Verarbeitung der Daten automationsunterstützt zu erfolgen hat. Das bedeutet, daß die Entscheidung der automationsunterstützten Verarbeitung bereits durch den Auftraggeber getroffen wurde. Der Dienstleister hat nur mehr entsprechend dieses Auftrages die Verarbeitungen durchzuführen.

Welche Kriterien gibt es für die Abgrenzung Auftraggeber – Dienstleister?

Entsprechend der oben angeführten Definition trifft der Auftraggeber selbständig die Entscheidung über den ADV-Einsatz. Im Gegensatz dazu ist beim Dienstleister die Durchführung mit automationsunterstützter Datenverarbeitung zwingender Teil des Auftrages.

Für die Qualifikation als Auftraggeber genügt ein rein faktisches Verhalten; die Zulässigkeit der Datenverarbeitung ist davon unberührt. Damit soll sichergestellt sein, daß der Betroffene jedenfalls seine Rechte bei jener Stelle geltend machen kann, die als Auftraggeber auftritt, unabhänig davon, ob die rechtlichen Grundlagen dafür ausreichend sind.

Wesentliches Kriterium für die Zuerkennung der Auftraggeberfunktion ist somit die Entscheidung über den ADV-Einsatz.

Beispiel:

Jemand geht zu einer Bank und eröffnet ein Konto. Die Bank erledigt zwar die Kontenführung mittels ADV, dies ist aber eine eigene Entscheidung der Bank. Im Rahmen des Kontoführungsauftrages war es nicht zwingender Inhalt, daß die Kontenführung mit ADV durchgeführt wird. Auftraggeber ist daher die Bank.

Wesentliches Kennzeichen des Dienstleisters ist, daß der ADV-Einsatz vorgeschrieben ist.

Beispiel:

Ein Unternehmen betraut einen Steuerberater, die Buchhaltung mit ADV durchzuführen und die Auswertungen bereits in einer bestimmten Form vorzulegen. Der Steuerberater ist nur Dienstleister, da der Einsatz der ADV bereits zwingender Teil des Auftrages darstellt. Die Konsequenz besteht darin, daß sämtliche Pflichten, wie etwa Registrierung und Auskunft, nur den Auftraggeber treffen.

Welche Pflichten hat der Auftraggeber?

- Prüfung der Zulässigkeit der Ermittlung und Verarbeitung (§§ 6, 17 DSG)
- Prüfung der Zulässigkeit der Übermittlung (§§ 7, 18 DSG)
- Registrierung (§§ 8, 8 a, 22, 23 DSG)
- Datensicherheitsmaßnahmen (§§ 10, 21 DSG)
- Verpflichtung der Mitarbeiter auf das Datengeheimnis (§ 20 DSG)
- Auskunftserteilung (§§ 11, 25 DSG)
- Richtigstellung oder Löschung von Daten (§§ 12, 26, 27 DSG)
- Verständigung jener Übermittlungsempfänger, die richtiggestellte oder gelöschte Daten erhalten haben
- Angabe der Registernummer bei Übermittlungen und bei Mitteilungen an den Betroffenen (§§ 8 Abs. 5, 22 Abs. 3 DSG)

Wann liegt eine Datenverarbeitung vor? (§ 3 Z. 5 DSG)

Bei Ablauf von Verarbeitungsschritten, wie etwa das Speichern, Verknüpfen, Vervielfältigen von Daten zur Erreichung eines inhaltlich bestimmten Ergebnisses (Zweckes). Diese Zweckorientierung unterscheidet die für das Datenschutzgesetz relevante Datenverarbeitung von reiner Zufallsverarbeitung. Gleichzeitig ist der „Zweck der Datenverarbeitung" jenes Sachgebiet, das als solches zu registrieren ist.

Diese Datenverarbeitung kann zur Gänze automationsunterstützt sein, muß es aber nicht, da auch eine nur teilweise Abwicklung mit ADV in einzelnen Phasen eines Aufgabengebietes genügt, daß das gesamte Aufgabengebiet unter das DSG fällt. Bezüglich des Begriffes automationsunterstützt siehe I, Kapitel 1.

Was versteht man unter Ermitteln von Daten? (§ 3 Z. 6 DSG)

Das Erheben oder sonstige Beschaffen von Daten für eine Datenverarbeitung. Diese Zweckausrichtung für eine bestimmte Datenverarbeitung ist wesentlich, da das Ermitteln von Daten für eine rein konventionelle Folgeverarbeitung, also ohne ADV-Einsatz, nicht unter das DSG fällt.

Der Begriff des Ermittelns wurde insoweit bereits in den Schutzbereich des DSG mit einbezogen, um von vornherein das Halten von Daten auf Vorrat einzuschränken, wenn nicht die entsprechenden Voraussetzungen vorliegen.

Was ist das Verarbeiten von Daten? (§ 3 Z. 7 DSG)

Das Erfassen, Speichern, Ordnen, Vergleichen, Verändern, Verknüpfen, Vervielfältigen, Ausgeben oder Löschen von Daten im Rahmen einer Datenverarbeitung. Während in der Informatik unter Verarbeitung nur das Eingeben, Verarbeiten im engeren Sinn und Ausgeben verstanden wird, ist der Verarbeitungsbegriff des DSG insoweit erweitert, als auch die vorgelagerte Phase des Erfassens darunter fällt.

Was versteht man unter Benützen von Daten? (§ 3 Z. 8 DSG)

Als Formen der Handhabung von Daten kommen das Ermitteln, Verarbeiten, Benützen und Übermitteln in Frage. Das Benützen wird durch Umkehrschluß als jede Form der Handhabung bezeichnet, die nicht Ermitteln, Verarbeiten oder Übermitteln ist. Benützen von Daten erfolgt beim Auftraggeber oder Dienstleister.

Wann liegt ein Übermitteln von Daten vor? (§ 3 Z. 9 DSG)

Übermitteln ist das Weitergeben von Daten aus einer Datenverarbeitung an andere Empfänger als den Betroffenen, den Auftraggeber oder den Dienstleister. Die Weitergabe von Daten nicht an einen bestimmten Empfänger, sondern an die Allgemeinheit, also das Veröffentlichen, fällt gleichfalls unter diesen Begriff.

Beispiele:

Ein Unternehmen meldet (übermittelt) die Beitragsgrundlagen an einen Sozialversicherungsträger in Form von EDV-Ausdrucken. Ein Unternehmen räumt bestimmten externen Personengruppen den Zugriff zu einer Datenbank im Dialogverfahren ein („Selbstbedienungsübermittlung").

Ein Unternehmen gibt EDV-Listen aus dem Aufgabengebiet Personalverwaltung der eigenen Werbeabteilung (anderes Aufgabengebiet) weiter. Dies stellt auch ein Übermitteln dar.

Noch eine andere Form des Übermittelns kennt das DSG, nämlich wenn Daten eines Aufgabengebietes für ein anderes Aufgabengebiet desselben Auftraggebers verwendet werden. Dies bedeutet nicht, daß ein solches Übermitteln nicht zulässig wäre, es bedeutet nur, daß das Verknüpfen von Datenbeständen von verschiedenen Aufgabengebieten an den Rechtsvoraussetzungen der Zulässigkeit der Übermittlung zu prüfen ist.

Wann liegt ein Überlassen von Daten vor? (§ 3 Z. 10 DSG)

Erfolgt die Weitergabe von Daten zwischen dem Auftraggeber und dem Dienstleister oder zwischen Dienstleistern, so handelt es sich nicht um ein Übermitteln (siehe oben), sondern um ein Überlassen mit dem Zweck der Verarbeitung für den Auftraggeber bzw. der Benützung beim Auftraggeber.

Was ist das Löschen von Daten? (§ 3 Z. 11 DSG)

Das DSG unterscheidet zwei unterschiedliche Grade der Löschung – das logische und das physische Löschen.

Das logische Löschen ist dann gegeben, wenn durch programmtechnische Maßnahmen der Zugriff auf Daten verhindert wird.

Das physische Löschen liegt dann vor, wenn die Daten derart unkenntlich gemacht wurden, daß eine Rekonstruktion nicht mehr möglich ist.

Beispiele:
Logisches Löschen ist die Sperre des Zugriffs auf bestimmte Daten.
Physisches Löschen ist das Vernichten von EDV-Ausdrucken oder das Überschreiben eines Magnetbandes.

Was umfaßt das Verwenden von Daten? (§ 3 Z. 12 DSG)

Das Verwenden von Daten umfaßt den gesamten Datenverkehr, das ist das Ermitteln, Verarbeiten, Benützen, Übermitteln, Überlassen von Daten oder einer dieser Vorgänge.

Der Datenverkehr umfaßt eine Reihe von Tätigkeiten mit unterschiedlichen Zielrichtungen.

- **Ermitteln:** das Erheben für die Datenverarbeitung
- **Verarbeiten:** die Transformation von Daten durch den Auftraggeber oder Dienstleister
- **Benützen:** die Handhabung durch Auftraggeber oder Dienstleister
- **Übermitteln:** die Weitergabe an andere Empfänger
- **Überlassen:** die Weitergabe zwischen Auftraggeber und Dienstleister

II. BESONDERER TEIL

KAPITEL 1: ZULÄSSIGKEIT DER ERMITTLUNG UND VERARBEITUNG

Welche Voraussetzungen bestehen für die Ermittlung und Verarbeitung?

Zulässig ist die Ermittlung und Verarbeitung nur insoweit, als Inhalt und Zweck der Datenverarbeitung im berechtigten Zweck des Rechtsträgers gedeckt sind (§ 17 DSG). Dabei ergibt sich der berechtigte Zweck etwa aus dem Umfang der Gewerbeberechtigung bei einem Wirtschaftsunternehmen oder dem Vereinszweck bei einem Verein. Allerdings dürfen durch die Ermittlung und Verarbeitung schutzwürdige Interessen des Betroffenen, insbesondere im Hinblick auf die Achtung seines Privat- und Familienlebens, nicht verletzt werden.

Im öffentlichen Bereich sind die Zulässigkeitserfordernisse strenger gezogen, da hiefür eine ausdrückliche gesetzliche Ermächtigung bestehen muß oder die Datenverarbeitung für den Auftraggeber eine wesentliche Voraussetzung zur Wahrnehmung der ihm gesetzlich übertragenen Aufgaben bilden muß (§ 6 DSG).

Während somit die Zulässigkeitserfordernisse im öffentlichen Bereich nur durch entsprechende Gesetzesänderungen erweitert werden können, besteht im privaten Bereich die Möglichkeit, durch Erweiterung der Gewerbeberechtigung oder etwa Satzungsänderung, die rechtlichen Voraussetzungen für die Zulässigkeit der Datenverarbeitung zu schaffen.

Eine Ermittlung und Verarbeitung für ausschließlich private Zwecke (z.B. Homecomputer) ist zulässig, wenn die Daten vom Betroffenen selbst mitgeteilt wurden oder dem Auftraggeber rechtmäßigerweise zugekommen sind (vgl. diesbezüglich die Ausführungen unter I, Kap. 2).

Wer ist Rechtsträger im privaten Bereich? (§ 17 Abs. 1 DSG)

Alle, die Träger von Rechten und Pflichten sein können (Rechtssubjekte), fallen unter die sonst nur im öffentlichen Recht übliche Bezeichnung des Rechtsträgers.

Beispiele:
Natürliche und juristische Personen, handelsrechtliche Personengesellschaften.

Ergeben sich aus den Zulässigkeitsbestimmungen für Ermittlung und Verarbeitung Rechte für den Betroffenen?

Das DSG geht grundsätzlich vom Verbotsprinzip aus (vgl. I, Kap. 1 „Grundsätze des DSG"). Das bedeutet, daß die Ermittlung und Verarbeitung personenbezogener Daten grundsätzlich verboten ist, soweit nicht für den privaten Rechtsträger ein berechtigter Zweck dafür besteht. In welchem Umfang Daten benötigt werden, ergibt sich daher aus dem Geschäftszweck oder dem Vereinszweck. Bedeutung hat in diesem Zusammenhang aber auch die allgemeine Geschäftsauffassung, die allerdings ihre Grenzen in den schutzwürdigen Interessen des Betroffenen hat. Für den Betroffenen besteht daher ein Rechtsanspruch auf die Rechtmäßigkeit der Ermittlung und Verarbeitung, der letztlich mit dem Anspruch auf Löschung rechtswidrig gespeicherter Daten durchgesetzt werden kann.

KAPITEL 2: ZULÄSSIGKEIT DER ÜBERMITTLUNG

Unter welchen Voraussetzungen ist eine Übermittlung im privaten Bereich zulässig? (§ 18 DSG)

- Der Betroffene stimmt der Übermittlung ausdrücklich schriftlich zu (ein schriftlicher Widerruf ist allerdings jederzeit möglich).
- Die Übermittlung gehört zum berechtigten Zweck des Rechtsträgers.
- Die Übermittlung ist zur Wahrung überwiegender berechtigter Interessen eines Dritten notwendig.

Selbstverständlich bestehen diese Beschränkungen nicht, wenn gesetzliche Verpflichtungen zur Übermittlung bestehen, wie z.b. an Sozialversicherungsträger.

Welche Voraussetzungen bestehen im öffentlichen Bereich für eine Übermittlung? (§ 7 DSG)

Im öffentlichen Bereich dürfen Daten nur übermittelt werden, wenn

- hiefür eine ausdrückliche gesetzliche Ermächtigung besteht oder
- der Betroffene ausdrücklich schriftlich zustimmt (schriftlicher Widerruf jederzeit möglich) oder
- die Übermittlung an das Österreichische Statistische Zentralamt für statistische Zwecke erfolgt.

Eine Übermittlung im Wege der Amtshilfe ist nur dann zulässig, wenn die Daten eine wesentliche Voraussetzung zur Wahrnehmung gesetzlich übertragener Aufgaben des Empfängers darstellen (§ 7 Abs. 2 DSG).

Darüber hinausgehende Übermittlungen sind im öffentlichen Bereich nur dann zulässig, wenn sie zur Wahrung eines berechtigten Interesses erfolgen, das die schutzwürdigen Interessen des Betroffenen überwiegt. Jedenfalls hat die vertrauliche Behandlung im Zweifel Vorrang (§ 7 Abs. 3 DSG).

Kann aus der Zulässigkeit für die Ermittlung und Verarbeitung bereits die Zulässigkeit für die Übermittlung abgeleitet werden?

Die Tatsache, daß die Verarbeitung rechtmäßig erfolgt, bedeutet nicht, daß eine Übermittlung dieser Daten zulässig ist. Die Zulässigkeitsvoraussetzungen für die Übermittlung sind wesentlich enger gezogen. Damit soll der besonderen Gefährdung der Privatsphäre durch eine unkontrollierte Weitergabe von Daten entgegengetreten werden.

Gibt es Einschränkungen für die Übermittlung, auch wenn die Zulässigkeitsvoraussetzungen des § 18 DSG erfüllt sind?

Eine Übermittlung darf trotz Zulässigkeit im Sinne des § 18 DSG nicht erfolgen, wenn gesetzliche Verschwiegenheitspflichten bestehen (§ 18 Abs. 4 DSG). Solche Verschwiegenheitspflichten wären etwa ärztliche Schweigepflicht, Bankgeheimnis, Beichtgeheimnis etc. Darüber hinaus gibt es eine weitere Einschränkung insoweit, als nämlich schutzwürdige Interessen des Betroffenen, insbesondere im Hinblick auf die Achtung seines Privat- und Familienlebens, trotz gegebener Zulässigkeitsvoraussetzungen beeinträchtigt wären.

Müssen Übermittlungen protokolliert werden?

Soweit es sich um Standardübermittlungen aus Standardverarbeitungen handelt (siehe Kap. 6), ist eine Protokollierung nicht erforderlich. Übermittlungen im Einzelfall, die nicht registriert sind, somit meist nicht vorhersehbar und standardmäßig vorgesehen sind, müssen allerdings protokolliert werden. Nachdem keine Formvorschrift über Art und Umfang der Protokollierung besteht, ist davon auszugehen, daß die Protokollierung in jenem Umfang erfolgt, daß dem Betroffenen Auskunft über die Empfänger von Übermittlungen gegeben werden kann.

Was ist bei der schriftlichen Zustimmung des Betroffenen zur Übermittlung zu beachten?

Da § 18 Abs. 1 Z. 1 DSG eine ausdrückliche schriftliche Zustimmung fordert, ist etwa die bloße Aufnahme in allgemeine Geschäftsbedingungen nicht ausreichend. Entsprechende Entscheidungen der Datenschutzkommission gehen davon aus, daß durch diese Zustimmungserklärung deutlich werden muß, daß dadurch die Berechtigung zur Datenübermittlung begründet wird. Es müssen daher die zu übermittelnden Datenarten, die Empfänger und der Übermittlungszweck zweifelsfrei bezeichnet werden. Generell wird empfohlen, die ausdrückliche Zustimmung durch den Betroffenen gesondert von anderen Vertragstexten unterfertigen zu lassen.

Was hat der Auftraggeber noch bei der Übermittlung zu beachten?

Bei jeder Übermittlung von Daten muß der Auftraggeber die ihm bei der Eintragung zugeteilte Datenverarbeitungsregisternummer (DVR-Nr.) angeben (§ 8 Abs. 5 und § 22 Abs. 3 DSG).

Wer ist Auftraggeber bei der Weitergabe von Adreßmaterial unter Einschaltung eines Adreßbüros?

Die Beantwortung dieser Frage hängt von der datenschutzrechtlichen Konstruktion ab, für die es mehrere Möglichkeiten mit unterschiedlichen Auswirkungen gibt:
   1. Übermittlung der Adressen durch das Adreßbüro:
      Das Adreßbüro (A) mit der DVR: A übermittelt einem Unternehmen (B) DVR: B Adreßmaterial. Das Unternehmen (B) verwendet dieses Adreßmate-

rial für eine Aussendung an verschiedene Betroffene und hat seine DVR: B zu verwenden.

2. Auftrag des Unternehmens an das Adreßbüro, Material zu versenden:

   Das Unternehmen (B) erteilt den Auftrag, an das Adreßbüro (A) mit der DVR: A. Da das Adreßbüro selbst die Entscheidung trifft, ob dafür ADV eingesetzt wird oder nicht, ist das Adreßbüro Auftraggeber im Sinn des DSG. Beim Versand von Material des Unternehmens (B) durch das Adreßbüro (A) ist daher die DVR: A anzuführen. Für den Betroffenen besteht dabei unter Umständen die Besonderheit, daß das Material mit der DVR: A übermittelt wurde, in den Unterlagen aber auch die DVR-Nr. des eigentlichen Auftraggebers des Unternehmens (B), also die DVR: B, aufscheinen kann.

3. Auftrag des Unternehmens an das Adreßbüro, das Material automationsunterstützt zu versenden:

   Das Unternehmen (B) erteilt als wesentlichen Bestandteil des Auftrages die Durchführung mit ADV. Das Adreßbüro (A) ist daher nur Dienstleister. Bei der Durchführung des Versandauftrages ist daher in diesem Fall die DVR: B des Unternehmens (B), anzugeben.

Stellt die gewerbliche Verwertung von Kundenadressen ein „Nebenrecht" der Gewerbeordnung dar?

Im Rahmen der Ausübung eines Gewerbes fallen laufend Daten über Kunden, Lieferanten etc. an. Daraus ergibt sich die Frage, ob die Verwertung solcher Daten nicht Ausfluß des Gewerberechtes, also ein „Nebenrecht", darstellt. Bei einer positiven Beantwortung dieser Frage wäre eine ausreichende Rechtsgrundlage für die Übermittlung gemäß § 18 gegeben. Die Datenschutzkommission hat aber das Bestehen eines solchen Nebenrechtes in einer Entscheidung (vom 16.3.1989, GZ 176.8234-DSK 89) verneint und damit einer gewerblichen Übermittlung von Kundendaten die Rechtsgrundlage als „Nebenrecht" entzogen. Diese Entscheidung wurde allerdings von den Gerichtshöfen des öffentlichen Rechts bekämpft, sodaß eine endgültige Entscheidung dieser Frage noch offen ist.

Wer ist Auftraggeber beim „Listbroking"?

Die Tätigkeit der Vermittlung von Adressen zwischen Adresseneigentümern und „Mietern" solcher Adressen durch einen Adressenverlag wird unter dem Begriff „Listbroking" zusammengefaßt. Da dem Adressenmieter keine entsprechenden eigenen Adressen zur Verfügung stehen, besteht der wesentliche Zweck des Adressenverlages im Zusammenstellen und Aufbringen der nach bestimmten Kriterien auszuwählenden Adressen auf Werbematerial, wobei die Durchführung mit EDV meist überhaupt nicht Vertragsgegenstand ist. Da diese Tätigkeit der Adressenbearbeitung ausschließlich im Verantwortungsbereich des Adressenverlages liegt, ist dieser auch Auftraggeber.

KAPITEL 3: DIENSTLEISTUNG IM DATENVERKEHR

Wann liegt eine Dienstleistung im Datenverkehr vor?

Soweit ein Auftraggeber Teile oder den gesamten Datenverkehr nicht selbst durchführt, sondern dafür einen anderen Rechtsträger heranzieht. Die Entscheidung, die Verarbeitung der Daten automationsunterstützt durchzuführen, ist typisches Merkmal der Auftraggebereigenschaft.

Muß der Dienstleister auch registriert sein?

In der Stammversion des DSG war eine Registrierung des privaten Dienstleisters vorgesehen, die aber mit der DSG-Novelle 1986 weggefallen ist. Gemäß § 103 Abs. 1 lit. a Z. 2 Gewerbordnung 1973 lautet die Bezeichnung für das gebundene Gewerbe „Dienstleistungen in der automatischen Datenverarbeitung und Informationstechnik". In der Regel wird die Durchführung einer Dienstleistung im Sinne der Gewerbeordnung gleichzeitig auch eine Dienstleistung im Sinne des DSG darstellen. Diese Gewerbebetriebe sind nach wie vor nach der Gewerbeordnung anmeldungspflichtig.

Wie erfolgt die Regelung der Rechte und Pflichten zwischen dem Auftraggeber und dem Dienstleister?

Das Verhältnis zwischen dem Auftraggeber und dem Dienstleister richtet sich in kommerziellen Fragen nach dem Vertragsrecht. Soweit es sich um Rechte des Auftraggebers bzw. um Pflichten des Dienstleisters gemäß DSG handelt, besteht im § 19 DSG zwingendes Recht, das durch Vertrag nicht beseitigt werden kann. Diese Regelungen gelten gleichermaßen für den privaten wie den öffentlichen Bereich (§ 13 DSG verweist auf § 19 DSG).

Die Pflicht zur Überbindung der wesentlichen Punkte betrifft den Auftraggeber. Allerdings müssen bei der Überlassung von Daten dem Dienstleister allfällige besondere Geheimhaltungsverpflichtungen auch bekanntgegeben werden.

Welche Pflichten hat der Dienstleister? (§ 19 DSG)

Bei der Verwendung von Daten für den Auftraggeber hat der Dienstleister folgende Pflichten:

- Verwendung der Daten ausschließlich im Rahmen des Auftrages, dies gilt insbesondere für die Übermittlung von Daten im Auftrag

- Setzung der erforderlichen Sicherheitsmaßnahmen im Sinne des § 21 DSG

- Heranziehung ausschließlich von Mitarbeitern, die sich gemäß § 20 DSG zur Geheimhaltung verpflichtet haben

- Verständigung des Auftraggebers von der beabsichtigten Heranziehung eines weiteren Dienstleisters

- Schaffung der technischen und organisatorischen Voraussetzungen für die Erfüllung der Auskunfts-, Richtigstellungs- und Löschungspflicht des Auftraggebers
- nach Beendigung der Dienstleistung entweder
  - Übergabe aller Unterlagen und Daten oder
  - Vernichtung (über Auftrag) oder
  - Aufbewahrung
- Zurverfügungstellung von Informationen an den Auftraggeber zur Kontrolle der Einhaltung der oben angeführten Verpflichtungen.

Kann der Dienstleister Daten des Auftraggebers für eigene Zwecke verwenden?

Es kann nicht Gegenstand der Dienstleistung sein, daß der Dienstleister fremde Daten für sich selbst verwendet. Es ist allerdings nicht auszuschließen, daß der Auftraggeber Daten an den „Dienstleister" übermittelt, der aber in diesem Fall ein Übermittlungsempfänger ist, wobei alle Voraussetzungen der Übermittlung (siehe Kapitel 2) vorliegen müssen.

Ist die Heranziehung eines Dienstleisters melde- oder genehmigungspflichtig?

Im öffentlichen Bereich ist die beabsichtigte Heranziehung eines Dienstleisters gem. § 13 Abs. 3 DSG der Datenschutzkommission mitzuteilen. Kommt die Datenschutzkommission zur Auffassung, daß der Inanspruchnahme eines Dienstleisters schutzwürdige Interessen Betroffener oder öffentliche Interessen entgegenstehen, so hat sie dies dem Auftraggeber unverzüglich mitzuteilen.

Für den privaten Bereich bestehen keine Melde- oder Genehmigungspflichten für die Heranziehung eines Dienstleisters.

KAPITEL 4: DATENGEHEIMNIS

Worin besteht das Datengeheimnis? (§ 20 DSG)

Die Verpflichtung zur Geheimhaltung bezieht sich auf alle Daten aus Datenverarbeitungen. Solche Daten dürfen unabhängig von sonstigen Verschwiegenheitspflichten nur aufgrund einer ausdrücklichen Anordnung des Auftrag- oder Arbeitgebers übermittelt werden.

Wer ist zur Wahrung des Datengeheimnisses verpflichtet?

Die Verpflichtung zur Geheimhaltung trifft alle jene Arbeitnehmer, denen ausschließlich aufgrund einer berufsmäßigen Beschäftigung Daten anvertraut wurden oder zugänglich gemacht worden sind. Diese Umschreibung bedeutet, daß nicht nur das eigene ADV-Personal davon betroffen ist, sondern auch Fremdpersonal, wie Wartungstechniker oder Personal des Dienstleisters, in diese Personengruppe fällt. Da jedoch jeder Arbeitnehmer bei seinem Arbeitgeber zur Verschwiegenheit verpflichtet werden sollte, bedeutet dies, daß etwa im Rahmen des Wartungsvertrages oder des Dienstleistungsvertrages meist nur der Hinweis enthalten ist, daß der entsprechende Vertragspartner nur solche Mitarbeiter einsetzen darf, die auf das Datengeheimnis verpflichtet worden sind. Der Kreis der Mitarbeiter, die unter das Datengeheimnis fallen, ist auch im eigenen Bereich eher weiter anzusetzen, da in vielen Bereichen nicht auszuschließen ist, daß Mitarbeiter Daten aus Datenverarbeitungen als Unterstützung für ihre Tätigkeit erhalten.

Wie erfolgt die Verpflichtung auf das Datengeheimnis? (§ 20 Abs. 2 DSG)

Das Datengeheimnis besteht erst aufgrund einer vertraglichen Verpflichtung des Arbeitnehmers mit seinem Arbeitgeber. Dies ist durch die DSG-Novelle 1986 deutlicher zum Ausdruck gebracht worden, da vorher umstritten gewesen ist, inwieweit nicht die Verpflichtung zum Datengeheimnis bereits ex lege besteht. Durch den Ausdruck „Mitarbeiter" soll klargestellt werden, daß nicht nur Vollzeitbeschäftigte, sondern auch teilzeitbeschäftigte Arbeitnehmer und auch Ferialpraktikanten unter diesen Personenkreis fallen. Durch den Gesetzestext, daß Auftraggeber und Dienstleister sich von ihren Mitarbeitern vertraglich ausdrücklich zusichern lassen müssen, daß sie Daten aus Datenverarbeitungen nur aufgrund der Bestimmungen des § 20 DSG übermitteln, wird deutlich, daß das Datengeheimnis keine Verschwiegenheitspflicht darstellt, die unmittelbar aufgrund des Gesetzes, sondern erst aufgrund vertraglicher Vereinbarung eintritt.

Aus Gründen der Beweissicherung wird es zweckmäßig sein, eine Verpflichtungserklärung zum Datengeheimnis vom Mitarbeiter unterfertigen zu lassen und diese Erklärung entsprechend zu archivieren (z.B. im Personalakt). Ein Muster einer Verpflichtungserklärung ist im Anhang 3 angeschlossen.

Unter welchen Voraussetzungen dürfen Daten durch einen Mitarbeiter übermittelt werden?

Daten aus einer Datenverarbeitung dürfen nur aufgrund einer ausdrücklichen Anordnung des Auftrag- oder Arbeitgebers oder dessen Vertreters übermittelt werden.

Wie lange besteht die Verpflichtung zum Datengeheimnis?

Die Verpflichtung besteht nicht nur während der Dauer des Dienstverhältnisses, sondern auch nach Beendigung des Mitarbeiterverhältnisses ist das Datengeheimnis einzuhalten (§ 20 Abs. 2 DSG).

Welche Pflichten treffen den Arbeitgeber bei der Regelung der Übermittlungsanordnungen? (§ 20 Abs. 3 DSG)

Der Arbeitgeber ist sowohl für die Vollständigkeit als auch die datenschutzrechtliche Zulässigkeit gemäß § 18 DSG bei den Übermittlungsanordnungen verantwortlich. Darüber hinaus hat er auch dafür Sorge zu tragen, daß die Mitarbeiter über die für sie geltenden Übermittlungsanordnungen ausreichend informiert wurden. Das bedeutet, daß im Einzelfall vom Arbeitnehmer nicht verlangt werden kann, zu prüfen, ob die Voraussetzungen des § 18 DSG vorliegen. Ist es allerdings für den Mitarbeiter offenkundig, daß es sich um eine gesetzwidrige Übermittlung handelt, darf er sie nicht durchführen. Aus der Verweigerung der Ausführung eines Auftrages der gegen § 18 DSG verstoßen würde, darf dem Arbeitnehmer kein Nachteil erwachsen (§ 20 Abs. 4 DSG).

Kann sich ein Mitarbeiter unter Berufung auf das Datengeheimnis seiner Zeugenpflicht entschlagen?

In allen gerichtlichen und verwaltungsbehördlichen Verfahren kann sich niemand seiner Zeugenpflicht unter Berufung auf das Datengeheimnis entschlagen. Dies ergibt sich aus der vertragsrechtlichen Verpflichtung.

Welche Sanktion besteht für Verstöße gegen das Datengeheimnis?

Die Verletzungen des Datengeheimnisses werden als Geheimnisbruch nach § 48 DSG strafrechtlich verfolgt (vgl. Teil I, Kap. 3). Darüber hinaus können Verstöße gegen das Datengeheimnis Schadenersatzpflichten begründen, sowie Konsequenzen arbeitsrechtlicher Art (z.B. Kündigung oder Entlassung) nach sich ziehen.

Besteht das Datengeheimnis nur im privaten Bereich?

Ja. Im öffentlichen Bereich bestehen die strengeren Bestimmungen des Amtsgeheimnisses. Durch das Datengeheimnis wurde im privaten Bereich aufgrund vertraglicher Verpflichtung des Mitarbeiters eine neue Verschwiegenheitspflicht geschaffen. Daneben können auch noch weitere spezielle Verschwiegenheitspflichten, wie z.B. für Ärzte, Anwälte, aber auch für Bedienstete von Kreditinstituten, bestehen.

KAPITEL 5: DATENSICHERHEITSMASSNAHMEN

Wer hat Datensicherheitsmaßnahmen zu treffen? (§ 21 DSG)

Sowohl der Auftraggeber als auch der Dienstleister haben die erforderlichen Datensicherheitsmaßnahmen zu treffen. In der Stammfassung des DSG war die Datensicherung noch auf den Verarbeiter beschränkt. Durch die DSG-Novelle 1986 wurde überdies auf die Möglichkeit der Verbindlicherklärung von ÖNORMEN verzichtet, da sich herausgestellt hat, daß Normen im organisatorischen Bereich nicht so leicht erlassen werden können wie für rein technische Anwendungen.

Für welche Bereiche sind Datensicherheitsmaßnahmen zu treffen? (§§ 10 und 21 DSG)

Maßnahmen zur Gewährleistung der Datensicherheit sind für alle Organisationseinheiten eines Auftraggebers oder Dienstleisters zu treffen, die Daten verwenden. Im Gegensatz zum Stammgesetz wurde durch die DSG-Novelle 1986 der Bereich der Datensicherheitsmaßnahmen auf die Datenverwendung abgestellt. Früher war nur der Verarbeiter zur Erlassung von Datensicherheitsmaßnahmen verpflichtet. Mit dem Abstellen auf den Begriff des Verwendens erfolgt eine Ausweitung auf die verschiedenen Möglichkeiten des Datenverkehrs wie das Ermitteln, Verarbeiten, Benützen, Übermitteln und Überlassen von Daten (§ 3 Z. 12 DSG).

Der aus der Betriebswirtschaftslehre entlehnte Begriff der Organisationseinheit umfaßt innerhalb der privaten Rechtsträger jene Stellen, denen Aufgaben zugewiesen worden sind, und die aus einem oder mehreren Arbeitsplätzen bestehen. Im öffentlichen Bereich ist der Begriff „Organisationseinheit" beispielsweise im § 7 des Bundesministeriengesetzes 1973 geregelt.

Was soll durch die Datensicherheitsmaßnahmen erreicht werden?

Durch entsprechende Maßnahmen soll sichergestellt werden, daß die Verwendung der Daten ordnungsgemäß erfolgt und daß die Daten Unbefugten nicht zur Kenntnis gelangen. Dabei sind die Maßnahmen je nach der Art der verwendeten Daten, nach Umfang und Zweck der Verwendung, und unter Bedachtnahme auf den Stand der technischen Möglichkeiten sowie auf die wirtschaftliche Vertretbarkeit zu setzen.

Müssen die Datensicherheitsmaßnahmen der Datenschutzkommission vorgelegt werden?

Nur im Stammgesetz war die Regelung enthalten, daß die für den Verarbeiter erlassene Betriebsordnung im öffentlichen Bereich der Genehmigung der Datenschutzkommission bedarf. Durch die DSG-Novelle 1986 wurde einerseits der Regelungsumfang auf Dienstleister und Auftraggeber erweitert, andererseits auf die Zustimmung der Datenschutzkommission verzichtet.

Welche Mindestanforderungen an Datensicherheitsregelungen verlangt das Datenschutzgesetz? (§ 10 Abs. 2 DSG)

Die Datensicherheitsregelungen haben sich an folgenden Prinzipien zu orientieren:

- Kompetenzklarheit
- Auftragsprinzip
- Belehrungspflicht
- Zutrittsbeschränkung
- Zugriffsbeschränkung
- Betriebsbeschränkung
- Kontrolle
- Schriftlichkeit

Was besagt das Prinzip der Kompetenzklarheit? (§ 10 Abs. 2 Z. 1 DSG)

Dieses Prinzip drückt aus, daß die ausdrückliche Festlegung der Aufgabenverteilung zwischen Organisationseinheiten und zwischen Mitarbeitern durch klare und eindeutige Aufbauorganisation erforderlich ist. Die Voraussetzung für rechtmäßiges Handeln besteht unter anderem darin, daß klargestellt ist, welche Organisationseinheit im Rahmen ihrer Befugnisse oder über ihre Befugnisse hinaus handelt. Hinsichtlich der Aufgaben ist eine Organisationseinheit bestimmt durch die Aufgabenart, den Aufgabenumfang und Weisungsbefugnisse. Die generelle Festlegung der Kompetenzen erfolgt für ein Unternehmen in der Stellenbeschreibung. Hiebei sollte auch auf die datenschutzrechtlich relevanten Aufgaben Bezug genommen werden.

Was bedeutet das Auftragsprinzip? (§ 10 Abs. 2 Z. 2 DSG)

Mit dem Auftragsprinzip ist die Bindung der Datenverwendung an gültige Aufträge durch anordnungsbefugte Organisationseinheiten und anordnungsbefugte Mitarbeiter verbunden. Als logische Konsequenz der Zuordnung von Aufgaben zu verschiedenen Organisationseinheiten (Kompetenzklarheit) ergibt sich, daß nur ein Teil der Mitarbeiter dieser Organisationseinheiten Aufträge im Bereich der Datenverarbeitung erteilen kann. Die Regelung der Anordnungsbefugnisse hat insbesondere im Bereich von Übermittlungen besondere Bedeutung.

Was bedeutet das Prinzip der Belehrungspflicht? (§ 10 Abs. 2 Z. 3 DSG)

Jeder Mitarbeiter muß über seine Pflichten nach

- dem DSG
- den innerorganisatorischen Datenschutzvorschriften und
- den Datensicherheitsvorschriften

entsprechend belehrt werden. Aus Gründen der Dokumentation sollte diese Belehrung nachweislich erfolgen. Hinzu tritt die regelmäßige, aktualisierte Information und Schulung in der Handhabung von Sicherheitsmaßnahmen. Als praktikable Vorgangsweise hat sich diesbezüglich erwiesen, einmal jährlich die Mitarbeiter in Umlaufform auf die bestehenden Verpflichtungen zu verweisen und Änderungen von Sicherheitsvorschriften bekanntzugeben.

Was bedeutet das Prinzip der Zutrittsbeschränkung? (§ 10 Abs. 2 Z. 4 DSG)

Um die Möglichkeiten des Mißbrauchs von vornherein wesentlich zu beschränken, soll durch eine einschränkende Regelung des Zutritts zu den Räumen des Auftraggebers oder des Dienstleisters das Risiko von vornherein minimiert werden. Dabei werden die Schutzmaßnahmen unterschiedlich sein, je nachdem, ob es sich um die Räumlichkeiten des Rechenzentrums, eigene Sicherheitszonen oder um Bildschirmarbeitsplätze in Büroräumen handelt.

Was bedeutet das Prinzip der Zugriffsbeschränkung? (§ 10 Abs. 2 Z. 5 DSG)

Durch die Zunahme von Datenstationen und die Einbindung in einen Online-Betrieb ist es praktisch für jeden, der über eine Datenstation verfügt, möglich, Zugang zu Daten und Programmen zu erhalten. Durch einschränkende Regelung soll dieser Zugriff auf das erforderlich Maß beschränkt werden. Hinzu tritt die Notwendigkeit des Schutzes der Datenträger vor Einsicht und Verwendung durch Unbefugte.

Als Maßnahmen zur Sicherstellung, daß nur Berechtigte Zugriff erhalten, können angesehen werden:
- Ausweisleser
- Schlüssel
- Benutzerkennzeichen
- Passwort
- Protokollierung von unbefugten Zugriffsversuchen
- Abschaltung nach mehreren unberechtigten Versuchen
- individuelle Zugriffsberechtigungen in Datenbanksystemen etc.

Was bedeutet das Prinzip der Betriebsbeschränkung? (§ 10 Abs. 2 Z. 6 DSG)

Durch eine einschränkende Festlegung der Berechtigung zum Betrieb der Datenverarbeitungsanlagen soll eine Absicherung gegen unbefugte Inbetriebnahme erfolgen. Dies wird vor allem durch Vorkehrungen bei den eingesetzten Maschinen oder Programmen erreicht. Als Maßnahmen zur Regelung des Berechtigungsumfanges zum Betrieb von Datenverarbeitungsanlagen sind anzusehen:
- Beschränkung der Zugangsmöglichkeiten
- Schlüssel
- Ausweisleser
- Einschränkung des Berechtigungsumfanges für Inbetriebnahme
- Protokollierung unberechtigter Versuche einer Inbetriebnahme

- Closed-Shop-Betrieb („Geschlossener Betrieb" des Rechenzentrums; eingeschränkter Zutritt)
- Überwachung außerhalb der Betriebszeiten (z.b. Wochenende)

Was bedeutet das Prinzip der Kontrolle? (§ 10 Abs. 2 Z. 7 DSG)

Einerseits soll durch die Führung von Aufzeichnungen eine Nachvollziehung der Verarbeitungsvorgänge ermöglicht werden. Andererseits soll aufgrund dieser Aufzeichnungen eine Prüfung erfolgen, ob die erforderlichen Datensicherheitsmaßnahmen auch eingehalten worden sind. Als wesentlicher Ansatzpunkt für die Kontrolle sind die Maßnahmen zur Sicherstellung einer entsprechenden Dokumentation zu verstehen, wie etwa:

- Programmdokumentation
- Benutzerhandbücher
- Rechenzentrumsdokumentation
- Datensicherungsplan (inklusive Auslagerung)
- Protokollierung von Übermittlungen
- Regelung der Aufbewahrungsdauer von Programmen, Daten und Protokollen

Was bedeutet das Prinzip der Schriftlichkeit? (§ 10 Abs. 3 DSG)

Im DSG wird die Schriftlichkeit der Datensicherheitsmaßnahmen nicht ausdrücklich verlangt. Allerdings soll die Erlassung von Datensicherheitsvorschriften und deren Bereitstellung so erfolgen, daß sich die Bediensteten jederzeit über die für sie geltenden Regelungen informieren können. Dies setzt praktisch die Schriftlichkeit der Regelungen voraus. Zur raschen und aktuellen Information des Bediensteten in Fragen des Datenschutzes und der Datensicherheit sind vor allem die folgenden Regelungen anzusehen:

- Datensicherheitsvorschriften
- Regelung der Übermittlungsbefugnis
- Regelung des Auskunftsverfahrens inklusive Richtigstellung und Löschung
- Grundsätze bei individueller Datenverarbeitung (PC-Einsatz)

KAPITEL 6: MELDUNG VON AUFTRAGGEBERN UND VERARBEITUNGEN

Warum wurde eine Meldungspflicht im DSG vorgesehen?

Die Möglichkeit für den Betroffenen, darüber Kenntnis zu erhalten, wo Daten in welcher Art über ihn gespeichert werden, stellt einen international anerkannten Datenschutzgrundsatz dar. Dieser Grundsatz der Absicherung des Betroffenen ist durch die generelle Publizität in Form der Registrierung von Auftraggebern und Verarbeitungen realisiert.

Wer ist zur Registrierung verpflichtet?

Jeder Auftraggeber einer Datenverarbeitung ist dazu verpflichtet, bei der erstmaligen Aufnahme einer Datenverarbeitung eine Meldung an das Datenverarbeitungsregister vorzunehmen. Eine Registrierungspflicht für Dienstleister besteht seit der DSG-Novelle 1986 nicht mehr.

Welche Mindestangaben sind bei der Meldung von Auftraggebern anzugeben?

Der Auftraggeber im privaten Bereich hat dem Datenverarbeitungsregister seinen Namen (sonstige Bezeichnung), Anschrift und den berechtigten Zweck zur Eintragung zu melden (§ 22 Abs. 1 DSG). Darüber hinaus sind die zur Glaubhaftmachung dieser Angaben notwendigen Unterlagen vorzulegen, sowie Änderungen dieser Umstände unverzüglich zu melden. Soweit der Auftraggeber nur Standardverarbeitungen gemäß § 23 Abs. 4 DSG durchführt, hat er anzugeben, welche Standardverarbeitungen er vornimmt.

Bei der Eintragung wird dem Auftraggeber eine Registernummer zugeteilt, die er bei jeder Übermittlung von Daten und bei Mitteilungen an den Betroffenen zu führen hat (§ 22 Abs. 3 DSG).

Im öffentlichen Bereich hat der Auftraggeber gemäß § 8 Abs. 2 DSG neben der Bezeichnung, der Anschrift und der allenfalls bereits zugeteilten Registernummer den Zweck der zu registrierenden Datenverarbeitung, ihre Rechtsgrundlage, sowie die Kreise der Betroffenen und die sie betreffenden Datenarten anzuführen. Soweit Standardverarbeitungen vorgenommen werden, sind diese dem Datenverarbeitungsregister mitzuteilen.

Kann bei der „Verarbeitung für eigene Zwecke" an Stelle der Registrierung eine Information der Betroffenen treten?

Seit der DSG-Novelle 1986 besteht diese Möglichkeit nicht mehr. Es müssen daher zumindest jene Daten des Auftraggebers dem Register gegenüber bekanntgegeben werden, die die Identifikation des Rechtsträgers ermöglichen. Darüberhinaus sind auch die Bezeichnungen der durchgeführten Standardverarbeitungen, soweit solche gegeben sind, als Mindestangaben zu melden (siehe oben).

Was sind Standardverarbeitungen? (§ 23 Abs. 4 DSG)

Mit Verordnung des Bundeskanzlers können Typen von Datenverarbeitungen und Übermittlungen zu Standardverarbeitungen (Standardübermittlungen) erklärt werden. Dies ist dann der Fall, wenn von einer großen Anzahl von Auftraggebern Verarbeitungen in gleichartiger Weise vorgenommen werden, wobei ihr Inhalt durch Gesetz oder durch Vertrag mit den Betroffenen vorgegeben ist.

Solche Standardverarbeitungen sind von der Meldungspflicht für Datenverarbeitungen ausgenommen. Nur ausnahmsweise kann in dieser Verordnung ausdrücklich die Meldungspflicht dann angeordnet werden, wenn dies im Hinblick auf schutzwürdige Geheimhaltungsinteressen der Betroffenen geboten erscheint.

Welche Verarbeitungen stellen Standardverarbeitungen im Privatbereich dar?

Die Verordnung des Bundesministers für Gesundheit und öffentlicher Dienst vom 11. Juni 1987, BGBl. Nr. 261, über Standardverarbeitungen, Standardübermittlungen und Standardüberlassungen nach dem Datenschutzgesetz (Standard-Verordnung) sieht folgende Standardverarbeitungen vor (vgl. Anhang 2):

- Kundenverkehr
- Lieferantenverkehr
- Personalverwaltung
- Finanzbuchhaltung
- Personentransport und Hotelreservierung
- Mitgliederverwaltung.

Welche Standardverarbeitungen gibt es im öffentlichen Bereich?

Gemäß § 8 Abs. 3 DSG können auch für den öffentlichen Bereich Typen von Datenverarbeitungen und Übermittlungen, die von einer großen Anzahl von Auftraggebern in gleichartiger Weise vorgenommen werden, durch Verordnung des Bundeskanzlers als Standardverarbeitungen angeführt werden. Voraussetzung dafür ist überdies, daß der Inhalt dieser Verarbeitungen durch Gesetz oder Vertrag mit dem Betroffenen vorgegeben ist. Standardverarbeitungen unterliegen nicht der erweiterten Meldepflicht gemäß § 8 Abs. 2 DSG. In diesen Fällen ist dem Datenverarbeitungsregister nur die Bezeichnung der Standardverarbeitung mitzuteilen.

Im öffentlichen Bereich gelten aufgrund der oben zitierten Standard-Verordnung folgende Standardverarbeitungen (vgl. Anhang 2):

- Abgabenverwaltung der Gemeinden
- Abgabenverwaltung der Länder
- Abgabenverwaltung des Bundes
- Haushaltslisten
- Lohnsteuerkarten

- Haushaltsführung der Gebietskörperschaften
- Geschwornen- und Schöffenlisten
- Verwaltung von Bedienerkennzeichen.

Können Standardverarbeitungen erweitert werden?

Mit dem Begriff „Standardverarbeitung" ist zwingend verbunden, daß der Zweck der Verarbeitung, die Betroffenenkreise, die Datenarten und die Empfänger exakt definiert sind. Erfolgt daher vom Auftraggeber eine Erweiterung etwa der Betroffenenkreise oder der Datenarten, handelt es sich nicht mehr um eine Standardverarbeitung. In diesem Fall besteht die volle Registrierungspflicht nach der Datenverarbeitungsregisterverordnung 1987.

Was ist zu melden, wenn keine Standardverarbeitung vorliegt?

Handelt es sich um keine Standardverarbeitung, so hat der Auftraggeber Datenverarbeitungen und Übermittlungen bei Aufnahme zur Registrierung zu melden.

Diese Meldung im privaten Bereich hat gemäß § 23 Abs. 2 DSG zu enthalten:

1. Den Namen (die sonstige Bezeichnung) und die Anschrift des Auftraggebers;
2. Die Registernummer des Auftraggebers, sofern ihm eine solche bereits zugeteilt wurde;
3. Den Zweck der zu registrierenden Datenverarbeitung;
4. Die Kreise der von der Datenverarbeitung Betroffenen und die verarbeiteten Datenarten;
5. Im Falle vorgesehener Datenübermittlung, die Kreise der von der Übermittlung Betroffenen, die zu übermittelnden Datenarten und die zugehörigen Empfängerkreise sowie, wenn Übermittlungen ins Ausland vorgesehen sind, die Angabe des Empfängerstaates;
6. Soweit eine Genehmigung für den internationalen Datenverkehr gemäß §§ 32 – 34 DSG einzuholen ist, die Geschäftszahl der Genehmigung der Datenschutzkommission.

Im öffentlichen Bereich sind gemäß § 8 Abs. 2 DSG neben jenen Angaben, die der Identifikation des Rechtsträgers dienen, der Zweck der zu registrierenden Datenverarbeitung, ihre Rechtsgrundlage, sowie die Kreise der von der Datenverarbeitung Betroffenen und die über sie verarbeiteten Datenarten anzuführen. Übermittlungen von Daten sind gemäß § 23 Abs. 2 Z. 5 und 6 DSG zur Registrierung zu melden.

Welche Registrierungsformulare gibt es?

Aufgrund der Datenverarbeitungsregisterverordnung vom 11. Juni 1987, BGBl. Nr. 260 (DVR-VO 1987), werden zwei unterschiedliche Formblätter verwendet. Ein Formblatt „Meldung" mit den generellen Angaben zum Auftraggeber und ein Formblatt „Einlagebogen", in dem die Meldungsangaben je Verarbeitung anzugeben sind (vgl. Anhang 2).

Welche Angaben sind im Formblatt „Meldung" vorgesehen?

Für die allgemeine Registrierung des Auftraggebers sind folgende Angaben vorgesehen:
1. Registernummer;
2. Name, Firma, (sonstige) Bezeichnung;
3. Anschrift;
4. Sachbearbeiter;
5. Zustellungsempfänger, Zustellanschrift;
6. Art der Meldung;
7. Zuordnung des Auftraggebers zum privaten oder öffentlichen Bereich;
8.1 Gewerbliche, berufliche oder sonstige Tätigkeit, für die Datenverarbeitung eingesetzt wird;
8.2 Nachweis der Berechtigung der in Punkt 8.1 angeführten Tätigkeit(en), der durch die Beilage von Dokumenten – allenfalls in Kopie – erbracht wird;
9.1 Standardverarbeitungen für den privaten Bereich;
9.2 Standardverarbeitungen für den öffentlichen Bereich;
10. Anzahl der beiliegenden Einlagebogen, Anzahl der sonstigen Beilagen;
11. Bestätigung der Richtigkeit und Vollständigkeit der Meldung.

Welche Angaben sind im Formblatt „Einlagebogen" vorgesehen?

Für die Registrierung der einzelnen Verarbeitungen eines Auftraggebers ist anzugeben:
1. Registernummer;
2. Name, Anschrift (Stempel);
3. Laufende Nummer des Einlagebogens;
4. Sachbearbeiter;
5. Art der Meldung;
6. Zuordnung der Meldung der Datenverarbeitung zum privaten oder öffentlichen Bereich;
7. Für welchen Teil der Tätigkeit diese Datenverarbeitung durchgeführt wird (Zweck der Verarbeitung);
8. Aufgrund welcher materiell-rechtlichen Rechtsgrundlage(n) die unter Punkt 7 angeführte Tätigkeit vollzogen wird;
9. An wen verarbeitete Daten übermittelt werden, wobei je eine Spalte für die laufende Nummer und die Empfänger(kreise) samt Empfängerstaaten vorgesehen ist;
10. Welche Daten verarbeitet werden, wobei je eine Spalte für die Zeilennummer, die Personengruppen, deren Daten verarbeitet werden, die Daten(ar-

ten) zu den angeführten Personengruppen, die Empfänger(kreise), an die Daten übermittelt werden, vorgesehen ist.

11. Geschäftszahl des Genehmigungsbescheides für den internationalen Datenverkehr.

Was ist unter Zweck der zu registrierenden Datenverarbeitung zu melden?

Im § 17 Abs. 1 DSG wird normiert, daß Daten nur ermittelt und verarbeitet werden dürfen, soweit Zweck und Inhalt der Datenverarbeitung in dem berechtigten Zweck des Rechtsträgers gedeckt sind. Diesem berechtigten Zweck des Rechtsträgers entsprechen verschiedene Tätigkeitsbereiche, wobei für jede einzelne dieser Tätigkeiten (Datenverarbeitungen) ein eigener Einlagebogen zu verwenden ist.

Beispiele für Zwecke der Datenverarbeitung:
- Werbeaussendungen
- Finanzbuchhaltung
- Abschluß und Bearbeitung von Lieferungs- und Leistungsaufträgen
- Personalinformationssystem

Was ist unter Kreise der von der Datenverarbeitung Betroffenen und der über sie verarbeiteten Datenarten zu melden?

Jene Personengruppen, deren Daten verarbeitet werden, werden unter Betroffenenkreise zusammengefaßt. Beispiele für Betroffenenkreise:
- Dienstnehmer
- Lieferanten
- Kunden
- Gesellschafter
- Kapitalgeber
- Gäste
- Funktionäre
- Spender
- Mitglieder

Die über die Betroffenen verarbeiteten Datenarten sind so zu bezeichnen, daß sie eine Zusammenfassung einzelner Datenfelder ergeben, allerdings noch immer konkret genug sind, um den Betroffenen ausreichend Informationen über den Inhalt zu bieten. Beispiele für **Datenarten:**
- Name
- Anschrift
- Beruf

- Mahndaten
- Bankverbindungen
- Leistungspalette
- Bonität
- Umsatz, Salden
- Arbeitsentgelt und Abzüge
- Arbeitszeit
- Aufwandsentschädigung
- Daten aus der Lohnsteuerkarte
- Daten aus der Familienbeihilfenkarte
- Gewerkschaftsmitgliedschaft
- Mutterschutz
- Kammerzugehörigkeit

Was ist unter Kreise der von der Übermittlung Betroffenen, die zu übermittelnden Datenarten und die zugehörigen Empfängerkreise zu melden?

Bei vorgesehenen Datenübermittlungen handelt es sich um jene geplanten Übermittlungen, die regelmäßig erfolgen, wie etwa die Weitergabe der Bezugsdaten an die Bank zum Zwecke der Gehaltsauszahlung oder die Meldung an die Sozialversicherungsträger. Die Durchführung der Meldung im Einlagebogen erfolgt derart, daß je angeführten Betroffenenkreis und Datenart der Empfängerkreis zu bezeichnen ist. Im Hinblick darauf, daß die Bezeichnung in Punkt 9 des Einlagebogens sowohl mit laufender Nummer als auch mit Empfängerkreis erfolgt, ist unter Punkt 10, Spalte 3, nur mehr die entsprechende laufende Nummer anzuführen. Entsprechende Musterbeispiele siehe Anhang 2. Als Beispiele für **Empfängerkreise** wären zu nennen:

- Banken
- Vertragspartner
- Sozialversicherungsträger
- Betriebsrat
- Arbeitsamt
- Finanzamt
- Konzernunternehmen
- Versicherungsanstalten

Zusammenfassung der Meldungspflichten im privaten Bereich

Keine Meldepflicht:	Verarbeitungen für ausschließlich private Zwecke (§ 17 Abs. 2 DSG); Standardverarbeitungen gemäß § 23 Abs. 4 DSG, allerdings Angabe der Standardverarbeitung (§ 22 Abs. 2 DSG).
Meldepflicht:	Jeder Auftraggeber einer Datenverarbeitung (§ 17 Abs. 1 DSG); Verarbeitungen, die keine Standardverarbeitung sind (§ 23 Abs. 2 DSG).

Im öffentlichen Bereich besteht nur dann keine Meldungspflicht, wenn es sich um eine Standardverarbeitung gemäß § 8 Abs. 3 DSG handelt; diese ist aber dem Register mitzuteilen.

Besteht eine Protokollierungspflicht von Übermittlungen? (§§ 7 Abs. 4, 18 Abs. 5 DSG)

Soweit es sich um Standardübermittlungen aus Standardverarbeitungen handelt, besteht keine Protokollierungspflicht. Bei allen anderen Verarbeitungen ist zu unterscheiden, ob es sich um vorgesehene Datenübermittlungen handelt oder nicht. Vorgesehene Datenübermittlungen sind jene, die bereits im Rahmen des Verfahrensablaufes vorgesehen sind. Diese müssen gemäß § 23 Abs. 2 registriert werden, und es besteht in diesem Fall keine weitere Protokollierungspflicht. Somit besteht eine Protokollierungspflicht nur bei jenen Übermittlungen, die ablaufmäßig nicht vorgesehen waren und daher im Einzelfall erfolgen. Die Protokollierung hat vor allem Bedeutung hinsichtlich der Erfüllung der Auskunft an den Betroffenen, da der Betroffene gemäß § 25 DSG auch Auskunft über die Empfänger von Übermittlungen verlangen kann. Einer gesonderten Regelung bedarf die Aufbewahrungsdauer solcher Übermittlungsprotokolle, die das DSG nicht festlegt.

Welche Gebühren sind mit der Durchführung der Registrierung verbunden? (§ 24 DSG)

Für Registermeldungen im privaten Bereich sind Registrierungsgebühren gemäß § 24 DSG und § 10 Datenverarbeitungsregisterverordnung in folgender Höhe zu entrichten:

	Erstmeldung	Änderungen oder Meldung weiterer Verarbeitungen
Nichtstandardverarbeitung	S 700,—	S 150,—
Standardverarbeitung	S 150,—	S 150,—

Diese Registrierungsgebühr ist vor dem Einbringen der Meldung auf das im Formblatt „Meldung" angegebene Konto einzuzahlen. Ohne diesen Nachweis über die Entrichtung der Registrierungsgebühr erfolgt keine Registrierung. Für Registermeldungen im öffentlichen Bereich fallen keine Registrierungsgebühren an.

Inwieweit müssen Registrierungen, die vor dem Inkrafttreten der Novelle bereits erfolgt sind, wiederholt werden?

Abgeschlossene Registrierungen erfordern keine neuerliche Meldung. Mit Artikel III der DSG-Novelle 1986 wurden jedoch Übergangsbestimmungen auch zum Registrierungsverfahren festgelegt. Soweit Registrierungsverfahren zum Zeitpunkt des Inkrafttretens der DSG-Novelle noch nicht beendet sind, sind sie nach den Bestimmungen der DSG-Novelle durchzuführen. Hinsichtlich der seinerzeit vorgesehenen Information der Betroffenen bei Verarbeitung für eigene Zwecke gemäß § 22 Stammgesetz in der alten Fassung war eine neue Registrierung nach den geänderten Bestimmungen vorzunehmen, soweit der Umfang der Verarbeitung über eine Standardverarbeitung hinausgeht; die dafür erforderliche Meldung war bis 1.1.1988 zu erstatten.

KAPITEL 7: AUSKUNFT

Wer hat ein Recht auf Auskunft? (§§ 11 und 25 DSG)

Jeder Betroffene kann bei Nachweis seiner Identität beim Auftraggeber Auskunft über seine Daten verlangen. Betroffener ist dabei nicht nur eine natürliche, sondern auch eine juristische Person oder eine Personengemeinschaft. Diesem Recht des Betroffenen, das bereits im Grundrecht des § 1 DSG verankert ist, steht die Auskunftspflicht des Auftraggebers gegenüber.

Wie erfolgt der Nachweis der Identität?
Wie kann die Zustellung nur an den Betroffenen sichergestellt werden?

Bei einer persönlichen Vorsprache ist die Identitätsprüfung am leichtesten, etwa durch Ausweisleistung, durchzuführen. Bei schriftlichen Ansuchen um Auskunft kann die Identifikation durch eine Kopie des Meldezettels erfolgen. Bei der Zustellung kann das eingeschriebene Rücksenden in den meisten Fällen als ausreichend angesehen werden. Handelt es sich um derart sensible Daten, daß das Risiko der Einsichtnahme durch Unberechtigte auf keinen Fall bestehen darf, ist auch denkbar, daß der Betroffene verständigt wird, die über ihn gespeicherten Daten persönlich abzuholen.

Im öffentlichen Bereich besteht darüber hinaus die Möglichkeit, die Zustellung zu eigenen Handen des Antragstellers (RSa) vorzunehmen.

Was umfaßt die Auskunft?

Da der Betroffene Auskunft über eine bestimmte Verarbeitung erhalten möchte, sind die konkreten Daten des Betroffenen aus dieser Datenverarbeitung der Kern des Auskunftsrechtes. Dabei dürfen allerdings nicht nur generell Datenarten genannt werden, sondern es müssen die konkreten Einzeldaten, z.B. der konkrete Kontenstand genannt werden. Zu diesen Daten ist auch jeweils deren Herkunft bekanntzugeben. Bezüglich der Herkunft der Daten gibt es entweder die Möglichkeit, daß diese Daten vom Betroffenen selbst stammen, vom Auftraggeber auf andere Weise (z.B. als Ergebnisse der Verarbeitung) gewonnen oder ihm von einem Dritten übermittelt worden sind. Bezüglich der Beauskunftung der Herkunft gibt es eine terminliche Grenze insoweit, als nur jene Daten, die nach dem 1.1.1979 ermittelt wurden, gemäß § 58 Abs. 8 DSG zu beauskunften sind.

Auf Verlangen des Betroffenen muß auch Auskunft über die Empfänger von Übermittlungen erteilt werden.

Nur im öffentlichen Bereich sind überdies die Rechtsgrundlagen für die Ermittlung, Verarbeitung, Benützung und Übermittlung zu beauskunften.

In welcher Form kann die Auskunft erteilt werden?

Die Auskunft ist binnen vier Wochen und grundsätzlich in schriftlicher, allgemein verständlicher Form zu erteilen. Es genügt daher nicht, einen Computerausdruck mit allfälligen Codes ohne entsprechende Kommentierung zur Verfügung zu stellen. Abkürzungen und codierte Felder sind derart zu verdeutlichen, daß unter Anlegung einer Durchschnittsbetrachtung die Verständlichkeit der Auskunft für den Betroffenen sichergestellt ist.

Im privaten Bereich besteht die Möglichkeit, sofern der Betroffene damit einverstanden ist, die Auskunft auch mündlich zu erteilen. Darüberhinaus kann die Auskunft auch durch Einsichtnahme und die Möglichkeit der Abschrift oder Ablichtung erfolgen. Allerdings wird es sich empfehlen, aus Gründen der Nachweisführung über die erfolgte Auskunftserteilung zumindest die Tatsache der Auskunftserteilung zu protokollieren.

Im öffentlichen Bereich ist nur die schriftliche Auskunfterteilung vorgesehen.

Ist bei der Auskunft auch der Dienstleister bekanntzugeben? (§ 25 Abs. 2 DSG)

Soweit Daten nach § 19 DSG (Dienstleistung im Datenverkehr) verarbeitet werden, sind auch Name und Anschrift des Dienstleisters bei der Auskunft bekanntzugeben.

Unter welchen Voraussetzungen muß im privaten Bereich keine Auskunft erteilt werden?

Soweit gesetzliche Verschwiegenheitspflichten wie z.B. bei Ärzten, Rechtsanwälten, Wirtschaftstreuhändern etc. bestehen, bleiben diese von der Auskunftspflicht unberührt (§ 25 Abs. 5 DSG). Eine Auskunft muß auch dann nicht erteilt werden, wenn dadurch überwiegende berechtigte Interessen des Auftraggebers oder eines Dritten gefährdet werden (§ 25 Abs. 6 DSG). Die erforderliche Interessensabwägung wird einerseits unter Berücksichtigung des Grundrechtes (§ 1 DSG) und andererseits im Hinblick auf allfällige Benachteiligungen für den Auftraggeber selbst zu beurteilen sein. Der Betroffene hat einen Anspruch darauf, daß er die Ablehnung samt schriftlicher Begründung innerhalb von vier Wochen ab Einlangen des Auskunftsantrages erhält (§ 25 Abs. 6 und 7 DSG).

Welche Gründe gibt es, im öffentlichen Bereich keine Auskunft zu erteilen?

Bei Daten, die aufgrund eines Gesetzes oder einer Verordnung bei überwiegendem öffentlichen Interesse auch dem Betroffenen gegenüber geheimzuhalten sind, besteht keine Verpflichtung zur Auskunft (§ 11 Abs. 1 DSG).

Weitere Gründe für die Beschränkung der Auskunft sind:

- Schutz verfassungsmäßiger Einrichtungen und Zwecke der Strafrechtspfleger
- Zwecke der Sicherung der Einsatzbereitschaft des Bundesheeres
- Zwecke der umfassenden Landesverteidigung (§ 4 Abs 3 DSG)
- Strafregister (§ 55 Abs. 2 DSG)
- Medienunternehmen (§ 54 DSG)
- Automationsunterstütztes Mahnverfahren (§ 453a ZPO)
- Patentregister (Artikel III Patentrechtsnovelle 1984)

- Amtsverschwiegenheit
- Verletzung von Datenschutzrechten Dritter

Besteht eine Mitwirkungspflicht des Betroffenen am Auskunftsverfahren?

Mit der DSG-Novelle 1986 wurde eine Pflicht des Betroffenen geschaffen, am Auskunftsverfahren entsprechend mitzuwirken. Dabei kann der Auskunftswerber entweder diejenigen Datenverarbeitungen bezeichnen, bezüglich derer er Betroffener sein kann, oder er hat glaubhaft zu machen, daß er irrtümlich oder mißbräuchlich in Datenbeständen des Auftraggebers enthalten ist (§§ 11 Abs. 2 und 25 Abs. 3 DSG).

Mit dieser neuen Regelung soll eine ökonomischere Durchführung des Auskunftsverfahrens insoferne sichergestellt werden, als nicht auch jene Verarbeitungen mit zum Teil großem Aufwand nach Daten durchsucht werden, in denen der Betroffene (z.b. ein Kunde) von vornherein nicht enthalten sein kann (z.b. Lieferanten eines Unternehmens). Eine zweckdienliche Informationsquelle bietet dem Betroffenen das Datenverarbeitungsregister, in dem alle Verarbeitungen mit den Kreisen der Betroffenen registriert sind. Darüber hinaus kann der Betroffene durch Vorlage automationsunterstützt erstellter Schriftstücke oder Adressenaufkleber glaubhaft machen, daß er irrtümlich oder mißbräuchlich in Datenbeständen des Auftraggebers enthalten ist. Umgekehrt ergibt sich daraus, daß, wenn der Betroffene seine Mitwirkung im Auskunftsverfahren verweigert, der Auftraggeber von der Auskunftserteilung absehen kann.

Unter welchen Voraussetzungen muß die Auskunft kostenlos erteilt werden? (§§ 11 Abs. 4 und 25 Abs. 4 DSG)

Durch die DSG-Novelle 1986 wurde eine Neuregelung bezüglich der unentgeltlichen Auskunft getroffen. Demnach ist die Erteilung einer Auskunft dann unentgeltlich, wenn sie den aktuellen Datenbestand betrifft und wenn der Auskunftswerber im laufenden Jahr noch kein Auskunftsersuchen an den Auftraggeber betreffend dasselbe Aufgabengebiet gestellt hat.

Der aktuelle Datenbestand beinhaltet jene Daten, die sich in direktem Zugriff befinden. Mangels eines solchen ist der letztgültige Datenbestand darunter zu verstehen. Als weitere Besonderheit ist anzumerken, daß nicht auf eine einzelne Datenverarbeitung, sondern auf ein Aufgabengebiet abgestellt wird. Das bedeutet, daß eine in einem Jahr gewährte kostenlose Auskunft über eine bestimmte Datenverarbeitung bei einer weiteren Auskunft im selben Kalenderjahr über eine andere Datenverarbeitung desselben Aufgabengebietes eine Kostenersatzpflicht bewirkt.

Unter welchen Voraussetzungen ist daher die Auskunft entgeltlich?

Aus dem oben Ausgeführten ergibt sich, daß ein Auskunftsantrag, der auf den historischen Datenbestand eines Aufgabengebietes gerichtet ist, jedenfalls nur gegen Entgelt behandelt werden muß. Aber auch bei aktuellen Datenbeständen gibt es die Möglichkeit der Entgeltlichkeit dann, wenn es sich entweder um einen Wiederholungsantrag für die gleiche Datenverarbeitung im selben Jahr oder um den erstmaligen Antrag für eine andere Datenverarbeitung desselben Aufgabengebietes handelt.

Höhe des Entgelts für die Auskunft (§§ 11 Abs. 4 und 25 Abs. 4 DSG)

Im privaten Bereich darf der Kostenersatz nicht über die notwendigen tatsächlich erwachsenden Kosten hinausgehen. Soweit daher nicht aus organisatorischen Gründen Pauschalbeträge vorgesehen sind, erfordert dies die Festlegung der Kosten im Einzelfall.

Im öffentlichen Bereich ist ein pauschalierter Kostenersatz vorgesehen, der durch die jeweilige Datenschutzverordnung nach Anhörung des Datenschutzrates festgelegt wird. Damit verbunden ist die generelle Festlegung für künftige Auskunftsfälle, sodaß im Einzelfall nur mehr beurteilt werden kann, ob durch einen besonders hohen Aufwand ein allenfalls vorgesehener höherer Pauschalsatz Anwendung findet.

Unter welchen Voraussetzungen müssen die Auskunftskosten rückerstattet werden? (§§ 11 Abs. 4 und 25 Abs. 4 DSG)

Das geleistete Entgelt für die Auskunftserteilung ist dann rückzuerstatten, wenn sich im Rahmen der Auskunft herausstellt, daß die Daten entweder rechtswidrig verwendet wurden oder wenn die Auskunft sonst zu einer Richtigstellung geführt hat. Weitere Schadenersatzansprüche sind davon unberührt.

Unter welchen Voraussetzungen kann von der Bearbeitung des Auskunftsersuchens abgesehen werden? (§§ 11 Abs. 4 und 25 Abs. 4 DSG)

Von der weiteren Bearbeitung eines Auskunftsersuchens kann dann abgesehen werden, wenn der Betroffene nicht am Verfahren mitwirkt (siehe oben) oder das vorgeschriebene Entgelt nicht entrichtet worden ist. Der Auftraggeber ist verpflichtet, die Kosten für die Auskunft innerhalb der Auskunftsfrist von vier Wochen bekanntzugeben. Aus Gründen der Nachweisführung wird es sich empfehlen, dies schriftlich zu dokumentieren. Erst durch die Einzahlung des vorgeschriebenen Betrages durch den Betroffenen läuft das Auskunftsverfahren weiter. Gibt der Auftraggeber die Kosten nicht bekannt, so ist dies einer rechtswidrigen Verweigerung der Auskunft gleichzuhalten!

Dürfen Daten nach Vorliegen eines Auskunftsverlangens noch gelöscht werden? (§ 25 Abs. 8 DSG)

Der Auftraggeber darf ab dem Zeitpunkt der Kenntnis eines Auskunftsverlangens diese Daten innerhalb eines Zeitraumes von vier Monaten nicht löschen. Im Falle der Anhängigkeit eines zivilgerichtlichen Verfahrens darf sogar bis zum rechtskräftigen Abschluß keine Löschung dieser Daten erfolgen. Mit dieser Regelung soll vor allem verhindert werden, daß eine Schädigung der Interessen des Betroffenen dadurch eintritt, daß unmittelbar nach Einlangen eines Auskunftsverlangens die betreffenden Daten mit der Absicht gelöscht werden, in der Folge eine negative Auskunft geben zu können. Dieses Löschungsverbot gilt allerdings nicht für jene regelmäßig vorgesehenen und daher im vorhinein angeordneten Überschreibungsvorgänge, die vor allem bei Großrechenzentren eine vom Einzelfall unabhängige Überschreibung von Archivbeständen zu festgelegten Zeiten vorsieht.

Welche Prüfpunkte sind beim Ablauf der Auskunftserteilung im privaten Bereich zu beachten?

Die folgende Zusammenstellung soll als Checkliste dazu dienen, den Ablauf des Auskunftsverfahrens rechtlich korrekt abzuwickeln:

- Vorliegen eines Auskunftsverlangens nach DSG
- Identitätsnachweis des Betroffenen
- Verlangen nach schriftlicher Auskunftserteilung oder Einverständnis mit mündlicher Auskunft oder Einsichtnahme bzw. Möglichkeit der Abschrift oder Ablichtung
- Klärung von Art und Umfang des Auskunftsbegehrens
- Liegen Gründen für eine Verweigerung der Auskunft vor?
- Prüfung der Voraussetzungen für eine kostenlose Auskunftserteilung
- Ermittlung und Bekanntgabe eines allfälligen Kostenersatzes samt Erlagschein für die Einzahlung
- Warten auf Nachweis der Einzahlung
- Einzahlung des Betrages durch den Betroffenen (Beginn der Frist von vier Wochen für die Durchführung der Auskunft)
- Beschaffung der erforderlichen Unterlagen
- Zusammenstellung und Erläuterung der Daten in allgemein verständlicher Form bzw. Mitteilung, daß keine Daten vorliegen
- Versendung an den Betroffenen oder Verständigung, daß die Daten zur Einsicht bereitgestellt sind.

KAPITEL 8: RICHTIGSTELLUNG UND LÖSCHUNG

Wann besteht eine Pflicht zur Richtigstellung von Daten?

Über begründetes Ansuchen des Betroffenen sind Daten dann richtigzustellen, wenn sie unrichtig oder unvollständig sind (§§ 12 Abs. 1 und 26 Abs. 1 DSG). Erfolgt die Feststellung des der Verarbeitung zugrundezulegenden Sachverhaltes nicht binnen zwölf Wochen nach dem Einlangen eine Antrages des Betroffenen, so ist dies dem Antragsteller unter Angabe des Grundes unverzüglich schriftlich mitzuteilen (§ 12 Abs. 3 DSG). Soweit die Daten nicht ausschließlich aufgrund von Angaben des Betroffenen selbst ermittelt wurden, obliegt die Beweislast für die Richtigkeit der Daten dem Auftraggeber (§ 12 Abs. 5 DSG). Während der Betroffene die Unrichtigkeit der Daten oder die Rechtswidrigkeit der Verarbeitung bloß zu behaupten hat, ist es Aufgabe des Auftraggebers, die Richtigkeit oder die Rechtmäßigkeit zu beweisen. Diese Bestimmungen gelten gleichermaßen für den privaten Bereich (§ 26 Abs. 1 DSG).

Durch den Antrag des Betroffenen wird auch eine Verständigungspflicht des Auftraggebers gegenüber jenen Übermittlungsempfängern ausgelöst, die richtiggestellte oder gelöschte Daten vor der Richtigstellung oder Löschung erhalten haben. Diese Verständigungspflicht besteht allerdings nur, sofern der Betroffene es verlangt, ein berechtigtes Interesse glaubhaft macht und die Empfänger noch feststellbar sind (§ 12 Abs. 7 DSG). Gemäß § 26 Abs. 1 DSG besteht diese Verständigungspflicht auch im privaten Bereich. Wieweit Empfänger von Übermittlungen noch feststellbar sind, ergibt sich bei Übermittlungen im Einzelfall aus dem aufzubewahrenden Übermittlungsprotokoll. Nach Ablauf der intern festgelegten Aufbewahrungsdauer dieser Protokolle sind solche Empfänger praktisch aber nicht mehr feststellbar.

Wann ist eine Richtigstellung und Löschung nicht durchzuführen?

Soweit der Auftraggeber die Richtigkeit und Rechtmäßigkeit beweisen kann, ist die Richtigstellung oder Löschung ausgeschlossen. Dies gilt auch für den Fall, daß die Daten im Zeitpunkt ihrer Ermittlung richtig und vollständig gewesen sind und der Zweck der Ermittlung oder der Verarbeitung eine Veränderung der Daten in Entsprechung von Änderungen des ihnen zugrundeliegenden Sachverhaltes ausschließt (§§ 12 Abs. 8 und 26 Abs. 1 DSG).

Unter welchen Voraussetzungen besteht im öffentlichen Bereich eine Pflicht zur Richtigstellung oder Löschung? (§ 12 Abs. 2 DSG)

Eine Richtigstellung oder Löschung ist vom Auftraggeber im öffentlichen Bereich zu veranlassen:

1. Von Amts wegen oder
2. auf begründeten Antrag des Betroffenen oder
3. aufgrund einer Entscheidung der für die Feststellung der Daten sachlich zuständigen Behörde oder

4. aufgrund einer Entscheidung der Datenschutzkommission oder
5. aufgrund einer Entscheidung des Verwaltungsgerichtshofes.

Gegenüber dem privaten Bereich wird damit deutlich, daß die Behörde von sich aus verpflichtet ist, für die Richtigkeit, Vollständigkeit und Rechtmäßigkeit der Daten zu sorgen. Bezüglich des weiteren Verfahrensablaufes bei der Richtigstellung und Löschung siehe oben.

Binnen welcher Frist hat die Durchführung der Richtigstellung und Löschung zu erfolgen?

Für den öffentlichen Bereich legt § 12 Abs. 1 DSG eindeutig fest, daß unverzüglich, längstens jedoch binnen zwei Wochen nach Feststellung des der Verarbeitung zugrundeliegenden Sachverhaltes die Richtigstellung oder Löschung zu veranlassen ist.

Für den privaten Bereich fehlt eine eindeutige Fristfestlegung im DSG. Nach herrschender Auffassung wird aber auch für den privaten Bereich die Geltung der zweiwöchigen Frist angenommen.

Eine ähnliche Situation besteht hinsichtlich der Ablehnung eines Ansuchens des Betroffenen auf Richtigstellung. § 12 Abs. 4 DSG normiert für den öffentlichen Bereich eine schriftliche Ablehnung binnen vier Wochen. Eine gleichlautende Regelung für den privaten Bereich fehlt zwar; nach herrschender Auffassung ist aber auch hier die vierwöchige Frist anzuwenden.

Wenn aus Gründen der Wirtschaftlichkeit die physische Richtigstellung der Daten auf ausschließlich automationsunterstützt lesbaren Datenträgern nur zu bestimmten Zeitpunkten vorgenommen werden kann, so sind diese Daten bis dahin logisch und sodann physisch richtigzustellen (§§ 12 Abs. 1 und 27 Abs. 2 DSG). Mit dieser Regelung ist nunmehr auch jener Fall abgedeckt, wo etwa im Rahmen einer Datei oder Datenbankorganisation bestimmte Bereiche zum Überschreiben freigegeben werden, die physische Löschung allerdings erst später erfolgt. Die wesentliche Intention des Gesetzgebers geht dahin, bereits durch das logische Löschen sicherzustellen, daß jene Daten, die berichtigt oder gelöscht worden sind, nicht mehr benützt werden können.

Was ist ein Bestreitungsvermerk? (§§ 12 Abs. 10 und 26 Abs. 2 DSG)

Wird die Richtigkeit von Daten vom Betroffenen bestritten und es kann keine Einigung mit dem Auftraggeber über ihre Richtigkeit oder Unrichtigkeit erzielt werden, so ist bei der Übermittlung und Benützung dieser Daten über Verlangen des Betroffenen ein Vermerk über die Bestreitung (Bestreitungsvermerk) beizufügen.

Im öffentlichen Bereich kann der Auftraggeber bei der Datenschutzkommission die Feststellung beantragen, ob der Bestreitungsvermerk aufrechtzubleiben hat (§ 12 Abs. 10 DSG).

Im privaten Bereich darf dieser Vermerk ohne Zustimmung des Betroffenen nur aufgrund eines rechtskräftigen Urteils gelöscht werden (§ 26 Abs. 2 DSG). Wurde das Richtigstellungsbegehren gerichtlich geltend gemacht, die Klage aber abgewiesen, so ist über Verlangen des Auftraggebers im Urteil die Löschung des Vermerkes anzuordnen. Selbstverständlich hat der Auftraggeber auch die Möglichkeit, unter Nachweis der Richtigkeit der Daten, den Anspruch auf Löschung des Bestreitungsvermerkes gerichtlich geltend zu machen.

Wann besteht eine Pflicht zur Löschung von Daten im privaten Bereich? (§ 27 DSG)

Der Auftraggeber hat die Löschung von Daten dann zu veranlassen,

1. wenn ihre Erfassung oder Speicherung rechtswidrig ist oder
2. auf Antrag des Betroffenen, wenn ihre Erfassung oder Speicherung für die Erfüllung der Zwecke der Datenverarbeitung nicht erforderlich ist.

Diesem Löschungsinteresse dürfen keine überwiegenden berechtigten Interessen des Auftraggebers, eines Dritten oder gesetzliche Aufbewahrungspflichten entgegenstehen.

Dabei ist zu berücksichtigen, daß auch eine früher rechtmäßige Verarbeitung, etwa durch Zeitablauf, dann unzulässig werden kann, wenn in der Zwischenzeit, etwa durch Änderung gesetzlicher Vorschriften, die weitere Speicherung der Daten rechtlich nicht mehr gedeckt ist.

Die Durchführung der Löschung kann aus Gründen der Wirtschaftlichkeit, wenn die physische Löschung von Daten auf ausschließlich automationsunterstützt lesbaren Datenträgern nur zu bestimmten Zeitpunkten vorgenommen werden kann, vorerst logisch und sodann physisch erfolgen (§ 27 Abs. 2 DSG).

KAPITEL 9: ZIVILRECHTLICHE BESTIMMUNGEN

Welche Möglichkeiten der Durchsetzung zivilrechtlicher Ansprüche aus dem Datenschutzgesetz gibt es im privaten Bereich? (§ 28 DSG)

Ansprüche gegen Rechtsträger des privaten Bereiches sind mittels Klage auf dem ordentlichen Rechtsweg geltend zu machen. Für Klagen nach diesem Bundesgesetz ist in erster Instanz das Landesgericht zuständig (§ 29 Abs. 1 DSG).

Sind Daten entgegen den Bestimmungen dieses Bundesgesetzes oder den aufgrund dieses Bundesgesetzes erlassenen Durchführungsbestimmungen verarbeitet, benützt oder übermittelt worden, so hat der Betroffene weitere Ansprüche. Er kann nämlich unbeschadet etwaiger Ansprüche auf Schadenersatz einen Anspruch auf Unterlassung und Beseitigung des dem DSG oder den aufgrund des DSG erlassenen Durchführungsbestimmungen widerstreitenden Zustandes verlangen.

Gibt es außer der Klagserhebung noch andere Möglichkeiten der Klärung von datenschutzrechtlichen Streitfragen?

Im Bundeskanzleramt wurde eine „Schlichtungsstelle-Datenschutz" eingerichtet, die die außergerichtliche Vermittlung in datenschutzrechtlichen Streitfragen zur Aufgabe hat. Diese Schlichtungsstelle ist allerdings nur für Streitfragen zwischen Bürgern und privaten Auftraggebern (Unternehmen) zuständig.

Worin besteht der Vorteil bei der Befassung der Schlichtungsstelle-Datenschutz?

Da Prozesse in Datenschutzfragen teilweise sehr detaillierte technische Kenntnisse verlangen können, ist die Beiziehung von Gutachtern häufig unerläßlich. Dies führt allerdings zu kostenintensiven Prozessen mit einem nicht unerheblichen Prozeßrisiko. Im Gegensatz dazu ist die Anrufung der Schlichtungsstelle-Datenschutz kostenlos. Da die Anrufung der Schlichtungsstelle auf freiwilliger Basis erfolgt, sind ihre Entscheidungen aber auch nicht bindend. Durch die Einbindung der Sozialpartner soll im Rahmen der Vermittlungstätigkeit ein Interessensausgleich erreicht werden, der es möglich macht, auf einen Datenschutzprozeß überhaupt zu verzichten.

Wo ist die Schlichtungsstelle-Datenschutz eingerichtet?

Die Schlichtungsstelle ist im Bundeskanzleramt eingerichtet. Die Anschrift lautet: 1014 Wien, Ballhausplatz 1. Die telefonische Erreichbarkeit ist unter der Tel.Nr. 6615/2769 oder 2525 (DW) gegeben.

Kann die Datenschutzkommission im Gerichtsverfahren auftreten? (§ 29 DSG)

In gerichtlichen Verfahren nach dem DSG hat die Datenschutzkommission über Ersuchen des Gerichtes Gutachten über technische und organisatorische Fragen des Datenschutzes zu geben (§ 29 Abs. 2 DSG). Darüber hinaus hat die

Datenschutzkommission einem Rechtsstreit auf Seiten des Betroffenen als Nebenintervenient gemäß § 17 ff ZPO beizutreten. Dies erfolgt dann, wenn entweder ein Betroffener es verlangt oder es zur Wahrung der nach dem DSG geschützten Interessen für eine größere Zahl von Betroffenen geboten ist.

Unter welchen Voraussetzungen gibt es einstweilige Verfügungen nach dem DSG? (§ 30 DSG)

Zur Sicherung von Unterlassungsansprüchen aufgrund des DSG können einstweilige Verfügungen erlassen werden. Solche einstweiligen Verfügungen sind auch dann zulässig, wenn die Gefährdung des Anspruches nicht besteht. Mit dieser Regelung wird dem Betroffenen die Möglichkeit eingeräumt, Rechtsverletzungen zu verhindern oder zumindest in ihrem Umfang einzuschränken.

KAPITEL 10: RECHTE DES BETRIEBSRATES

Werden die Rechte des Betriebsrates durch das DSG eingeschränkt? (§ 31 DSG)

Die dem Betriebsrat nach dem Arbeitsverfassungsgesetz zustehenden Befugnisse werden durch das DSG nicht berührt. Zu den Rechten des Betriebsrates gemäß Arbeitsverfassungsgesetz gehören Einsichtsrechte und Zustimmungsrechte. Einsichtsrechte sind etwa die Befugnis, in die vom Betrieb geführten Aufzeichnungen über die Bezüge der Arbeitnehmer Einsicht zu nehmen oder bei Einverständnis des Arbeitnehmers, Einsicht in die Personalakten zu erhalten. Zustimmungsrechte bestehen unter anderem bei der Einführung von Systemen zur automationsunterstützten Ermittlung, Verarbeitung und Übermittlung von personenbezogenen Daten des Arbeitnehmers, die über die Ermittlung von allgemeinen Angaben zur Person und fachlichen Voraussetzungen hinausgehen (z.B. Personalinformationssystem).

Unterliegt der Betriebsrat dem Datengeheimnis?

Das Datengeheimnis gemäß § 20 DSG ist auch von den Mitgliedern des Betriebsrates zu wahren.

KAPITEL 11: INTERNATIONALER DATENVERKEHR

Was regeln die Bestimmungen über den internationalen Datenverkehr?

Für den internationalen Datenverkehr wurden Regelungen getroffen, die den Datentransfer des Auftraggebers in das Ausland gestalten. § 32 DSG beinhaltet die genehmigungsfreie Übermittlung und Überlassung von Daten in das Ausland. § 33 DSG regelt die genehmigungspflichtigen Übermittlungen in das Ausland und § 34 DSG bezieht sich auf die genehmigungspflichtige Heranziehung ausländischer Dienstleister. Keine Regelung erfährt der Datenimport, das bedeutet, daß der Datentransfer von Daten aus dem Ausland in das Inland nur den Bestimmungen über die Zulässigkeit der Ermittlung unterliegt, im übrigen aber frei ist.

Unter welchen Voraussetzungen ist die Übermittlung und Überlassung von Daten in das Ausland genehmigungsfrei? (§ 32 DSG)

Die Übermittlung und Überlassung von Daten in Staaten mit Datenschutzbestimmungen, die den österreichischen gleichwertig sind, bedürfen keiner Genehmigung. Die Anerkennung der Gleichwertigkeit erfolgt durch eine entsprechende Verordnung des Bundeskanzlers (Verordnung des Bundeskanzlers vom 18. Dezember 1980, BGBl. Nr. 612). Gemäß dieser Verordnung besteht bezüglich der Gleichwertigkeit folgende Regelung:

Vollständig gleichwertige Regelungen bestehen in:

- Dänemark
- Luxemburg
- Norwegen

Gleichwertigkeit besteht nur hinsichtlich physischer Personen in:

- Bundesrepublik Deutschland
- Frankreich
- Schweden

Weitere Gründe für eine genehmigungsfreie Übermittlung und Überlassung normiert § 32 Abs. 2 DSG:

1. Aufgrund gesetzlicher oder völkerrechtlicher Bestimmungen, in welchen die zu ermittelnden oder zu überlassenden Datenarten und die Empfänger ausdrücklich genannt sind, oder
2. wenn der Betroffene um die Übermittlung schriftlich ersucht hat (wobei dieses Ersuchen schriftlich widerrufen werden kann), oder
3. wenn die Daten im Inland zulässigerweise veröffentlicht worden sind, oder
4. wenn es sich um Standardübermittlungen und Standardüberlassungen handelt.

Fällt der Datenverkehr in das Ausland zwischen Auftraggeber und Betroffenem unter die Regelungen des internationalen Datenverkehrs?

Da der internationale Datenverkehr nur die Übermittlung und Überlassung (zu den Begriffen vgl. Teil I, Kap. 4) regelt, ergibt sich daraus, daß der Transfer von Daten an den Betroffenen im Ausland nicht den Bestimmungen des internationalen Datenverkehrs unterliegt.

Welche Voraussetzungen müssen für die Zulässigkeit von genehmigungsfreien Übermittlungen und Überlassungen in das Ausland noch gegeben sein?

Zusätzliche Voraussetzungen für die Genehmigungsfreiheit ist die Einhaltung der §§ 6, 7, 17 und 18 DSG. Die zitierten Paragraphen regeln die Zulässigkeit der Ermittlung und Verarbeitung sowie die Zulässigkeit der Übermittlung im öffentlichen und im privaten Bereich. Darüberhinaus ist bei Überlassungen ins Ausland die schriftliche Zusage des Dienstleisters erforderlich, die im § 19 DSG aufgezählten Pflichten einzuhalten.

Wann ist bei Übermittlungen in das Ausland eine Genehmigung erforderlich? (§ 33 DSG)

In allen nicht dem § 32 DSG (siehe oben) unterliegenden Fällen ist vor der Übermittlung von Daten in das Ausland eine Genehmigung der Datenschutzkommission einzuholen.

Unter welchen Voraussetzungen wird keine Genehmigung durch die Datenschutzkommission erteilt? (§ 33 Abs. 2 DSG)

Gemäß § 33 Abs. 2 ist die Genehmigung dann zu versagen, wenn

1. die Datenverarbeitung, aus der in das Ausland übermittelt werden soll, rechtswidrig ist oder
2. die Voraussetzungen der §§ 7 oder 18 nicht gegeben sind, oder
3. Bedenken bestehen, daß schutzwürdige Geheimhaltungsinteressen des Betroffenen durch den Datenverkehr im Ausland gefährdet sind, oder
4. öffentliche Interessen einschließlich völkerrechtlicher Verpflichtungen entgegenstehen.

Ist für die Genehmigung durch die Datenschutzkommission ein Entgelt zu entrichten?

Ein Antrag auf Genehmigung von Übermittlungen in das Ausland stellt eine gebührenpflichtige Eingabe im Sinne des Gebührengesetzes dar. Zur Zeit beträgt dafür die Eingabengebühr S 120,–, für Beilagen S 30,– pro Bogen, jedoch nie mehr als S 180,– je Beilage.

An wen sind die Anträge auf Genehmigung zu richten?

Adressat ist die Datenschutzkommission, p/a 1014 Wien, Ballhausplatz 1.

Unter welchen Voraussetzungen ist die Genehmigung von Dienstleistungen im Ausland zu versagen? (§ 34 DSG)

Die Genehmigung der Überlassung von Daten in das Ausland ist durch die Datenschutzkommission dann zu versagen, wenn
1. die Datenverarbeitung, aus der in das Ausland übermittelt werden soll, rechtswidrig ist, oder
2. der Dienstleister im Ausland dem Antragsteller die Einhaltung der im § 19 aufgezählten Pflichten nicht schriftlich zugesagt hat, oder
3. Bedenken bestehen, daß schutzwürdige Geheimhaltungsinteressen der Betroffenen durch den Datenverkehr im Ausland gefährdet sind, oder
4. öffentliche Interessen einschließlich völkerrechtlicher Verpflichtungen entgegenstehen.

Besteht eine Strafsanktion für das Übermitteln oder Überlassen von Daten in das Ausland ohne Genehmigung der Datenschutzkommission?

Eine Verletzung der Genehmigungspflichten gemäß §§ 33 bis 34 DSG stellt eine Verwaltungsübertretung gemäß § 50 Abs. 1 DSG dar, die mit Geldstrafe bis zu S 150.000,– zu ahnden ist.

KAPITEL 12: DATENSCHUTZKONTROLLORGANE

Welche Kontrollorgane nach dem Datenschutzgesetz gibt es? (§ 35 DSG)

Zur Wahrung des Datenschutzes sind unbeschadet der Zuständigkeit der ordentlichen Gerichte eine Datenschutzkommission und ein Datenschutzrat eingerichtet worden. Die Geschäftsführung dieser Organe obliegt dem Bundeskanzleramt.

Welche Aufgaben hat die Datenschutzkommission? (§ 36 DSG)

Neben den im § 36 Abs. 1 genannten Befugnissen hat die Datenschutzkommission folgende Aufgaben zu erfüllen:

1. Die Durchführung von Beschwerdeverfahren (§ 14 DSG) und von Anfechtungen von Bestreitungsvermerken (§ 12 Abs. 10 DSG).
2. Die amtswegige Einleitung und Durchführung von Verfahren nach § 15 DSG.
3. Die Erlassung von mit Eintragungen in das Datenverarbeitungsregister zusammenhängenden Bescheiden (§ 47 DSG).
4. Die Erteilung der für den internationalen Datenverkehr notwendigen Bewilligungen (§§ 32 bis 34 DSG).
5. Die Erlassung ihrer Geschäftsordnung.

Welche Aufgaben hat der Datenschutzrat? (§ 42 DSG)

Dem Datenschutzrat obliegen, abgesehen von den im § 42 Abs. 1 DSG genannten Befugnissen, insbesondere die Aufgabe, die Entwicklung des Datenschutzes zu beobachten und die Erfahrungen öffentlich zugänglich zu machen. Darüber hinaus kann der Datenschutzrat Anregungen zur Verbesserungen des Datenschutzes der Bundesregierung und den Landesregierungen gegenüber aussprechen.

KAPITEL 13: DATENVERARBEITUNGSREGISTER

Wo ist das Datenverarbeitungsregister eingerichtet? (§ 47 DSG)

Das Datenverarbeitungsregister ist beim Österreichischen Statistischen Zentralamt eingerichtet. Das zuständige oberste Organ ist der Bundeskanzler. Die Anschrift des Datenverarbeitungsregisters lautet: 1011 Wien, Bäckerstraße 20.

Was beinhaltet das Datenverarbeitungsregister?

Das Datenverarbeitungsregister besteht aus den Meldungen aller Auftraggeber mit den generellen Daten sowie der von diesen Auftraggebern gemeldeten Verarbeitungen in Form der Einlagebögen. Darüber hinaus sind Registerauszüge aus den Genehmigungsbescheiden nach dem internationalen Datenverkehr sowie aus allenfalls eingetragenen schriftlichen Entscheidungen gemäß § 29 Abs 4 DSG enthalten.

Was bedeutet das Prinzip der Öffentlichkeit des Datenverarbeitungsregisters?

Dem Grundsatz der generellen Publizität folgend (vgl. Teil I, Kap. 1) kann jedermann in das Register Einsicht nehmen. Um den Zugang für den einzelnen zu erleichtern, wird für Abschriften aus dem Register, die der Verfolgung der Rechte als Betroffener dienen, kein Kostenersatz verlangt. Eine Beschränkung des Einsichtsrechtes besteht nur insofern, als Genehmigungsbescheide der Datenschutzkommission über den internationalen Datenverkehr betroffen sind und überwiegende schutzwürdige Geheimhaltungsinteressen des Auftraggebers oder anderer Personen entgegenstehen (§ 47 Abs. 2 DSG). Die näheren Details der Führung des Datenverarbeitungsregisters sind durch die Verordnung des Bundesministers für Gesundheit und öffentlicher Dienst vom 11.6.1987, BGBl. Nr. 260 (DVR-VO 1987) geregelt.

Bezüglich Umfang der Registrierungspflicht vgl. Kap. 6.

ANHANG 1

DATENSCHUTZGESETZ
BGBl. Nr. 565/1978,

in der Fassung des Bundesgesetzes BGBl. Nr. 314/1981, der Kundmachung BGBl. Nr. 577/1982, der Datenschutzgesetz-Novelle 1986, BGBl. Nr. 370/1986, des Strafrechtsänderungsgesetzes 1987, BGBl. Nr. 605/1987, des LG St.Pölten-Gesetzes 1988, BGBl. Nr. 233/1988, der Kundmachung VfGH-Erkenntnis vom 12.10.1989, BGBl. Nr. 609/1989, sowie des Umland-Berzirksgerichtsänderungsgesetzes 1993, BGBl. Nr. 91/1993

Artikel 1
(Verfassungsbestimmung)

GRUNDRECHT AUF DATENSCHUTZ

§ 1. (1) Jedermann hat Anspruch auf Geheimhaltung der ihn betreffenden personenbezogenen Daten, soweit er daran ein schutzwürdiges Interesse, insbesondere im Hinblick auf Achtung seines Privat- und Familienlebens, hat.

(2) Beschränkungen des Rechtes nach Abs. 1 sind nur zur Wahrung berechtigter Interessen eines anderen oder auf Grund von Gesetzen zulässig, die aus den in Art. 8 Abs. 2 der Europäischen Konvention zum Schutz der Menschenrechte und Grundfreiheiten (BGBl. Nr. 210/1958) genannten Gründen notwendig sind. Auch im Falle solcher Beschränkungen muß der vertraulichen Behandlung personenbezogener Daten Vorrang gegeben werden.

(3) Jedermann hat, soweit Daten über ihn automationsunterstützt verarbeitet werden, nach Maßgabe gesetzlicher Bestimmungen das Recht auf Auskunft darüber, wer Daten über ihn ermittelt oder verarbeitet, woher die Daten stammen, welcher Art und welchen Inhaltes die Daten sind und wozu sie verwendet werden.

(4) Jedermann hat, soweit Daten über ihn automationsunterstützt verarbeitet werden, nach Maßgabe gesetzlicher Bestimmungen das Recht auf Richtigstellung unrichtiger und das Recht auf Löschung unzulässigerweise ermittelter oder verarbeiteter Daten.

(5) Beschränkungen der Rechte nach Abs. 3 und 4 sind nur unter den in Abs. 2 genannten Voraussetzungen zulässig.

(6) Soweit Rechtsträger in Formen des Privatrechts tätig sind, ist das Grundrecht auf Datenschutz im ordentlichen Rechtsweg geltend zu machen.

ZUSTÄNDIGKEIT ZUR GESETZGEBUNG UND VOLLZIEHUNG

§ 2. (1) Bundessache ist die Gesetzgebung in Angelegenheiten des Schutzes personenbezogener Daten im automationsunterstützten Datenverkehr.

(2) Die Vollziehung solcher Bundesgesetze steht dem Bund zu. Soweit solche Daten von einem Land, im Auftrag eines Landes, von oder im Auftrag von juristischen Personen, die durch Gesetz eingerichtet sind und deren Einrichtung hinsichtlich der Vollziehung in die Zuständigkeit der Länder fällt, ermittelt, verarbeitet oder übermittelt werden, sind diese Bundesgesetze von den Ländern zu vollziehen, soweit nicht durch Bundesgesetz die Datenschutzkommission, der Datenschutzrat oder Gerichte mit der Vollziehung betraut werden.

Artikel 2

1. ABSCHNITT

ALLGEMEINE BESTIMMUNGEN

§ 3. Im Sinne der folgenden Bestimmungen dieses Bundesgesetzes bedeuten:
1. Daten: auf einem Datenträger festgehaltene Angaben über bestimmte oder mit hoher Wahrscheinlichkeit bestimmbare Betroffene (personenbezogene Daten);
2. Betroffener: jede vom Auftraggeber (Z 3) verschiedene natürliche oder juristische Person oder Personengemeinschaft, deren Daten verwendet (Z 12) werden; juristische Personen des öffentlichen Rechts und ihre Organe gelten bei der Besorgung behördlicher Aufgaben nicht als Betroffene;
3. Auftraggeber: jeder Rechtsträger oder jedes Organ einer Gebietskörperschaft, von dem Daten selbst oder unter Heranziehung von Dienstleistern (Z 4) automationsunterstützt verarbeitet werden;
4. Dienstleister: jeder Rechtsträger oder jedes Organ einer Gebietskörperschaft, von dem Daten für einen Auftraggeber im Rahmen eines solchen Auftrages verwendet werden, dessen wesentlicher Inhalt die automationsunterstützte Verarbeitung dieser Daten ist;
5. Datenverarbeitung: der Ablauf von Verarbeitungsschritten (Z 7), die zur Erreichung eines inhaltlich bestimmten Ergebnisses (Zweckes) geordnet sind und zur Gänze oder auch nur teilweise automationsunterstützt, also maschinell und programmgesteuert erfolgen, wobei die Auswählbarkeit von personenbezogenen Daten aus der Gesamtmenge der gespeicherten Daten nach mindestens einem Merkmal in der jeweils eingesetzten Maschinen- und Programmausstattung vorgesehen ist;
6. Ermittlung von Daten: das Erheben oder sonstige Beschaffen von Daten für eine Datenverarbeitung (Z 5);
7. Verarbeiten von Daten: das Erfassen, Speichern, Ordnen, Vergleichen, Verändern, Verknüpfen, Vervielfältigen, Ausgeben oder Löschen von Daten im Rahmen einer Datenverarbeitung;
8. Benützen von Daten: jede Form der Handhabung von Daten einer Datenverarbeitung beim Auftraggeber oder Dienstleister, die nicht Ermitteln, Verarbeiten oder Übermitteln ist;
9. Übermitteln von Daten: die Weitergabe von Daten aus einer Datenverarbeitung an andere Empfänger als den Betroffenen, den Auftraggeber oder einen Dienstleister, insbesondere auch das Veröffentlichen solcher Daten sowie ihre Verwendung für ein anderes Aufgabengebiet des Auftraggebers;
10. Überlassen von Daten: die Weitergabe von Daten zwischen Auftraggeber und Dienstleister oder zwischen Dienstleistern;
11. Löschen von Daten:
    a) das Unkenntlichmachen von Daten in der Weise, daß eine Rekonstruktion nicht möglich ist (physisches Löschen);
    b) die Verhinderung des Zugriffs auf Daten durch programmtechnische Maßnahmen (logisches Löschen);
12. Datenverkehr (Verwenden von Daten): das Ermitteln, Verarbeiten, Benützen, Übermitteln und Überlassen von Daten oder einer dieser Vorgänge.

§ 4. (1) Die Bestimmungen des 2. Abschnittes sind auf den Datenverkehr von oder im Auftrag von Rechtsträgern anzuwenden, die durch Gesetz eingerichtet sind, soweit es sich nicht um Rechtsträger nach § 5 handelt.

(2) Durch Verordnung der Bundesregierung können nach Anhörung des Datenschutzrates Rechtsträger im Sinne des Abs. 1 von der Anwendung des 2. Abschnittes ausgenommen werden, soweit dies im Hinblick auf den Umfang der von ihnen in Formen des Privatrechts

ausgeübten Tätigkeit geboten ist und schutzwürdige Interessen der Betroffenen dadurch nicht gefährdet sind; solche Verordnungen bedürfen der Zustimmung des Hauptausschusses des Nationalrates. Für diese Rechtsträger gilt der 3. Abschnitt.

(3) Die §§ 8, 9, 11 und 12 finden keine Anwendung auf eine Datenverarbeitung, soweit diese notwendig ist:
1. für Zwecke des Schutzes der verfassungsmäßigen Einrichtungen der Republik Österreich und für Zwecke der Strafrechtspflege, oder
2. für Zwecke der Sicherung der Einsatzbereitschaft des Bundesheeres, oder
3. für Zwecke der umfassenden Landesverteidigung. Diese Ausnahme bedarf einer von der Bundesregierung nach Anhörung des Datenschutzrates im Einvernehmen mit dem Hauptausschuß des Nationalrates zu erlassenden Verordnung. In dieser Verordnung sind die Ausnahmen wie Arten der Daten, Elemente der Verarbeitung, im einzelnen zu bestimmen.

§ 5. (1) Auf Datenverarbeitungen von oder im Auftrage von Ländern oder von Rechtsträgern, die durch Gesetze eingerichtet sind, und deren Einrichtung hinsichtlich der Vollziehung in die Zuständigkeit der Länder fällt, sowie von oder im Auftrage von Gemeinden oder Gemeindeverbänden sind die Bestimmungen des 2. Abschnittes mit der Maßgabe anzuwenden, daß die Datenschutzverordnung (§ 9) und die Höhe der Verwaltungsabgabe für die Erteilung der Auskunft (§ 11 Abs. 4) durch die Landesregierung festzulegen sind.

(2) In einer nach Anhörung des Datenschutzrates zu erlassenden Verordnung der Landesregierung sind Rechtsträger im Sinne des Abs. 1, soweit sie in Formen des Privatrechts tätig sind, für diese Tätigkeitsbereiche von der Anwendung des 2. Abschnittes auszunehmen. Für diesen Bereich findet der 3. Abschnitt Anwendung.

2. ABSCHNITT
ÖFFENTLICHER BEREICH
ZULÄSSIGKEIT DER ERMITTLUNG UND VERARBEITUNG

§ 6. Daten dürfen zum Zwecke des automationsunterstützten Datenverkehrs nur ermittelt und verarbeitet werden, wenn dafür eine ausdrückliche gesetzliche Ermächtigung besteht, oder soweit dies für den Auftraggeber zur Wahrnehmung der ihm gesetzlich übertragenen Aufgaben eine wesentliche Voraussetzung bildet.

ZULÄSSIGKEIT DER ÜBERMITTLUNG

§ 7. (1) Verarbeitete Daten dürfen nur übermittelt werden, soweit
1. eine ausdrückliche gesetzliche Ermächtigung hiefür besteht, oder
2. der Betroffene der Übermittlung ausdrücklich schriftlich zugestimmt hat, wobei ein schriftlicher Widerruf möglich ist, oder
3. sie ausschließlich zu statistischen Zwecken an das Österreichische Statistische Zentralamt übermittelt und dort anonymisiert verarbeitet werden.

(2) Eine Übermittlung von Daten an Organe des Bundes, der Länder, der Gemeinden, einschließlich der Körperschaften des öffentlichen Rechts ist weiters insoweit zulässig, als die Daten für den Empfänger zur Wahrnehmung der ihm gesetzlich übertragenen Aufgaben eine wesentliche Voraussetzung bilden.

(3) Daten dürfen an andere als die in Abs. 2 genannten Empfänger nur übermittelt werden, soweit dies zur Wahrnehmung eines berechtigten Interesses an der Übermittlung erforderlich ist, das die schutzwürdigen Interessen des Betroffenen an der Geheimhaltung überwiegt. Im Zweifel ist der vertraulichen Behandlung personenbezogener Daten der Vorrang zu geben.

(4) Nicht registrierte Übermittlungen sind so zu protokollieren, daß dem Betroffenen Auskunft gemäß § 11 gegeben werden kann. Übermittlungen gemäß § 8 Abs. 3 bedürfen keiner Protokollierung.

MELDUNG VON DATENVERARBEITUNGEN UND ÜBERMITTLUNGEN

§ 8. (1) Jeder Auftraggeber hat bei Aufnahme einer Datenverarbeitung dem Datenverarbeitungsregister (§ 47) eine Meldung zu erstatten.

(2) In der Meldung sind neben der Bezeichnung, der Anschrift und der allenfalls bereits zugeteilten Registernummer des Auftraggebers der Zweck der zu registrierenden Datenverarbeitung, ihre Rechtsgrundlage sowie die Kreise der von der Datenverarbeitung Betroffenen und die über sie verarbeiteten Datenarten anzuführen. Übermittlungen von Daten sind gemäß § 23 Abs. 2 Z 5 und 6 zur Registrierung zu melden.

(3) Für Typen von Datenverarbeitungen und Übermittlungen aus diesen, die von einer großen Anzahl von Auftraggebern in gleichartiger Weise vorgenommen werden und deren Inhalt durch Gesetz oder Vertrag mit den Betroffenen vorgegeben ist, kann durch Verordnung des Bundeskanzlers nach Anhörung des Datenschutzrates unter den näheren Voraussetzungen des § 23 Abs. 4 festgesetzt werden, daß sie nicht der Pflicht zur Meldung nach Abs. 2 unterliegen. Werden solche Datenverarbeitungen vorgenommen, sind jedoch Bezeichnung, die Anschrift und die allenfalls bereits zugeteilte Registernummer des Auftraggebers unter Anführung der Standardverarbeitungen dem Datenverarbeitungsregister mitzuteilen.

(4) Die Absätze 1 bis 3 gelten sinngemäß für Änderungen gemeldeter Sachverhalte.

(5) Der Auftraggeber hat die ihm bei der Eintragung zugeteilte Registernummer bei der Übermittlung von Daten und bei Mitteilungen an den Betroffenen zu führen.

REGISTRIERUNG

§ 8 a. (1) Das Datenverarbeitungsregister hat innerhalb einer Frist von höchstens zwei Monaten dem Auftraggeber die Verbesserung unter gleichzeitiger Setzung einer angemessenen Verbesserungsfrist aufzutragen, wenn eine Meldung mangelhaft im Sinne des Abs. 2 ist.

(2) Eine Meldung ist mangelhaft, wenn Angaben fehlen, offenbar unrichtig, unstimmig oder so unzureichend sind, daß Einsichtnehmer im Hinblick auf die Wahrnehmung ihrer Rechte nach diesem Bundesgesetz keine hinreichende Information darüber gewinnen können, ob durch die Datenverarbeitung ihre schutzwürdigen Geheimhaltungsinteressen verletzt sein könnten. Unstimmigkeit liegt insbesondere auch dann vor, wenn der Inhalt gemeldeter Datenverarbeitungen durch die gemeldeten Rechtsgrundlagen nicht gedeckt ist.

(3) Kommt das Datenverarbeitungsregister bei Prüfung der Meldung zur Auffassung, daß mangels Rechtsgrundlagen einer Datenverarbeitung schutzwürdige Geheimhaltungsinteressen der Betroffenen wesentlich gefährdet erscheinen, so hat es dies der Datenschutzkommission unverzüglich mitzuteilen; die Datenschutzkommission hat, wenn sie die Bedenken des Datenverarbeitungsregisters teilt, diese Bedenken dem zuständigen obersten Verwaltungsorgan zur Kenntnis zu bringen.

(4) Wird einem Verbesserungsauftrag des Datenverarbeitungsregisters nicht fristgerecht entsprochen, so hat das Datenverarbeitungsregister die Meldung der Datenschutzkommission vorzulegen. Dabei sind die behaupteten Mängel zu begründen. Stellt die Datenschutzkommission die Mangelhaftigkeit der Meldung fest, so hat sie die Registrierung mit Bescheid abzulehnen; andernfalls hat sie dem Datenverarbeitungsregister die Registrierung aufzutragen.

(5) Im übrigen gilt für die Registrierung § 23 b.

DATENSCHUTZVERORDNUNG

§ 9. (1) Die obersten Organe des Bundes und der Länder haben, unbeschadet der Bestimmungen des Abs. 2, für jeden ihrer Aufsicht unterstehenden Auftraggeber nach Anhörung der Datenschutzkommission eine Datenschutzverordnung zu erlassen, in der je nach Art der zu verarbeitenden Daten die Grundsätze für deren Ermittlung, Verarbeitung, Benützung, Übermittlung und Überlassung bei möglichstem Schutz der personenbezogenen Daten festzulegen sind.

(2) Selbstverwaltungskörper sind, soweit sie Daten verarbeiten, zur Erlassung einer Datenschutzverordnung nach Abs. 1 verpflichtet. Die Verordnung bedarf aufsichtsbehördlicher Genehmigung. Die Aufsichtsbehörde hat die Datenschutzkommission anzuhören. Die Genehmigung ist zu erteilen, wenn die Verordnung gesetzlichen Bestimmungen entspricht.

DATENSICHERHEITSMASSNAHMEN

§ 10. (1) Für alle Organisationseinheiten eines Auftraggebers oder Dienstleisters, die Daten verwenden, sind Maßnahmen zur Gewährleistung der Datensicherheit zu treffen. Dabei ist je nach der Art der verwendeten Daten, nach Umfang und Zweck der Verwendung und unter Bedachtnahme auf den Stand der technischen Möglichkeiten sowie auf die wirtschaftliche Vertretbarkeit sicherzustellen, daß die Verwendung der Daten ordnungsgemäß erfolgt und daß die Daten Unbefugten nicht zur Kenntnis gelangen.

(2) Insbesondere ist, soweit dies im Hinblick auf Abs. 1 zweiter Satz erforderlich ist,
1. die Aufgabenverteilung bei der Datenverwendung zwischen den Organisationseinheiten und zwischen den Mitarbeitern ausdrücklich festzulegen,
2. die Verwendung von Daten an das Vorliegen gültiger Aufträge der anordnungsbefugten Organisationseinheiten und Mitarbeiter zu binden,
3. jeder Mitarbeiter über seine nach diesem Bundesgesetz und nach innerorganisatorischen Datenschutzvorschriften einschließlich der Datensicherheitsvorschriften bestehenden Pflichten zu belehren,
4. die Zutrittsberechtigung zu den Räumlichkeiten des Auftraggebers oder Dienstleisters zu regeln,
5. die Zugriffsberechtigung auf Daten und Programme und der Schutz der Datenträger vor der Einsicht und Verwendung durch Unbefugte zu regeln,
6. die Berechtigung zum Betrieb der Datenverarbeitungsgeräte festzulegen und jedes Gerät durch Vorkehrungen bei den eingesetzten Maschinen oder Programmen gegen die unbefugte Inbetriebnahme abzusichern,
7. zu prüfen, ob die erforderlichen Datensicherheitsmaßnahmen getroffen sind; zu diesem Zweck sind Aufzeichnungen zu führen, die es erlauben, die Verarbeitungsvorgänge nachzuvollziehen.

(3) Datensicherheitsvorschriften sind so zu erlassen und zur Verfügung zu halten, daß sich die Bediensteten über die für sie geltenden Regelungen jederzeit informieren können.

AUSKUNFTSRECHT

§ 11. (1) Dem Betroffenen sind bei Nachweis seiner Identität auf schriftlichen Antrag beim Auftraggeber seine Daten in allgemein verständlicher Form sowie deren Herkunft und die Rechtsgrundlage für deren Ermittlung, Verarbeitung, Benützung und Übermittlung binnen vier Wochen schriftlich mitzuteilen, soweit es sich dabei nicht um solche Daten handelt, die auf Grund eines Gesetzes oder einer Verordnung bei überwiegendem öffentlichem Interesse auch ihm gegenüber geheimzuhalten sind. Werden oder wurden Daten übermittelt, kann der Betroffene auch Auskunft über den Empfänger verlangen.

(2) Der Betroffene hat am Verfahren mitzuwirken. Er hat diejenigen Datenverarbeitungen zu bezeichnen, bezüglich derer er Betroffener sein kann, oder glaubhaft zu machen, daß er irrtümlich oder mißbräuchlich in Datenbeständen des Auftraggebers enthalten ist.

(3) Wird einem Antrag nach Abs. 1 nicht oder nicht vollinhaltlich stattgegeben, so ist dies dem Betroffenen binnen vier Wochen unter Angabe des Grundes schriftlich mitzuteilen.

(4) Die Erteilung einer Auskunft nach Abs. 1 hat unentgeltlich zu erfolgen, wenn sie den aktuellen Datenbestand betrifft und wenn der Auskunftswerber im laufenden Jahr noch kein Auskunftsersuchen an den Auftraggeber betreffend dasselbe Aufgabengebiet gestellt hat. Für alle anderen Fälle kann in der Datenschutzverordnung nach Anhörung des Datenschutzrates ein pauschalierter Kostenersatz vorgeschrieben werden. Die Höhe dieses Kostenersatzes ist so festzulegen, daß die notwendigen aus der Bearbeitung des Auskunftsersuchens tatsächlich erwachsenden Kosten gedeckt sind. Von der Bearbeitung des Auskunftsersuchens kann abgesehen werden, wenn der Betroffene nicht gemäß Abs. 2 am Verfahren mitwirkt oder der festgesetzte Kostenersatz nicht entrichtet wurde. Ein etwa geleisteter Kostenersatz ist ungeachtet weiterer Schadenersatzansprüche zurückzuerstatten, wenn Daten rechtswidrig verwendet wurden oder wenn die Auskunft sonst zu einer Richtigstellung geführt hat.

PFLICHT ZUR RICHTIGSTELLUNG ODER LÖSCHUNG

§ 12. (1) Jeder Auftraggeber hat unrichtige oder entgegen den Bestimmungen des § 6 ermittelte oder verarbeitete Daten unverzüglich, längstens jedoch binnen zwei Wochen nach Feststellung des der Verarbeitung zugrunde zu legenden Sachverhaltes richtigzustellen, zu löschen oder die Richtigstellung oder Löschung zu veranlassen. Wenn aus Gründen der Wirtschaftlichkeit die physische Löschung oder Richtigstellung von Daten auf ausschließlich automationsunterstützt lesbaren Datenträgern nur zu bestimmten Zeitpunkten vorgenommen werden kann, sind diese Daten bis dahin logisch und sodann physisch zu löschen oder richtigzustellen.

(2) Eine Richtigstellung oder Löschung nach Abs. 1 ist durchzuführen oder zu veranlassen
1. von Amts wegen, oder
2. auf begründeten Antrag des Betroffenen, oder
3. auf Grund einer Entscheidung der für die Feststellung der Daten sachlich zuständigen Behörde, oder
4. auf Grund einer Entscheidung der Datenschutzkommission, oder
5. auf Grund einer Entscheidung des Verwaltungsgerichtshofes.

(3) Erfolgt binnen zwölf Wochen nach dem Einlangen eines Antrages des Betroffenen nicht die Feststellung des der Verarbeitung zugrunde zu legenden Sachverhaltes, so ist dies dem Antragsteller unter Angabe des Grundes unverzüglich schriftlich mitzuteilen.

(4) Wird ein Antrag des Betroffenen (Abs. 2 Z. 2) abgelehnt, so ist ihm dies schriftlich binnen vier Wochen unter Angabe des Grundes mitzuteilen.

(5) Der Beweis der Richtigkeit der Daten obliegt dem Auftraggeber, soweit die Daten nicht ausschließlich auf Grund von Angaben des Betroffenen ermittelt wurden.

(6) Ist die Richtigstellung oder Löschung auf Antrag des Betroffenen oder auf Grund einer Entscheidung der Datenschutzkommission durchgeführt worden, so ist hievon der Betroffene, im Falle einer Richtigstellung oder Löschung auf Grund einer Entscheidung der Datenschutzkommission auch diese, vom Auftraggeber zu verständigen.

(7) Wurden im Sinne des Abs. 1 richtiggestellte oder gelöschte Daten vor der Richtigstellung oder Löschung übermittelt, so hat der Auftraggeber die Empfänger dieser Daten hievon zu verständigen, sofern der Betroffene es verlangt, ein berechtigtes Interesse glaubhaft macht und die Empfänger noch feststellbar sind.

(8) Eine Richtigstellung und eine Löschung sind ausgeschlossen, wenn die Daten im Zeitpunkt ihrer Ermittlung richtig und vollständig waren und der Zweck der Ermittlung oder der Verarbeitung eine Veränderung der Daten in Entsprechung von Änderungen des ihnen zugrunde liegenden Sachverhaltes ausschließt.

(9) Erfolgt eine Richtigstellung oder Löschung auf Grund einer Entscheidung der für die Feststellung der Daten sachlich zuständigen Behörde, so ist der Auftraggeber an diese Entscheidung gebunden.

(10) Bei der Übermittlung und Benützung von Daten, deren Richtigkeit vom Betroffenen bestritten wurde, und bei denen sich weder die Richtigkeit noch die Unrichtigkeit feststellen ließ, ist über Verlangen des Betroffenen ein Vermerk über die Bestreitung beizufügen. Der Auftraggeber kann bei der Datenschutzkommission die Feststellung beantragen, ob der Bestreitungsvermerk aufrechtzubleiben hat.

DIENSTLEISTUNG IM DATENVERKEHR

§ 13. (1) Soweit Auftraggeber nach § 6 zur Ermittlung und Verarbeitung berechtigt sind, dürfen sie bei ihren Datenverarbeitungen Dienstleister in Anspruch nehmen, wenn dies aus Gründen der Zweckmäßigkeit und Wirtschaftlichkeit der Verwaltung geboten ist und schutzwürdige Interessen Betroffener oder öffentliche Interessen nicht entgegenstehen.

(2) Sofern über die Pflichten einzelner Dienstleister nicht besondere gesetzliche Regelungen bestehen, gilt für Dienstleister des privaten Bereiches § 19 und für Dienstleister, die dem öffentlichen Bereich zuzurechnen sind, § 19 sinngemäß.

(3) Die beabsichtigte Heranziehung eines Dienstleisters ist der Datenschutzkommission mitzuteilen, es sei denn, daß die Inanspruchnahme des Dienstleisters auf Grund ausdrücklicher gesetzlicher Ermächtigung erfolgt oder als Dienstleister einer Organisationseinheit tätig wird, die mit dem Auftraggeber oder einem diesem übergeordneten Organ in einem Über- oder Unterordnungsverhältnis steht. Kommt die Datenschutzkommission zur Auffassung, daß der Inanspruchnahme eines Dienstleisters schutzwürdige Interessen Betroffener oder öffentliche Interessen entgegenstehen, so hat sie dies dem Auftraggeber unverzüglich mitzuteilen.

RECHTSSCHUTZ DES BETROFFENEN

§ 14. (1) Die Datenschutzkommission (§ 36) erkennt, soweit nicht der Antrag des Betroffenen auf Auskunft (§ 11), Richtigstellung oder Löschung (§ 12) bereits Gegenstand eines Verfahrens vor der sachlich zuständigen Behörde ist, über Beschwerden wegen Verletzung von Bestimmungen dieses Bundesgesetzes oder der auf Grund dieses Bundesgesetzes erlassenen Durchführungsbestimmungen, soweit der Beschwerdeführer behauptet, dadurch in seinen Rechten verletzt worden zu sein, sowie über Anträge gemäß Abs. 3.

(2) Erfolgte eine Richtigstellung oder Löschung auf Grund einer Entscheidung der für die Feststellung der Daten sachlich zuständigen Behörde, so ist die Datenschutzkommission an die rechtskräftige Entscheidung gebunden.

(3) Wird in einem Verwaltungsverfahren, in dem verarbeitete Daten benützt werden, die Verletzung von Bestimmungen dieses Bundesgesetzes oder der auf Grund dieses Bundesgesetzes erlassenen Durchführungsbestimmungen behauptet, so ist das Verwaltungsverfahren, außer bei Gefahr im Verzug, bis zur Entscheidung der Datenschutzkommission auszusetzen (§ 38 AVG 1950). Gleichzeitig ist ein solches Verfahren zu beantragen.

AMTSWEGIGE VERFAHREN

§ 15. (1) Ergibt ein Verfahren nach § 14, daß auch andere Personen in ihren Rechten nach den Bestimmungen dieses Bundesgesetzes oder der auf Grund dieses Bundesgesetzes erlassenen Durchführungsbestimmungen verletzt wurden, so hat dies die Datenschutzkommission bescheidmäßig auszusprechen und dem Auftraggeber und dem Dienstleister mitzuteilen. Dieser Bescheid ist von der Datenschutzkommission im Amtsblatt zur Wiener Zeitung kundzumachen.

(2) Der Auftraggeber oder der Dienstleister haben dem Bescheid der Datenschutzkommission binnen einer von dieser festzusetzenden, angemessenen Frist zu entsprechen.

VERBINDUNG EINGELEITETER VERFAHREN

§ 16. Wenn die Zweckmässigkeit, Raschheit, Einfachheit und Kostenersparnis von Verfahren es erfordern, hat die Datenschutzkommission eingeleitete Verfahren, die denselben Auftraggeber oder Dienstleister betreffen, zu verbinden.

3. ABSCHNITT

PRIVATER BEREICH

ZULÄSSIGKEIT DER ERMITTLUNG UND VERARBEITUNG

§ 17. (1) Daten dürfen von einem nicht den §§ 4 oder 5 unterliegenden Rechtsträger nur ermittelt und verarbeitet werden, soweit Inhalt und Zweck der Datenverarbeitung in seinem berechtigten Zweck gedeckt sind und hiebei schutzwürdige Interessen des Betroffenen, insbesondere im Hinblick auf die Achtung seines Privat- und Familienlebens, nicht verletzt werden.

(2) Für ausschließlich private Zwecke dürfen Daten dann verarbeitet werden, wenn sie dem Auftraggeber vom Betroffenen selbst mitgeteilt wurden oder dem Auftraggeber als Privatperson sonst rechtmäßigerweise, insbesondere in Übereinstimmung mit den §§ 7 und 18, zugekommen sind.

ZULÄSSIGKEIT DER ÜBERMITTLUNG

§ 18. (1) Die Übermittlung von gemäß § 17 Abs. 1 ermittelten und verarbeiteten Daten ist nur zulässig, soweit
1. der Betroffene der Übermittlung ausdrücklich schriftlich zugestimmt hat, wobei ein schriftlicher Widerruf dieser Zustimmung möglich ist, oder
2. die Übermittlung von Daten zum berechtigten Zweck des Rechtsträgers gehört oder
3. die Übermittlung zur Wahrnehmung überwiegender berechtigter Interessen eines Dritten notwendig ist.

(2) Die Übermittlung von gemäß § 17 Abs. 2 verarbeiteten Daten ist nur mit Zustimmung des Betroffenen zulässig.

(3) Die Abs. 1 und 2 gelten nicht, wenn gesetzliche Verpflichtungen zur Übermittlung bestehen.

(4) Bestehende Verschwiegenheitspflichten werden durch die Zulässigkeit von Übermittlungen gemäß Abs. 1 oder 2 nicht berührt.

(5) Nicht registrierte Übermittlungen sind so zu protokollieren, daß dem Betroffenen Auskunft gemäß § 25 gegeben werden kann. Übermittlungen gemäß § 23 Abs. 4 bedürfen keiner Protokollierung.

DIENSTLEISTUNG IM DATENVERKEHR

§ 19. Dienstleister haben bei der Verwendung von Daten für den Auftraggeber folgende Pflichten:
1. die Daten ausschließlich im Rahmen der Aufträge des Auftraggebers zu verwenden; insbesondere ist die Übermittlung der verwendeten Daten ohne Auftrag des Auftraggebers verboten;
2. die gemäß § 21 erforderlichen Sicherheitsmaßnahmen zu treffen; insbesondere dürfen für die Dienstleistung nur solche Mitarbeiter herangezogen werden, die sich dem Dienstleister gegenüber gemäß § 20 zur Geheimhaltung von Daten verpflichtet haben;
3. den Auftraggeber von der beabsichtigten Heranziehung eines weiteren Dienstleisters so rechtzeitig zu verständigen, daß er dies allenfalls untersagen kann;
4. – sofern dies nach der Art der Dienstleistung in Frage kommt – im Einvernehmen mit dem Auftraggeber die notwendigen technischen und organisatorischen Voraussetzungen für die Erfüllung der Auskunfts-, Richtigstellungs- und Löschungspflicht des Auftraggebers zu schaffen;
5. nach Beendigung der Dienstleistung alle Verarbeitungsergebnisse und Unterlagen, die Daten enthalten, dem Auftraggeber zu übergeben bzw. in dessen Auftrag zu vernichten oder für ihn weiter aufzubewahren;
6. dem Auftraggeber jene Informationen zur Verfügung zu stellen, die zur Kontrolle der Einhaltung der unter Z 1 bis 5 genannten Verpflichtungen notwendig sind.

DATENGEHEIMNIS

§ 20. (1) Daten aus Datenverarbeitungen, die ausschließlich auf Grund einer berufsmäßigen Beschäftigung anvertraut wurden oder zugänglich geworden sind, dürfen unbeschadet sonstiger Verschwiegenheitspflichten nur auf Grund einer ausdrücklichen Anordnung des Auftrags- oder Arbeitgebers oder dessen Vertreters übermittelt werden (Datengeheimnis).

(2) Auftraggeber und Dienstleister haben sich von ihren Mitarbeitern vertraglich ausdrücklich zusichern zu lassen, daß sie Daten aus Datenverarbeitungen nur auf Grund der Anordnungen gemäß Abs. 1 übermitteln werden und daß sie das Datengeheimnis auch nach Beendigung des Mitarbeiterverhältnisses zum Auftraggeber oder Dienstleister einhalten werden.

(3) Den Arbeitgeber trifft die Verantwortung für die Vollständigkeit und die datenschutzrechtliche Zulässigkeit der Übermittlungsanordnungen sowie darüber hinaus auch dafür, daß die Mitarbeiter über die für sie geltenden Übermittlungsanordnungen ausreichend informiert sind.

(4) Aus der Verweigerung der Ausführung eines Auftrages, der gegen § 18 verstoßen würde, darf dem Mitarbeiter kein Nachteil erwachsen.

(5) In einem behördlichen Verfahren kann sich niemand seiner Zeugenpflicht unter Berufung auf das Datengeheimnis entschlagen.

DATENSICHERHEITSMASSNAHMEN

§ 21. Auftraggeber und Dienstleister des privaten Bereichs haben die im Sinne des § 10 erforderlichen Datensicherheitsmaßnahmen zu treffen.

MELDUNG VON AUFTRAGGEBERN

§ 22. (1) Jeder Auftraggeber einer Datenverarbeitung im Sinne des § 17 Abs. 1 hat bei der erstmaligen Aufnahme einer Datenverarbeitung dem Datenverarbeitungsregister seinen Namen (sonstige Bezeichnung), die Anschrift und den berechtigten Zweck zur Eintragung zu melden und die zur Glaubhaftmachung dieser Angaben notwendigen Unterlagen vorzulegen. Änderungen dieser Umstände sind unverzüglich zu melden.

(2) Falls der Auftraggeber Standardverarbeitungen (§ 23 Abs. 4) durchführt, hat er darüber hinaus anzugeben, welche Standardverarbeitungen er vornimmt.

(3) Der Auftraggeber hat die ihm bei der Eintragung zugeteilte Registernummer (§ 23 b Abs. 2) bei der Übermittlung von Daten und bei Mitteilungen an den Betroffenen zu führen.

MELDUNG VON DATENVERARBEITUNGEN UND ÜBERMITTLUNGEN

§ 23. (1) Auftraggeber haben, außer in den Fällen des Abs. 4, bei Aufnahme einer Datenverarbeitung diese dem Datenverarbeitungsregister zur Registrierung zu melden.

(2) Die Meldung hat zu enthalten:
1. den Namen (die sonstige Bezeichnung) und die Anschrift des Auftraggebers;
2. die Registernummer des Auftraggebers, sofern ihm eine solche bereits zugeteilt wurde;
3. den Zweck der zu registrierenden Datenverarbeitung;
4. die Kreise der von der Datenverarbeitung Betroffenen und die über sie verarbeiteten Datenarten;
5. – im Falle vorgesehener Datenübermittlungen – die Kreise der von der Übermittlung Betroffenen, die zu übermittelnden Datenarten und die zugehörigen Empfängerkreise sowie – wenn Übermittlungen ins Ausland vorgesehen sind – die Angabe des Empfängerstaates;
6. – soweit eine Genehmigung für den internationalen Datenverkehr gemäß den §§ 32 bis 34 einzuholen war – die Geschäftszahl der Genehmigung der Datenschutzkommission.

(3) Die Abs. 1 und 2 gelten sinngemäß für Änderungen in gemeldeten Datenverarbeitungen.

(4) Der Bundeskanzler kann durch Verordnung nach Anhörung des Datenschutzrates Typen von Datenverarbeitungen und Übermittlungen aus diesen zu Standardverarbeitungen erklären, wenn sie von einer großen Anzahl von Auftraggebern in gleichartiger Weise vorgenommen werden und ihr Inhalt durch Gesetz oder durch Vertrag mit dem Betroffenen vorgegeben ist. Diese Standardverarbeitungen sind von der Meldungspflicht ausgenommen. In dieser Verordnung kann aber ausnahmsweise die Meldungspflicht angeordnet werden, wenn dies im Hinblick auf schutzwürdige Geheimhaltungsinteressen der Betroffenen geboten erscheint.

MÄNGELRÜGEVERFAHREN

§ 23 a. (1) Das Datenverarbeitungsregister hat innerhalb einer Frist von höchstens zwei Monaten dem Auftraggeber die Verbesserung unter gleichzeitiger Setzung einer angemessenen Verbesserungsfrist aufzutragen, wenn eine Meldung mangelhaft im Sinne des § 8 a Abs. 2 erscheint.

(2) Kommt das Datenverarbeitungsregister bei Prüfung der Meldung zur Auffassung, daß mangels Rechtsgrundlage einer Datenverarbeitung schutzwürdige Geheimhaltungsinteressen der Betroffenen wesentlich gefährdet erscheinen, so hat es dies der Datenschutzkommission unverzüglich mitzuteilen; die Datenschutzkommission hat, wenn sie die Bedenken des Datenverarbeitungsregisters teilt, die vorläufige Einstellung der gesamten oder eines Teiles der Datenverarbeitung mit Bescheid zu verfügen.

(3) Bescheide gemäß Abs. 2 verlieren ihre Wirksamkeit mit der Erledigung des Mängelrügeverfahrens gemäß Abs. 4, längstens aber nach 6 Monaten.

(4) Wird einem Verbesserungsauftrag des Datenverarbeitungsregisters nicht fristgerecht entsprochen, so hat das Datenverarbeitungsregister die Meldung der Datenschutzkommission vorzulegen. Dabei sind die behaupteten Mängel zu begründen. Stellt die Datenschutzkommission die Mangelhaftigkeit der Meldung fest, so hat sie mit Bescheid die Registrierung abzulehnen und die Weiterführung der Datenverarbeitung zu untersagen; andernfalls hat sie dem Datenverarbeitungsregister die Registrierung aufzutragen.

REGISTRIERUNG

§ 23 b. (1) Meldungen nach den §§ 8, 22 und 23 sind in das Datenverarbeitungsregister einzutragen, wenn
1. nicht innerhalb von zwei Monaten nach Einlangen der Meldung ein Verbesserungsauftrag erteilt wurde,
2. der Auftraggeber die verlangten Verbesserungen fristgerecht vorgenommen hat, oder
3. die Registrierung dem Datenverarbeitungsregister von der Datenschutzkommission aufgetragen wurde.

(2) Dem Auftraggeber ist die Durchführung der Registrierung unter Beifügung des ihn betreffenden Registerauszuges schriftlich mitzuteilen. Die Mitteilung hat auch die dem Auftraggeber zugeteilte Registernummer zu enthalten.

(3) Durch die Eintragung einer Datenverarbeitung im Register wird der Entscheidung der zuständigen Behörde über die Rechtmäßigkeit der registrierten Datenverarbeitung nicht vorgegriffen.

(4) Streichungen und Änderungen sind im Datenverarbeitungsregister auf Antrag des Eingetragenen oder auf Grund eines im Verfahren nach Abs. 5 ergangenen Bescheides der Datenschutzkommission vorzunehmen.

(5) Werden dem Datenverarbeitungsregister nachträglich Umstände bekannt, die eine Mangelhaftigkeit von registrierten Meldungen bewirken, so hat das Datenverarbeitungsregister von Amts wegen ein Mängelrügeverfahren einzuleiten. Hiefür gilt § 23 a mit der Maßgabe, daß die Datenschutzkommission im Falle der Änderung von Namen oder Adressen mit Bescheid eine Berichtigung verfügen kann. Die Durchführung eines Mängelrügeverfahrens ist bis zum Abschluß dieses Verfahrens im Register anzumerken.

(6) Der Bundeskanzler hat nach Anhörung des Datenschutzrates durch Verordnung nähere Bestimmungen über die Registrierung zu erlassen. Dabei ist auf die Übersichtlichkeit der Eintragungen und die Einfachheit der Einsichtnahme in das Register Bedacht zu nehmen.

REGISTRIERUNGSGEBÜHR

§ 24. (1) Für die Inanspruchnahme des Datenverarbeitungsregisters gemäß §§ 22 und 23 ist eine Gebühr zu entrichten, deren Bezahlung bei Vorlage der Meldung nachzuweisen ist. Die Art der Entrichtung der Gebühr ist vom Bundeskanzler nach Anhörung des Datenschutzrates durch Verordnung zu regeln. Die Gebühr beträgt für jede Erstmeldung, die sich nicht ausschließlich auf Standardverarbeitungen bezieht, 700 S, für jede Änderungsmeldung und für jede Meldung, die sich ausschließlich auf Standardverarbeitungen bezieht, 150 S.

(2) Die Registrierungsgebühr ist von der Datenschutzkommission mit Bescheid vorzuschreiben, wenn ihre Bezahlung bei Vorlage der Meldung nicht nachgewiesen wird.

(3) Meldungen, die die gänzliche Streichung des Auftraggebers aus dem Register oder bloße Namens- oder Adreßänderungen beim Auftraggeber zum Gegenstand haben, sind gebührenfrei.

AUSKUNFTSRECHT

§ 25. (1) Ein Betroffener kann bei Nachweis seiner Identität beim Auftraggeber Auskunft über die zu seiner Person gespeicherten Daten und über deren Herkunft verlangen. Wurden diese Daten übermittelt, kann der Betroffene auch Auskunft über die Empfänger verlangen. Die Auskunft ist binnen vier Wochen schriftlich in allgemein verständlicher Form zu erteilen, sofern der Betroffene nicht mit einer mündlichen Auskunft einverstanden ist. Mit Zustimmung des Betroffenen kann anstelle der schriftlichen Auskunft die Einsichtnahme und die Möglichkeit der Abschrift oder Ablichtung gegeben werden.

(2) Werden Daten nach § 19 verarbeitet, so sind in der Auskunft auch Name und Anschrift des Dienstleisters anzugeben.

(3) Der Betroffene hat am Verfahren mitzuwirken. Er hat diejenigen Datenverarbeitungen zu bezeichnen, bezüglich derer er Betroffener sein kann, oder glaubhaft zu machen, daß er irrtümlich oder mißbräuchlich in Datenbeständen des Auftraggebers enthalten ist.

(4) Die Erteilung einer Auskunft nach Abs. 1 hat unentgeltlich zu erfolgen, wenn sie den aktuellen Datenbestand betrifft und wenn der Auskunftswerber im laufenden Jahr noch kein Auskunftsersuchen an den Auftraggeber betreffend dasselbe Aufgabengebiet gestellt hat. In allen anderen Fällen kann für die Auskunft ein Entgelt verlangt werden, das über die notwendigen aus der Verarbeitung des Auskunftsantrages tatsächlich erwachsenden Kosten nicht hinausgehen darf. Von der Bearbeitung des Auskunftsersuchens kann abgesehen werden, wenn der Betroffene nicht gemäß Abs. 3 am Verfahren mitwirkt oder das Entgelt nicht entrichtet wurde. Ein etwa geleistetes Entgelt ist ungeachtet weiterer Schadenersatzansprüche zurückzuerstatten, wenn Daten rechtswidrig verwendet wurden oder wenn die Auskunft sonst zu einer Richtigstellung geführt hat.

(5) Gesetzliche Verschwiegenheitspflichten bleiben unberührt.

(6) Eine Auskunft muß nicht erteilt werden, soweit dadurch überwiegende berechtigte Interessen des Auftraggebers oder eines Dritten gefährdet werden und dies dem Betroffenen gegenüber begründet wird.

(7) Wird dem Ersuchen um Auskunft nicht nachgekommen, so ist dies dem Betroffenen unter Angabe der Gründe binnen vier Wochen schriftlich mitzuteilen.

(8) Ab dem Zeitpunkt der Kenntnis eines Auskunftsverlangens darf der Auftraggeber – außerhalb regelmäßig stattfindender und im vorhinein angeordneter Löschungsvorgänge – diese Daten innerhalb eines Zeitraumes von 4 Monaten, im Falle der Klage gemäß § 29 bis zum rechtskräftigen Abschluß des Verfahrens nicht löschen.

PFLICHT ZUR RICHTIGSTELLUNG

§ 26. (1) Daten sind über begründetes Ansuchen des Betroffenen richtigzustellen, wenn sie unrichtig oder unvollständig sind. § 12 Abs. 3, 5, 7 und 8 sind sinngemäß anzuwenden. Wenn aus Gründen der Wirtschaftlichkeit die physische Richtigstellung von Daten auf ausschließlich automationsunterstützt lesbaren Datenträgern nur zu bestimmten Zeitpunkten vorgenommen werden kann, so sind diese Daten bis dahin logisch und sodann physisch richtigzustellen.

(2) Bei der Übermittlung und Benützung von Daten, deren Richtigkeit vom Betroffenen bestritten wurde, und bei denen keine Einigung über ihre Richtigkeit oder Unrichtigkeit erzielt werden konnte, ist über Verlangen des Betroffenen ein Vermerk über die Bestreitung beizufügen. Dieser Vermerk darf ohne Zustimmung des Betroffenen nur auf Grund eines rechtskräftigen Urteils gelöscht werden. Ist das Richtigstellungsbegehren (Abs. 1) gerichtlich geltend gemacht, die Klage aber abgewiesen worden, so ist über Verlangen des Auftraggebers im Urteil die Löschung des Vermerks anzuordnen. Der Auftraggeber kann auch

unter Nachweis der Richtigkeit der Daten (§ 12 Abs. 5) den Anspruch auf Löschung des Bestreitungsvermerkes gerichtlich geltend machen.

PFLICHT ZUR LÖSCHUNG

§ 27. (1) Daten sind zu löschen, wenn
1. ihre Erfassung oder Speicherung rechtswidrig ist, oder
2. auf Antrag des Betroffenen, wenn ihre Erfassung oder Speicherung für die Erfüllung der Zwecke der Datenverarbeitung nicht mehr erforderlich ist und dem nicht überwiegende berechtigte Interessen des Auftraggebers, eines Dritten oder gesetzliche Aufbewahrungspflichten entgegenstehen.

(2) Wenn aus Gründen der Wirtschaftlichkeit die physische Löschung von Daten auf ausschließlich automationsunterstützt lesbaren Datenträgern nur zu bestimmten Zeitpunkten vorgenommen werden kann, so sind diese Daten bis dahin logisch und sodann physisch zu löschen.

ZIVILRECHTLICHE HAFTUNG

§ 28. (1) Ansprüche gegen nicht den Bestimmungen der §§ 4 und 5 unterliegende Rechtsträger, wie sie sich aus diesem Abschnitt dieses Bundesgesetzes ergeben, sind auf dem ordentlichen Rechtsweg geltend zu machen.

(2) Sind Daten entgegen den Bestimmungen dieses Bundesgesetzes oder den auf Grund dieses Bundesgesetzes erlassenen Durchführungsbestimmungen verarbeitet, benützt oder übermittelt worden, so hat der Betroffene, unbeschadet etwaiger Ansprüche auf Schadenersatz, Anspruch auf Unterlassung und Beseitigung des diesem Bundesgesetz oder den auf Grund dieses Bundesgesetzes erlassenen Durchführungsbestimmungen widerstreitenden Zustandes.

ZIVILRECHTLICHES VERFAHREN

§ 29. (1) Für Klagen nach diesem Bundesgesetz ist in erster Instanz nur das mit der Ausübung der Gerichtsbarkeit in bürgerlichen Rechtssachen betraute Landesgericht zuständig, in dessen Sprengel der Betroffene seinen gewöhnlichen Aufenthalt oder Sitz hat. Klagen des Betroffenen können aber auch bei dem Landesgericht erhoben werden, in dessen Sprengel der Auftraggeber oder der Dienstleister seinen gewöhnlichen Aufenthalt oder Sitz hat.

(2) Auf Klagen nach diesem Bundesgesetz, die eine Arbeitsrechtssache im Sinne des § 50 des Arbeits- und Sozialgerichtsgesetzes, BGBl. Nr. 104/1985, zum Gegenstand haben, ist das genannte Gesetz anzuwenden; hinsichtlich der Zuständigkeit ist jedoch der Abs. 1 sinngemäß anzuwenden.

(3) Die Datenschutzkommission hat in gerichtlichen Verfahren, die Ansprüche aus diesem Bundesgesetz zum Gegenstand haben, sofern sie nicht selbst Parteistellung hat, über Ersuchen des Gerichtes Gutachten über technische und organisatorische Fragen des Datenschutzes abzugeben.

(4) Die Datenschutzkommission hat, wenn ein Betroffener es verlangt und es zur Wahrung der nach diesem Bundesgesetz geschützten Interessen des Datenschutzes und einer größeren Zahl von Betroffenen geboten ist, einem Rechtsstreit auf Seiten des Betroffenen als Nebenintervenient (§§ 17 ff. ZPO) beizutreten.

(5) Das Gericht kann im Urteil aussprechen, daß Entscheidungen im Datenverarbeitungsregister einzutragen sind, wenn es zur Wahrung der nach diesem Bundesgesetz geschützten Interessen des Datenschutzes und einer größeren Zahl von Betroffenen geboten ist.

EINSTWEILIGE VERFÜGUNGEN

§ 30. Zur Sicherung der auf dieses Bundesgesetz gestützten Ansprüche auf Unterlassung können einstweilige Verfügungen erlassen werden, auch wenn die im § 381 EO bezeichneten Voraussetzungen nicht zutreffen. Zuständig zur Erlassung von einstweiligen Verfügungen, die vor Einleitung eines Rechtsstreites beantragt werden, sind die im § 29 Abs. 1 und 2 bezeichneten Landesgerichte, in Arbeitsrechtssachen als Arbeits- und Sozialgerichte, beziehungsweise das Arbeits- und Sozialgericht Wien.

RECHTE DES BETRIEBSRATES

§ 31. Die dem Betriebsrat nach dem Arbeitsverfassungsgesetz zustehenden Befugnisse werden durch dieses Bundesgesetz nicht berührt. Das Datengeheimnis (§ 20) ist auch von den Mitgliedern des Betriebsrates zu wahren.

4. ABSCHNITT

INTERNATIONALER DATENVERKEHR

ÜBERMITTLUNG UND ÜBERLASSUNG VON DATEN IN DAS AUSLAND

§ 32. (1) Die Übermittlung und Überlassung von Daten in Staaten mit Datenschutzbestimmungen, die den österreichischen gleichwertig sind, bedürfen keiner Genehmigung durch die Datenschutzkommission. Inwieweit diese Gleichwertigkeit gegeben ist, wird durch Verordnung des Bundeskanzlers nach Anhörung der Datenschutzkommission festgestellt.

(2) Übermittlungen und Überlassungen in andere Staaten sind genehmigungsfrei, wenn
1. sie auf Grund gesetzlicher oder völkerrechtlicher Bestimmungen erfolgen, in welchen die zu übermittelnden oder zu überlassenden Datenarten und die Empfänger ausdrücklich genannt sind, oder
2. der Betroffene um die Übermittlung schriftlich ersucht hat, wobei dieses Ersuchen schriftlich widerrufen werden kann, oder
3. die Daten im Inland zulässigerweise veröffentlicht wurden oder
4. es sich um solche Übermittlungen oder Überlassungen handelt, die durch Verordnung des Bundeskanzlers nach Anhörung des Datenschutzrates genehmigungsfrei erklärt wurden, weil sie von einer großen Anzahl von Auftraggebern in gleichartiger Weise vorgenommen werden, ihr Inhalt durch Gesetz oder durch Vertrag mit dem Betroffenen vorgegeben ist und im Hinblick auf schutzwürdige Geheimhaltungsinteressen der Betroffenen eine Prüfung durch die Datenschutzkommission nicht dennoch geboten erscheint (Standardübermittlungen und Standardüberlassungen).

(3) Voraussetzung für die Zulässigkeit von genehmigungsfreien Übermittlungen und Überlassungen in das Ausland ist jedoch die Einhaltung der §§ 6, 7, 17 und 18 sowie – bei Überlassungen ins Ausland – die schriftliche Zusage des Dienstleisters, die im § 19 aufgezählten Pflichten einzuhalten.

GENEHMIGUNG VON ÜBERMITTLUNGEN IN DAS AUSLAND

§ 33. (1) In den nicht dem § 32 unterliegenden Fällen ist vor der Übermittlung von Daten in das Ausland eine Genehmigung der Datenschutzkommission einzuholen.

(2) Die Genehmigung ist zu versagen, wenn
1. die Datenverarbeitung, aus der ins Ausland übermittelt werden soll, rechtswidrig ist oder
2. die Voraussetzungen der §§ 7 oder 18 nicht gegeben sind oder
3. Bedenken bestehen, daß schutzwürdige Geheimhaltungsinteressen der Betroffenen durch den Datenverkehr im Ausland gefährdet sind oder
4. öffentliche Interessen einschließlich völkerrechtlicher Verpflichtungen entgegenstehen.

(3) Die Datenschutzkommission hat eine Ausfertigung jedes Bescheides, mit dem eine Übermittlung von Daten in Ausland genehmigt wurde, dem Datenverarbeitungsregister zuzumitteln; die Bescheidausfertigung ist zum Registrierungsakt zu nehmen.

GENEHMIGUNG VON DIENSTLEISTUNGEN IM AUSLAND

§ 34. (1) In den nicht dem § 32 unterliegenden Fällen ist vor der Überlassung von Daten in das Ausland zum Zweck der Erbringung einer Dienstleistung eine Genehmigung der Datenschutzkommission einzuholen.

(2) Die Genehmigung ist zu versagen, wenn
1. die Datenverarbeitung, aus der in das Ausland übermittelt werden soll, rechtswidrig ist oder
2. der Dienstleister im Ausland dem Antragsteller die Einhaltung der im § 19 aufgezählten Pflichten nicht schriftlich zugesagt hat oder
3. Bedenken bestehen, daß schutzwürdige Geheimhaltungsinteressen der Betroffenen durch den Datenverkehr im Ausland gefährdet sind oder
4. öffentliche Interessen einschließlich völkerrechtlicher Verpflichtungen entgegenstehen.

(3) Die Datenschutzkommission hat eine Ausfertigung jedes Bescheides, mit dem eine Überlassung von Daten in das Ausland genehmigt wurde, dem Datenverarbeitungsregister zuzumitteln; die Bescheidausfertigung ist zum Registrierungsakt zu nehmen.

5. ABSCHNITT

DATENSCHUTZKOMMISSION, DATENSCHUTZRAT UND DATENVERARBEITUNGSREGISTER

KONTROLLORGANE

§ 35. (1) Zur Wahrung des Datenschutzes im Sinne dieses Bundesgesetzes – unbeschadet der Zuständigkeit der ordentlichen Gerichte – werden eine Datenschutzkommission und ein Datenschutzrat eingerichtet.

(2) Die Geschäftsführung der in Abs. 1 genannten Organe obliegt dem Bundeskanzleramt. Der Bundeskanzler hat diesen Organen das notwendige Personal auf Vorschlag des Datenschutzrates zur Verfügung zu stellen. Im Rahmen ihrer Tätigkeit für diese Organe sind solche Personen an die Weisungen des jeweiligen Vorsitzenden oder der in den Geschäftsordnungen bezeichneten Mitglieder der in Abs. 1 genannten Organe gebunden.

AUFGABEN DER DATENSCHUTZKOMMISSION

§ 36. (1) Der Datenschutzkommission obliegen – abgesehen von den in den §§ 8 a, 9, 12, 13, 16, 23 a, 23 b, 24, 32, 37, 38, 39, 44, 45, 50 und 52 genannten Befugnissen – folgende Aufgaben:
1. die Durchführung von Beschwerdeverfahren (§ 14) und von Verfahren nach § 12 Abs. 10;
2. die amtswegige Einleitung und Durchführung von Verfahren nach § 15;
3. die Erlassung von mit Eintragungen in das Datenverarbeitungsregister zusammenhängenden Bescheiden (§ 47);
4. die Erteilung der für den internationalen Datenverkehr notwendigen Bewilligungen (§§ 32 bis 34);
5. die Erlassung ihrer Geschäftsordnung.

(2) Weiters obliegen der Datenschutzkommission die Abfassung der Berichte nach § 46 Abs. 1, von Empfehlungen nach § 41, sowie Beteiligungen an gerichtlichen Verfahren.

(3) Entscheidungen der Datenschutzkommission unterliegen nicht der Aufhebung oder Abänderung im Verwaltungswege. Die Beschwerde an den Verwaltungsgerichtshof ist zulässig.

(4) (Verfassungsbestimmung) Die Beschwerde an den Verwaltungsgerichtshof ist auch zulässig in den Fällen des Art. 130 Abs. 1 lit. c B-VG.

WIRKUNG VON BESCHEIDEN

§ 37. (1) Wenn die Datenschutzkommission eine Verletzung von Bestimmungen dieses Bundesgesetzes oder der auf Grund dieses Bundesgesetzes erlassenen Durchführungsbestimmungen festgestellt hat, so sind die Verwaltungsbehörden verpflichtet, mit den ihnen zu Gebote stehenden rechtlichen Mitteln unverzüglich den der Rechtsanschauung der Datenschutzkommission entsprechenden Zustand herzustellen. In den Bescheiden der Datenschutzkommission ist die Behörde zu bestimmen, die den Bescheid zu vollstrecken hat. Das Vollstreckungsverfahren richtet sich nach den für diese Behörde sonst geltenden Vorschriften.

(2) Bei Gefahr im Verzug für den Betroffenen kann die Datenschutzkommission die Benützung oder Übermittlung der Daten oder einzelne Verarbeitungsvorgänge bis zur Entscheidung der Datenschutzkommission nach § 14 oder § 15 untersagen.

ZUSAMMENSETZUNG DER DATENSCHUTZKOMMISSION

§ 38. (1) Die Datenschutzkommission besteht aus vier Mitgliedern, die über Vorschlag der Bundesregierung vom Bundespräsidenten für die Dauer von fünf Jahren bestellt werden. Wiederbestellungen sind zulässig. Ein Mitglied muß dem Richterstand angehören. Die Mitglieder sollen Erfahrungen auf dem Gebiet des Datenschutzes aufweisen.

(2) Die Vorbereitung des Vorschlages der Bundesregierung für die Bestellung der Mitglieder der Datenschutzkommission obliegt dem Bundeskanzler. Er hat dabei Bedacht zu nehmen auf:
1. einen Dreiervorschlag für das richterliche Mitglied vom Präsidenten des Obersten Gerichtshofes;
2. einen Vorschlag der Länder für zwei Mitglieder.

(3) Ein Mitglied ist aus dem Kreise der rechtskundigen Bundesbeamten vorzuschlagen.

(4) Für jedes Mitglied ist ein Ersatzmitglied zu bestellen. Das Ersatzmitglied tritt bei Verhinderung eines Mitgliedes an dessen Stelle.

(5) Der Datenschutzkommission können nicht angehören:
1. Mitglieder der Bundesregierung oder einer Landesregierung sowie Staatssekretäre;
2. Personen, die mit der Verarbeitung von Daten, auf die die Bestimmungen dieses Bundesgesetzes Anwendung finden, unmittelbar befaßt sind;
3. Personen, die zum Nationalrat nicht wählbar sind.

(6) Hat ein Mitglied der Datenschutzkommission Einladungen zu drei aufeinanderfolgenden Sitzungen ohne genügende Entschuldigung keine Folge geleistet oder tritt bei einem Mitglied ein Ausschließungsgrund des Abs. 5 nachträglich ein, so hat dies nach seiner Anhörung die Datenschutzkommission festzustellen. Diese Feststellung hat den Verlust der Mitgliedschaft zur Folge. Im übrigen kann ein Mitglied der Datenschutzkommission nur aus einem schwerwiegenden Grund durch Beschluß der Datenschutzkommission, dem mindestens zwei ihrer Mitglieder zustimmen müssen, seines Amtes für verlustig erklärt werden.

(7) Auf die Ersatzmitglieder finden die Abs. 2, 3, 5 und 6 sinngemäß Anwendung.

(8) Scheidet ein Mitglied wegen Todes, freiwillig oder gemäß Abs. 6 vorzeitig aus, so wird das betreffende Ersatzmitglied (Abs. 2 und 3) Mitglied der Datenschutzkommission, und

es ist unter Anwendung der Absätze 2 und 3 bis zum Ablauf der Funktionsperiode der Mitglieder ein neues Ersatzmitglied zu bestellen.

(9) Die Mitglieder der Datenschutzkommission haben Anspruch auf Ersatz der Reisekosten (Gebührenstufe 5) nach Maßgabe der für Bundesbeamte der Allgemeinen Verwaltung geltenden Rechtsvorschriften. Sie haben ferner Anspruch auf eine dem Zeit- und Arbeitsaufwand entsprechende Vergütung, die auf Antrag des Bundeskanzlers von der Bundesregierung durch Verordnung festzusetzen ist.

VORSITZENDER UND GESCHÄFTSFÜHRUNG DER DATENSCHUTZKOMMISSION

§ 39. (1) Das richterliche Mitglied führt den Vorsitz in der Datenschutzkommission.

(2) (Verfassungsbestimmung) Die Datenschutzkommission gibt sich eine Geschäftsordnung, in der eines ihrer Mitglieder mit der Führung der laufenden Geschäfte zu betrauen ist. Diese Betrauung kann auch die Erlassung von verfahrensrechtlichen Bescheiden beinhalten.

(3) Für einen gültigen Beschluß der Datenschutzkommission ist die Zustimmung der Mehrheit der abgegebenen Stimmen notwendig. Bei Stimmengleichheit gibt die Stimme des Vorsitzenden den Ausschlag. Stimmenthaltung ist unzulässig.

(4) Entscheidungen der Datenschutzkommission von grundsätzlicher Bedeutung für die Allgemeinheit sind in geeigneter Weise zu veröffentlichen. Die näheren Vorkehrungen für die Veröffentlichung der Entscheidungen trifft die Datenschutzkommission.

WEISUNGSFREIHEIT DER MITGLIEDER DER DATENSCHUTZKOMMISSION

§ 40. (Verfassungsbestimmung) Die Mitglieder der Datenschutzkommission sind in Ausübung ihres Amtes unabhängig und an keine Weisungen gebunden.

EMPFEHLUNGEN DER DATENSCHUTZKOMMISSION

§ 41. Hat die Datenschutzkommission gegen die Rechtmäßigkeit einer Ermittlung, Verarbeitung, Benützung oder Übermittlung von Daten von oder für Rechtsträger nach § 4 oder § 5 Bedenken, so hat sie diese Bedenken samt Begründung und einer Empfehlung über die Herstellung des rechtmäßigen Zustandes dem für den Auftrag zur betreffenden Verarbeitung zuständigen obersten Verwaltungsorgan mitzuteilen. Dieses Organ hat innerhalb einer angemessenen, jedoch zwölf Wochen nicht überschreitenden Frist entweder diesen Empfehlungen zu entsprechen und dies der Datenschutzkommission mitzuteilen oder schriftlich zu begründen, warum den Empfehlungen nicht entsprochen wurde.

AUFGABEN DES DATENSCHUTZRATES

§ 42. (1) Dem Datenschutzrat obliegen – abgesehen von den in den §§ 4, 5, 8, 11, 22, 23 b, 24, 32, 35, 44, 45, 46, 47 und 52 genannten Befugnissen – folgende Aufgaben:
1. Auskünfte und Berichte über Fragen des Datenschutzes beim Datenverkehr im öffentlichen Bereich von den zuständigen Organen zu verlangen;
2. Auswirkungen des automationsunterstützten Datenverkehrs auf die Wahrung schutzwürdiger Interessen, insbesondere auf Achtung des Privat- und Familienlebens im Sinne des § 1 dieses Bundesgesetzes zu beobachten und die Ergebnisse solcher Beobachtungen dem Bericht der Datenschutzkommission nach § 46 Abs. 1 sowie allfälligen ADV-Berichten und Plänen der Bundesregierung beizufügen;
3. Anregungen zur allfälligen Verbesserung des Schutzes von Daten, die infolge der Entwicklung des Datenverkehrs zum Schutz der verfassungsgesetzlich gewährleisteten

Rechte notwendig werden, der Bundesregierung und den Landesregierungen sowie über Vermittlung dieser den gesetzgebenden Organen gegenüber auszusprechen;
4. auf Antrag eines der dem Datenschutzrat angehörenden Vertreters der politischen Parteien Fragen von grundsätzlicher Bedeutung für den Datenschutz in Beratung zu ziehen;
5. die Erlassung seiner Geschäftsordnung.

(2) Die zuständigen Bundesminister und Landesregierungen haben auf Ersuchen des Datenschutzrates diesem über Erfahrungen auf dem Gebiete des Datenschutzes aus ihrem Bereich zu berichten.

(3) Gerichtliche Entscheidungen und Vergleiche in Verfahren auf Grund dieses Bundesgesetzes sind dem Datenschutzrat zuzustellen.

ZUSAMMENSETZUNG DES DATENSCHUTZRATES

§ 43. (1) Dem Datenschutzrat gehören an:
1. Vertreter der politischen Parteien: Von der im Hauptausschuß des Nationalrates am stärksten vertretenen Partei sind vier Vertreter, von der am zweitstärksten vertretenen Partei sind drei Vertreter und von jeder anderen im Hauptausschuß des Nationalrates vertretenen Partei ist ein Vertreter in den Datenschutzrat zu entsenden. Bei Mandatsgleichheit der beiden im Nationalrat am stärksten vertretenen Parteien entsendet jede dieser Parteien drei Vertreter.
2. Je ein Vertreter des Österreichischen Arbeitskammertages und der Bundeskammer der gewerblichen Wirtschaft;
3. zwei Vertreter der Länder;
4. je ein Vertreter des Gemeindebundes und des Städtebundes;
5. ein vom Bundeskanzler zu ernennender Vertreter des Bundes.

(2) Die in Abs. 1 Z. 3, 4 und 5 genannten Vertreter sollen Erfahrung auf dem Gebiet der Verwaltungsinformatik haben.

(3) Für jedes Mitglied ist ein Ersatzmitglied namhaft zu machen.

(4) § 38 Abs. 5 ist sinngemäß anzuwenden.

(5) Die Mitglieder gehören dem Datenschutzrat solange an, bis von den namhaft machenden Stellen (Abs. 1) andere Vertreter namhaft gemacht worden sind.

(6) Die Tätigkeit der Mitglieder des Datenschutzrates ist ehrenamtlich. Mitglieder des Datenschutzrates, die außerhalb von Wien wohnen, haben im Fall der Teilnahme an Sitzungen des Datenschutzrates Anspruch auf Ersatz der Reisekosten (Gebührenstufe 5) nach Maßgabe der für Bundesbeamte der Allgemeinen Verwaltung geltenden Rechtsvorschriften.

VORSITZ UND GESCHÄFTSFÜHRUNG DES DATENSCHUTZRATES

§ 44. (1) Der Datenschutzrat wählt aus seiner Mitte einen Vorsitzenden und zwei stellvertretende Vorsitzende. Die Funktionsperiode des Vorsitzenden (stellvertretenden Vorsitzenden) dauert, unbeschadet der Änderung der Vertretung gemäß § 43 Abs. 5, fünf Jahre. Wiederbestellungen sind zulässig.

(2) Die Sitzungen des Datenschutzrates sind nach Bedarf einzuberufen. Begehrt ein Mitglied oder die Datenschutzkommission die Einberufung einer Sitzung, so hat der Vorsitzende eine Sitzung einzuberufen, die binnen vier Wochen stattzufinden hat.

(3) Für Beratungen und Beschlußfassungen im Datenschutzrat ist die Anwesenheit von mehr als der Hälfte seiner Mitglieder erforderlich. Zur Beschlußfassung genügt die einfache

Mehrheit der abgegebenen Stimmen. Bei Stimmengleichheit gibt die Stimme des Vorsitzenden den Auschlag. Stimmenthaltung ist unzulässig.

(4) Die Beifügung von Minderheitenvoten ist zulässig.

(5) Der Datenschutzrat kann aus seiner Mitte ständige oder nichtständige Arbeitsausschüsse bilden, denen er die Vorbereitung, Begutachtung und Bearbeitung einzelner Angelegenheiten übertragen kann. Er ist auch berechtigt, die Geschäftsführung, Vorbegutachtung und die Bearbeitung einzelner Angelegenheiten einem einzelnen Mitglied (Berichterstatter) zu übertragen.

(6) Jedes Mitglied des Datenschutzrates ist verpflichtet, an den Sitzungen – außer im Fall der gerechtfertigten Verhinderung – teilzunehmen. Jedes Mitglied hat seine Verhinderung an der Teilnahme rechtzeitig bekanntzugeben, worauf das Ersatzmitglied einzuladen ist.

(7) Mitglieder der Datenschutzkommission, die dem Datenschutzrat nicht angehören, sind berechtigt, an den Sitzungen des Datenschutzrates oder seiner Arbeitsausschüsse teilzunehmen. Ein Stimmrecht steht ihnen nicht zu.

GEMEINSAME BESTIMMUNGEN FÜR DATENSCHUTZKOMMISSION UND DATENSCHUTZRAT

§ 45. (1) (Verfassungsbestimmung) Alle Organe von Rechtsträgern nach §§ 4 und 5 haben die Datenschutzkommission und den Datenschutzrat bei der Besorgung ihrer Aufgaben zu unterstützen, ihnen Einsicht in Akten, Datenträger und sonstige Einrichtungen des Datenverkehrs zu gewähren und auf Verlangen die erforderlichen Auskünfte zu erteilen.

(2) (Verfassungsbestimmung) Die Beratungen der Datenschutzkommission und des Datenschutzrates sind vertraulich. Die Organe können die Vertraulichkeit ihrer Beratung insoweit aufheben, als sie dies nach dem Gegenstand und dem Zwecke der Beratungen für notwendig erachten und nicht die Geheimhaltung im öffentlichen Interesse oder im Interesse einer Partei geboten ist.

(3) Die Datenschutzkommission und der Datenschutzrat können nach Bedarf zur Beratung besonderer Fragen Sachverständige zuziehen.

(4) Der Bundeskanzler beruft die jeweils erste Sitzung der Datenschutzkommission und des Datenschutzrates ein. Im Datenschutzrat führt das an Jahren älteste Mitglied bis zur Wahl des Vorsitzenden den Vorsitz.

DATENSCHUTZBERICHTE

§ 46. (1) Die Datenschutzkommission hat jedes zweite Jahr einen Bericht über ihre Tätigkeit und die hiebei gesammelten Erfahrungen zu verfassen und diesen Bericht dem Datenschutzrat zu übermitteln.

(2) Der Datenschutzrat hat aus Anlaß der Vorlage des Berichtes der Datenschutzkommission einen Bericht über die Entwicklung des Datenschutzes in Österreich (Datenschutzbericht) zu verfassen und diesen unter Anschluß des Berichtes der Datenschutzkommission und eines Berichtes über die Tätigkeit des Datenverarbeitungsregisters dem Bundeskanzler zu übermitteln.

(3) Der Bundeskanzler hat diesen Datenschutzbericht samt den angeschlossenen Beilagen mit einer Stellungnahme der Bundesregierung sowie mit Aussagen über die Entwicklung des Verarbeitens und des Schutzes von Daten im Ausland und mit allfälligen Empfehlungen dem Nationalrat vorzulegen. Soweit sich der Bericht auf Datenverarbeitungen im Bereich der Länder (§ 5) bezieht, hat der Bundeskanzler den Datenschutzbericht den Ländern zu übermitteln.

DATENVERARBEITUNGSREGISTER

§ 47. (1) Beim Österreichischen Statistischen Zentralamt ist ein Datenverarbeitungsregister einzurichten. Das Register ist nach den Anordnungen des Bundeskanzlers zu führen.

(2) Jedermann kann in das Register Einsicht nehmen. In die im Registrierungsakt befindlichen Genehmigungsbescheide der Datenschutzkommission über internationalen Datenverkehr ist Einsicht zu gewähren, soweit der Einsichtswerber glaubhaft macht, daß er Betroffener der genehmigten Übermittlung oder Überlassung ist und soweit nicht überwiegende schutzwürdige Geheimhaltungsinteressen des Auftraggebers oder anderer Personen entgegenstehen.

(3) Für Abschriften aus dem Register, die der Verfolgung der Rechte als Betroffener dienen, ist kein Kostenersatz zu verlangen.

(4) Der Bundeskanzler hat nach Anhörung des Datenschutzrates die näheren Bestimmungen über die Führung des Registers durch Verordnung zu erlassen.

6. ABSCHNITT

STRAFBESTIMMUNGEN

GEHEIMNISBRUCH

§ 48. (1) Wer Daten widerrechtlich offenbart oder verwertet, die ihm ausschließlich kraft seiner berufsmäßigen Beschäftigung mit Aufgaben der Verarbeitung anvertraut worden oder zugänglich geworden sind, und deren Offenbarung oder Verwertung geeignet ist, ein berechtigtes Interesse des Betroffenen zu verletzen, ist, wenn die Tat nicht nach einer anderen Bestimmung mit strengerer Strafe bedroht ist, vom Gericht mit Freiheitsstrafe bis zu einem Jahr zu bestrafen.

(2) Der Täter ist nur auf Antrag eines in seinem Interesse an der Geheimhaltung Verletzten oder auf Antrag der Datenschutzkommission zu verfolgen.

(3) Die Öffentlichkeit in der Hauptverhandlung ist auszuschließen, wenn dies
1. der Staatsanwalt, der Beschuldigte oder ein Privatbeteiligter beantragt, oder
2. das Gericht zur Wahrung von Interessen am Verfahren nicht beteiligter Personen für notwendig hält.

UNBEFUGTE EINGRIFFE IM DATENVERKEHR

§ 49. Wer widerrechtlich einem anderen in seinen Rechten dadurch absichtlich einen Schaden zufügt, daß er automationsunterstützt verarbeitete Daten löscht, verfälscht oder sonst verändert oder daß er sich automationsunterstützt verarbeitete Daten verschafft, ist, wenn die Tat nicht nach einer anderen Bestimmung mit strengerer Strafe bedroht ist, vom Gericht mit Freiheitsstrafe bis zu einem Jahr zu bestrafen.

VERWALTUNGSSTRAFBESTIMMUNG

§ 50. (1) Eine Verwaltungsübertretung, die mit Geldstrafe bis zu 150.000 Schilling zu ahnden ist, begeht, wer eine Datenverarbeitung vornimmt, ohne seine Melde- oder Genehmigungspflichten erfüllt zu haben, oder sie weiterführt, obwohl ihm dies von der Datenschutzkommission gemäß § 23 a Abs. 2 untersagt wurde, oder wer Daten entgegen § 8 Abs. 5 oder § 22 Abs. 3 weitergibt.

(2) Der Versuch ist strafbar.

(3) Die Strafe des Verfalls von Datenträgern und Programmen kann ausgesprochen werden (§§ 10, 17 und 18 VStG 1950), wenn diese Gegenstände mit einer Verwaltungsübertretung nach Abs.1 in Zusammenhang stehen.

(4) Zuständig für Entscheidungen nach Abs.1 bis 3 ist der Landeshauptmann.

(5) (Verfassungsbestimmung) Über Berufungen gegen Bescheide nach Abs. 4 entscheidet die Datenschutzkommission.

(6) Rechtskräftige Entscheidungen nach Abs. 4 sind der Datenschutzkommission zu übermitteln.

7. ABSCHNITT
ÜBERGANGS- UND SCHLUSSBESTIMMUNGEN

§ 51. aufgehoben

ERPROBUNG NEUER ARBEITSWEISEN UND TECHNIKEN DER VERWALTUNG

§ 52. (1) Die Bestimmungen der §§ 8 und 9 finden keine Anwendung auf Verarbeitungen, soweit diese von den in den §§ 4 und 5 genannten Rechtsträgern zur Erprobung neuer Arbeitsweisen und Techniken der Verwaltung eingesetzt werden, bevor sie zum allgemeinen Einsatz gelangen.

(2) Für Maßnahmen nach Abs. 1 sind nach Anhörung der Datenschutzkommission und des Datenschutzrates Verordnungen zu erlassen. In diesen Verordnungen ist auf die Grundsätze der Zweckmäßigkeit und Sparsamkeit der Verwaltung Bedacht zu nehmen und der sachliche und räumliche Bereich von Modellversuchen nach Abs. 1 sowie die Art und die Verwendung der Daten anzugeben. Die Verordnungen sind zu befristen, wobei die Frist entsprechend der für die Beurteilung des Modellversuchs notwendigen Zeit zu bemessen ist.

(3) Die Verordnungen nach Abs. 2 sind zu erlassen:
1. für Verarbeitungen im Bereich des Bundes (§ 4) vom zuständigen Bundesminister oder der Bundesregierung;
2. für Verarbeitungen im Bereich der Länder (§ 5) von der Landesregierung.

ANWENDUNG DES § 7 AUF VERWALTUNGSANGELEGENHEITEN GEMÄSS ART. 30 B-VG

§ 53. § 7 findet auf Daten aus dem Bereich der dem Präsidenten des Nationalrates gemäß Art. 30 B-VG übertragenen Verwaltungsangelegenheiten mit der Maßgabe Anwendung, daß, sofern der Betroffene nicht ausdrücklich schriftlich zugestimmt hat, diese Daten jeweils nur mit Zustimmung des Präsidenten des Nationalrates übermittelt werden dürfen.

AUSNAHME FÜR MEDIENUNTERNEHMEN

§ 54. Insoweit Medienunternehmen oder Mediendienste Daten ausschließlich für ihre publizistische Tätigkeit zum Zweck der automationsunterstützten Verarbeitung ermitteln, verarbeiten, benützen, übermitteln oder überlassen, finden von den einfachgesetzlichen Bestimmungen dieses Bundesgesetzes nur die §§ 19 bis 21 Anwendung.

VERHÄLTNIS ZU ANDEREN RECHTSVORSCHRIFTEN

§ 55. (1) Die den gesetzlich anerkannten Religionsgesellschaften nach § 118 Abs. 2 BAO, BGBl. Nr. 194/1961, zustehenden Rechte bleiben unberührt.

(2) Die Bestimmungen der §§ 11 und 12 sind auf das Strafregister (Strafregistergesetz 1968, BGBl. Nr. 277) nicht anzuwenden.

(3) § 23 Abs.7 des Wehrgesetzes 1978, BGBl. Nr. 150/1978, und § 2 Abs. 6 des Hochschülerschaftsgesetzes 1973, BGBl. Nr. 309, bleiben unberührt.

GEBÜHREN- UND ABGABENBEFREIUNGEN

§ 56. Die durch dieses Bundesgesetz unmittelbar veranlaßten Eingaben der Betroffenen zur Wahrung ihrer Interessen sowie die Eingaben im Registrierungsverfahren und die gemäß § 23 b Abs. 2 zu erstellenden Registerauszüge sind von den Stempelgebühren und von den Verwaltungsabgaben des Bundes befreit.

EIGENER WIRKUNGSBEREICH DER GEMEINDE

§ 57. Soweit dieses Bundesgesetz auf die Datenverarbeitungen von oder im Auftrage von Gemeinden anzuwenden ist, sind von der Gemeinde nach diesem Bundesgesetz durchzuführende Aufgaben solche des eigenen Wirkungsbereiches, soweit die Daten ausschließlich oder überwiegend im Interesse der Gemeinde ermittelt, verarbeitet, benützt, übermittelt oder überlassen werden.

INKRAFTTRETEN

§ 58. (Abs. 1 bis 7 überholt)

(8) Anträge von Betroffenen nach § 12 Abs. 7 sowie über die Empfänger übermittelter Daten können sich nicht auf Ermittlungen und Übermittlungen beziehen, die vor dem 1. Juli 1979 stattgefunden haben. Auskunft über die Herkunft von Daten, die vor dem 1. Jänner 1979 ermittelt worden sind, muß nicht erteilt werden.

(Abs. 9 bis 12 überholt)

VOLLZIEHUNG

§ 59. Mit der Vollziehung dieses Bundesgesetzes sind, soweit sie nicht der Bundesregierung oder den Landesregierungen obliegt, der Bundeskanzler und die anderen Bundesminister im Rahmen ihres Wirkungsbereiches betraut.

ANHANG 2
DATENSCHUTZGESETZNOVELLE 1986

Artikel I

Das Datenschutzgesetz, BGBl. Nr. 565/1978, in der Fassung des Bundesgesetzes BGBl. Nr. 314/1981 und der Kundmachung BGBl. Nr. 577/1982 wird wie folgt geändert:

(Z. 1 bis Z. 38 sind in den vorstehenden Text des Datenschutzgesetzes eingearbeitet).

Artikel II

Das Einführungsgesetz zu den Verwaltungsverfahrensgesetzen, BGBl.Nr. 172/1950, zuletzt geändert durch das Bundesgesetz BGBl.Nr. 248/1986, wird wie folgt geändert:
1 In Art. II Abs. 2 lit. A wird am Ende der Z 24 folgende Bestimmung angefügt:
„24 a. der Datenschutzkommission;"
2. In Art. II Abs. 2 lit. C wird am Ende der Z 29 e folgende Bestimmung angefügt:
„29 f. des Datenverarbeitungsregisters;"

Artikel III
ÜBERGANGSBESTIMMUNGEN

(1) Vor Inkrafttreten dieses Bundesgesetzes erlassene Betriebsordnungen gelten als Datensicherheitsvorschriften im Sinne des § 10 Abs. 3. Verfahren vor der Datenschutzkommission, die die Zustimmung zu Betriebsordnungen zum Gegenstand haben, sind mit 1. Juli 1987 einzustellen.

(2) Verfahren über Registrierungsmeldungen und über Registrierungsanträge sind, soweit sie im Zeitpunkt des Inkrafttretens dieses Bundesgesetzes noch nicht beendet sind, nach den §§ 8 und 8 a bzw. §§ 22 bis 23 b in der Fassung dieses Bundesgesetzes durchzuführen. Die Frist zur Erhebung der Mängelrüge im Sinne von § 8 a Abs. 1 bzw. § 23 a Abs. 1 in der Fassung dieses Bundesgesetzes beträgt für diese Fälle sechs Monate und beginnt mit 1. Juli 1987. Wurden fehlerhafte Eingaben nach dem bisherigen § 23 Abs. 1 bereits erfolglos bemängelt, so ist die Vorlage an die Datenschutzkommission gemäß § 23 a Abs. 4 ohne neuerliches Mängelrügeverfahren möglich. Datenverarbeitungen, auf die sich diese laufenden Registrierungsverfahren beziehen, dürfen mit Inkrafttreten dieses Bundesgesetzes aufgenommen werden.

(3) Laufende Verfahren über Registrierungsanträge nach dem bisherigen § 23 Abs. 3 sind einzustellen. Eintragungen im Datenverarbeitungsregister über Registrierungen nach dem bisherigen § 23 Abs. 3 sind fünf Jahre nach Inkrafttreten dieses Bundesgesetzes zu streichen.

(4) Auftraggeber von nicht registrierten Datenverarbeitungen, die die Betroffenen nach dem bisherigen § 22 informiert haben, haben eine Meldung gemäß § 22 und 23 in der Fassung dieses Bundesgesetzes vorzunehmen, soweit diese Datenverarbeitung über eine Standardverarbeitung (§ 23 Abs. 4 in der Fassung dieses Bundesgesetzes) hinausgeht. Diese Meldung ist binnen sechs Monaten nach Inkrafttreten dieses Bundesgesetzes vorzunehmen, die Frist zur Erhebung der Mängelrüge beträgt für diese Fälle sechs Monate und beginnt mit 1. Juli 1987.

(5) Verfahren zur Genehmigung im internationalen Datenverkehr sind, soweit sie mit 1. Juli 1987 noch nicht erledigt sind, nach den §§ 32 bis 34 in der Fassung dieses Bundesgesetzes fortzuführen.

(6) Vor dem 1. Juli 1987 zugestellte Registerauszüge und Genehmigungsbescheide betreffend den internationalen Datenverkehr gelten als Registerauszüge im Sinne des § 23 b Abs. 2 in der Fassung dieses Bundesgesetzes bzw. als Genehmigungsbescheide im Sinne der §§ 33 und 34 in der Fassung dieses Bundesgesetzes.

Artikel IV

(1) (Verfassungsbestimmung) Dieses Bundesgesetz tritt mit 1. Juli 1987 in Kraft.

(2) Verordnungen auf Grund dieses Bundesgesetzes können bereits von dem seiner Kundmachung folgenden Tag an erlassen werden. Sie dürfen frühestens mit 1. Juli 1987 in Kraft gesetzt werden.

Artikel V

Mit der Vollziehung dieses Bundesgesetzes sind, soweit sie nicht der Bundesregierung oder den Landesregierungen obliegt, der Bundeskanzler und die anderen Bundesminister im Rahmen ihres Wirkungsbereiches betraut.

ANHANG 3

MUSTER EINER VERPFLICHTUNGSERKLÄRUNG GEMÄSS § 20 DSG

Ich verpflichte mich, Daten aus Datenverarbeitungen, die mir zugänglich geworden sind, unbeschadet sonstiger Verschwiegenheitspflichten, nur aufgrund einer ausdrücklichen Anordnung des Auftrag- oder Arbeitgebers oder dessen Vertreters zu übermitteln.

Ich erkläre hiemit ausdrücklich, daß ich Daten aus Datenverarbeitungen nur aufgrund der Anordnungen gemäß § 20 Abs. 1 DSG übermitteln werde, und daß ich das Datengeheimnis auch nach Beendigung meines Dienstverhältnisses einhalten werde.

Gleichzeitig nehme ich zur Kenntnis, daß ein Verstoß gegen das Datengeheimnis nicht nur arbeitsrechtliche Folgen (z.B. Entlassung) haben kann, sondern auch strafrechtlich geahndet werden und allenfalls schadenersatzpflichtig machen kann.

Ort, Datum   Name, Unterschrift

ANHANG 4

INHALT VON DATENSICHERHEITSVORSCHRIFTEN
1. Geltungsbereich und Gegenstand
2. Aufgabenverteilung
3. Aufträge
4. Belehrungspflicht
5. Kategorisierung von Sicherheitsmaßnahmen
6. Zutrittsberechtigung
7. Zugriffsberechtigung
8. Betriebsberechtigung
9. Kontrolle

1. **Geltungsbereich und Gegenstand**
   - Bezeichnung des Rechtsträgers
     - Beschreibung des Umfanges der betroffenen Verarbeitungseinrichtungen wie
     - Rechnersysteme (Rechner samt Peripherie)
     - Datenübertragungseinrichtungen (Steuereinheiten, LAN)
     - Datenendgeräte (Bildschirme und Drucker)
   - Regelung der Maßnahmen, durch welche sichergestellt wird, daß die Ermittlung, Verarbeitung, Benützung, Übermittlung, Überlassung der Daten ordnungsgemäß erfolgen, und daß die Daten Unbefugten nicht zur Kenntnis gelangen für den Anwendungsbereich ...
   - Abgrenzungen zu anderen bestehenden Regelungen
   - die Datensicherheitsvorschrift ist eine Dienstanweisung, bei deren Verletzung entsprechende dienstrechtliche Konsequenzen erfolgen
   - Abweichungen von der Datensicherheitsvorschrift dürfen nur bei Gefahr in Verzug durch ein entscheidungsbefugtes Organ erfolgen (Verständigung des Sicherheitsbeauftragten).

2. **Aufgabenverteilung**
   - Festlegung der Aufgaben und der zu deren Erfüllung vorgesehenen Kompetenzen der Organisationseinheiten bzw. Verweis auf die entsprechende Regelung (z.B. Geschäftseinteilung)
   - Angabe der Auftraggeber (insbesondere wenn mehrere Auftraggeber die gleichen Anwendungen benützen)

- Aufgaben der Endbenutzer; diese verwenden die Datenendgeräte und benützen die Daten
- Aufgaben der Benutzerbetreuer; diese unterstützen und koordinieren die Endbenützer und übernehmen allfällige weitere Aufgaben, wie z.b. Datensicherung
- Aufgaben der Ermittlung, Benützung und Übermittlung von Daten
- Aufgaben des (der) Dienstleister(s); Beschreibung der Aufgaben des Rechenzentrums oder der Anlaufstelle für die Kontakte mit einem externen Dienstleistungsrechenzentrum.

3. **Aufträge**
- Daten dürfen nur aufgrund von Aufträgen verwendet werden
- die Erteilung von Aufträgen hat in der jeweils üblichen Form (z.B. schriftlich, mündlich) zu erfolgen
- zur Erteilung von Aufträgen sind nur die Leiter von Organisationseinheiten berechtigt.

4. **Belehrungspflicht**
- Umfang der Belehrung
  - Grundrecht auf Datenschutz
  - Datengeheimnis
  - Übermittlungsanordnung
  - Datensicherheitsvorschrift
  - Strafbestimmungen
  - sonstige Sicherheitsvorschriften
- Häufigkeit der Belehrung
  - detaillierte Erstbelehrung
  - einmal jährlich Folgebelehrung im Umlaufweg, um Regelungen in Erinnerung zu rufen
  - Nachweisführung über erfolgte Belehrungen
  - Information über Änderungen der Sicherheitsvorschriften
- zu belehrender Personenkreis
  - Personen, die regelmäßig Zutritt zu Betriebsräumen haben, müssen eine Erstbelehrung (siehe oben) erhalten
  - Personen, die nur fallweise Zutritt zu Betriebsräumen haben, sind von der Begleitperson auf die Geheimhaltungsbestimmungen hinzuweisen
  - Besucherregelung für Sicherheitszonen

5. Kategorisierung von Sicherheitsmaßnahmen

- Geheimhaltungsklasse der verschiedenen Datenarten (Klassifikationsschema von Daten nach dem Personenkreis, dem diese Daten zugänglich sind)

  Beispiele:

  - Geheimhaltungsklasse 1 (streng geheim)
    Daten, die nur einem individuell bestimmten Personenkreis zugänglich sind, z.B. Passwortverzeichnis, Sicherheitscodes

  - Geheimhaltungsklasse 2 (geheim)
    Daten, die nur einem generell bestimmten oder bestimmbaren Personenkreis zugänglich sind, z.B. Personalangelegenheiten

  - Geheimhaltungsklasse 3 (vertraulich)
    Daten, die nur für den internen Dienstgebrauch, aber nicht für die Allgemeinheit bestimmt sind

  - Geheimhaltungsklasse 4 (öffentlich zugängliche Daten)

- Sicherheitsklasse der verschiedenen Datenarten (Klassifikationsschema von Daten, die den Grad der Sicherheits- und Schutzmaßnahmen gegen Zerstörung oder Verfälschung festlegen)

  Beispiele:

  - Sicherheitsklasse 1 (höchste Sicherheit)
    Daten, deren Rekonstruktionsmöglichkeiten gering oder sehr aufwendig sind und die eine unabdingbare Grundlage für die Weiterführung des Geschäftsbetriebes bilden

  - Sicherkeitsklasse 2 (mittlere Sicherheit)
    Daten, die zwar rekonstruierbar sind, jedoch nur mit einem Aufwand, der zu deutlichen Störungen im Arbeitsablauf führt

  - Sicherheitsklasse 3 (normale Sicherheit)
    Daten, die durch einen zusätzlichen Arbeitslauf jederzeit ohne allzu hohen Aufwand rekonstruiert werden können

- Protokollierungsklassen (Klassifikationsschema von Daten über den Umfang der Protokollierung von Übermittlungen sowie die Aufbewahrungsdauer dieser Protokolle)

  - Protokollierungsklasse 1:
    Protokollierung der individuellen Übermittlung nach Datum, Betroffener, Empfänger, Datenart und Inhalt der Übermittlung

  - Protokollierungsklasse 2:
    Dokumentation generell vorgesehener Übermittlungen nach Datum, Kreis der Betroffenen, Kreis der Empfänger, Art der Daten.

6. Zutrittsberechtigungen

- Zutrittsberechtigungen richten sich nach der jeweils geltenden Hausordnung
- abgestufte Sicherheitsmaßnahmen für unterschiedliche Bereiche

  Beispiele:
  a) öffentlich zugänglicher Bereich (z.b. für Parteienverkehr)
  - keine Sicherheitszone
  - Maßnahmen zum Schutz der Daten vor Einsicht durch Unbefugte

  b) Sicherheitszone I
  - nicht öffentlich zugänglich
  - Zutritt für generell bestimmten Personenkreis mit Ausweis
  - Zutritt für nicht Zutrittsberechtigte nur in Begleitung

  c) Sicherheitszone II (z.B. Rechenzentrum)
  - Zutritt nur für individuell bestimmten Personenkreis mit Ausweis
  - Zutrittskontrollsystem mit eigener Besucherregelung
  - Anwesenheitsaufzeichnungen

- Absicherung der Zutrittsmöglichkeiten zu den Sicherheitszonen

  Beispiele: Ausweisleser
  Sicherung unbenutzer Zugänge (Notausgänge)
  Sicherung während und außerhalb der Arbeitszeit
  Türsicherung
  Einbau von Zutrittsschleusen
  Schlüsselregelung
  Einbruchmeldesystem
  Spezialverglasung

- Räume, in denen Datenendgeräte oder Rechner aufgestellt sind (Betriebsräume), müssen versperrbar sein

- soweit Betriebsräume mit Datenendgeräten aus innerorganisatorischen Gründen während der Bürozeit nicht versperrt werden können, ist jedenfalls bei Verlassen des Raumes der Bildschirm durch Abmelden inaktiv zu setzen

- Betriebsräume in Sicherheitszonen dürfen nur von autorisierten Personen oder in deren Begleitung betreten werden.

7. Zugriffsberechtigung

- Jeder Benutzer hat ein eigenes Bedienerkennzeichen, das durch ein Passwort geschützt ist
- das Verwenden eines fremden Bedienerkennzeichens ist verboten

- Festlegung des Berechtigungsumfanges jedes Endbenutzers (z.B. Lesen, Verändern, Kopieren, Löschen für die einzelnen Anwendungen)
- Teilzugriffsmöglichkeiten auf Datenbestände
- Erstellen von Zugriffsprotokollen bei bestimmten sensiblen Anwendungen
- Protokollierung von unbefugten Zugriffsversuchen
- Abschaltung nach mehreren unberechtigten Versuchen
- Mechanische Absperrung am Bildschirm
- Programmierte Ausweiskontrolle (z.b. Chipkarte).

8. **Betriebsberechtigung**
   - Verfahren für die Vergabe von Bedienerkennzeichen und Passwörtern
   - Besteht Anlaß zu der Vermutung, daß ein Passwort bekannt ist, so ist dieses Passwort unverzüglich zu ändern
   - die Endbenutzer haben die Passwörter in periodischen Intervallen zu ändern
   - beim Verlassen des Bildschirmes ist das Zimmer zu versperren; wenn dies nicht möglich ist, ist jedenfalls der Bildschirm inaktiv zu setzen
   - die Weitergabe eines Passwortes und der Versuch, das Passwort eines anderen ausfindig zu machen, sind ausdrücklich verboten (werden diese an sich banalen Regelungen nicht ausdrücklich getroffen, können im Ernstfall kaum dienstrechtliche Maßnahmen erfolgen)
   - in den Rechnerräumen besteht Closed-Shop-Betrieb
   - die Inbetriebnahme des Rechners hat zu den festgelegten Zeiten und ausschließlich durch hiefür autorisiertes Personal zu erfolgen
   - unberechtigte Versuche einer Inbetriebnahme sind zu protokollieren
   - über die Anwesenheit im Systemraum sind Aufzeichnungen zu führen.

9. **Kontrolle**
   - Einsetzung eines Beauftragten für Datenschutz und Sicherheit
   - Beschreibung der Aufgaben und Verantwortlichkeiten
   - Regelung des Informationsflusses in Angelegenheiten des Datenschutzes und der Sicherheit.

ANHANG 5

ANTRAG AUF AUSKUNFT (MUSTER)

An

(Name und Anschrift des Auftraggebers)

Ort und Datum

Betrifft: Auskunft gemäß Datenschutzgesetz

Sehr geehrte Damen und Herren!

Ich ersuche Sie unter Hinweis auf §§ 1 Abs. 3 und 11 bzw. 25 des Datenschutzgesetzes (§ 11 im öffentlichen Bereich, § 25 im privaten Bereich) um Auskunft über den mich betreffenden aktuellen Datenbestand in der Datenverarbeitung ... (es folgt die Bezeichnung der Datenverarbeitung, z.b. Personalverwaltung). Darüber hinaus ersuche ich um Bekanntgabe, an wen diese Daten übermittelt wurden.

Die Kopie meines Meldezettels habe ich zum Nachweis meiner Identität beigelegt. Ich glaube Betroffener zu sein, weil .... (z.b. mir eine Zuschrift unter DVR ..., Kopie liegt bei, zugegangen ist). Ich nehme an, irrtümlich oder widerrechtlich in Datenbeständen ihrer Verarbeitung enthalten zu sein, weil ...

Ich ersuche Sie, die Auskunft gemäß DSG in allgemein verständlicher Form zu erteilen, wobei allfällig codierte Datenfelder durch eine entsprechende Erläuterung allgemein verständlich gemacht werden.

Gemäß § 11 Abs. 4 DSG (bzw. § 25 Abs. 4 DSG im privaten Bereich) hat die Auskunft kostenlos zu erfolgen.

Mit freundlichen Grüßen

(Unterschrift, Stampiglie)

Anlage: Kopie des Meldezettels

ANHANG 6

DATENSCHUTZCHECKLISTE FÜR DEN PRIVATEN BEREICH VOR AUFNAHME DER VERARBEITUNG

1. **Prüfung der Zulässigkeit der Ermittlung und Verarbeitung (§ 17 DSG)**
   - In Art und Umfang auf „berechtigten Zweck" beschränkt
   - Beachtung schutzwürdiger Interessen des Betroffenen.

2. **Prüfung der Zulässigkeit der Übermittlung (§ 18 DSG)**
   - Ausdrückliche schriftliche Zustimmung des Betroffenen
   - berechtigter Zweck des Rechtsträgers
   - zur Wahrung überwiegender berechtigter Interessen eines Dritten
   - gesetzliche Verpflichtung zur Übermittlung
   - wenn der Betroffene für den Empfänger der Daten nicht mehr bestimmbar ist.

3. **Ergebnis dieser Prüfungen**

   Das Ergebnis der Prüfung der rechtlichen Voraussetzungen für Ermittlung, Verarbeitung und Übermittlung ist schriftlich festzuhalten. Sind die Voraussetzungen ungenügend, so sind sie entweder zu schaffen, z.B. durch Satzungsänderung oder Erweiterung des Gewerbescheines, oder die weiteren Arbeiten sind einzustellen.

4. **Regelung des Umfanges der Benutzung**
   - Welche Stellen des Auftraggebers erhalten welche Daten?
   - Welche Stellen des Auftraggebers dürfen Daten übermitteln?
   - Was geschieht mit den Daten, z.B. Computerausdrucken nach der Benutzung?

5. **Festlegung der Kategorien der Sicherheitsmaßnahmen**
   - Geheimhaltungsklasse der verschiedenen Datenarten (Klassifikationsschema von Daten nach dem Personenkreis, dem diese Daten zugänglich sind)
   - Sicherheitsklasse der verschiedenen Datenarten (Klassifikationsschema von Daten, die den Grad der Sicherheits- und Schutzmaßnahmen gegen Zerstörung oder Verfälschung festlegen)
   - Umfang der Protokollierung von Übermittlungen
   - allenfalls erforderliche zusätzliche Sicherungsmaßnahmen.

6. **Internationaler Datenverkehr (§§ 32 – 34 DSG)**
   - Genehmigung der Datenschutzkommission bei Übermittlung ins Ausland erforderlich (ja/nein; Begründung)?
   - Genehmigung der Datenschutzkommission bei Überlassung ins Ausland erforderlich (ja/nein; Begründung)?

7. **Sicherstellung einer zeitgerechten Meldung an das Datenverarbeitungsregister (§§ 22 – 23 DSG)**
   - Erstmeldung des Auftraggebers
   - Prüfung, ob die Datenverarbeitung durch eine Standardverarbeitung gedeckt ist
   - Meldung der Datenverarbeitung oder der entsprechenden Standardverarbeitung
   - Vorlage der allfälligen Genehmigung des internationalen Datenverkehrs.

8. **Organisation des Auskunfts-, Richtigstellungs- und Löschungsverfahrens (§§ 25 – 27 DSG)**
   - Welche Phasen erfolgen automationsunterstützt?
   - Umfang der Mitwirkung des Dienstleisters (vertraglich absichern!)
   - Umfang der Aktivitäten des Auftraggebers
   - Regelung des konkreten Verfahrens.

ANHANG 7

DATENSCHUTZCHECKLISTE FÜR DEN ÖFFENTLICHEN BEREICH VOR AUFNAHME DER VERARBEITUNG

1. **Prüfung der Zulässigkeit der Ermittlung und Verarbeitung (§ 6 DSG)**
   - Ausdrückliche gesetzliche Ermächtigung
   - wesentliche Voraussetzung zur Wahrnehmung gesetzlich übertragener Aufgaben.

2. **Prüfung der Zulässigkeit der Übermittlung (§ 7 DSG)**
   - Ausdrückliche gesetzliche Ermächtigung
   - ausdrückliche schriftliche Zustimmung des Betroffenen
   - an das Österreichische Statistische Zentralamt für statistische Zwecke
   - an andere Organe von Körperschaften des öffentlichen Rechtes, soweit die Daten für diese eine wesentliche Voraussetzung zur Erfüllung gesetzlich übertragener Aufgaben bilden
   - an private Rechtsträger zur Wahrung eines berechtigten Interesses eines Dritten, das die schutzwürdigen Interessen des Betroffenen an der Geheimhaltung überwiegt.

3. **Ergebnis der Prüfungen**

   Das Ergebnis der Prüfung der rechtlichen Voraussetzungen für Ermittlung, Verarbeitung und Übermittlung ist schriftlich festzuhalten. Sind die Voraussetzungen ungenügend, so sind sie entweder zu schaffen, z.B. durch Gesetzesänderung, oder die weiteren Arbeiten sind einzustellen.

4. **Regelung des Umfanges der Benutzung**
   - Welche Stellen des Auftraggebers erhalten welche Daten?
   - Welche Stellen des Auftraggebers dürfen Daten übermitteln?
   - Was geschieht mit den Daten (z.B. Computerausdrucken) nach der Benutzung?

5. **Festlegung der Kategorien der Sicherheitsmaßnahmen**
   - Geheimhaltungsklasse der verschiedenen Datenarten (Klassifikationsschema von Daten nach dem Personenkreis, dem diese Daten zugänglich sind)

- Sicherheitsklasse der verschiedenen Datenarten (Klassifikationsschema von Daten, die den Grad der Sicherheits- und Schutzmaßnahmen gegen Zerstörung oder Verfälschung festlegen)
- Umfang der Protokollierung von Übermittlungen
- allenfalls erforderliche zusätzliche Sicherungsmaßnahmen.

6. **Internationaler Datenverkehr (§§ 32 – 34 DSG)**
   - Genehmigung der Datenschutzkommission bei Übermittlung ins Ausland erforderlich (ja/nein; Begründung)?
   - Genehmigung der Datenschutzkommission bei Überlassung ins Ausland (erforderlich (ja/nein; Begründung)?

7. **Sicherstellung einer zeitgerechten Meldung der Datenverarbeitung (§§ 8 – 8 a DSG)**
   - Erstmeldung des Auftraggebers
   - Prüfung, ob die Datenverarbeitung im Rahmen einer Standardverarbeitung gedeckt ist
   - Meldung der Datenverarbeitung oder der entsprechenden Standardverarbeitung
   - Vorlage der allfälligen Genehmigung des internationalen Datenverkehrs.

8. **Organisation des Auskunfts-, Richtigstellungs- und Löschungsverfahrens (§ 11 – 12 DSG)**
   - Welche Phasen erfolgen automationsunterstützt?
   - Umfang der Mitwirkung des Dienstleisters (gegebenenfalls einvernehmlich regeln!)
   - Umfang der Aktivitäten des Auftraggebers
   - Regelung des konkreten Verfahrens.

ANHANG 8

13 REGELN DER PC-SICHERHEIT

1. Zugang für Unberechtigte verhindern (Schlüssel, Tastatursperre)
2. Verwendung eines nicht-trivialen Passwortes
3. Regelmäßiger Passwortwechsel
4. Zugang zur Betriebssystemebene verhindern
5. Menüführung am PC
6. Nur geprüfte, freigegebene Software einsetzen
7. Disketten schreibschützen
8. Keine private Software am Personalcomputer verwenden
9. Regelmäßige Datensicherung
10. Virusprüfung bei Verwendung von externen Disketten
11. Regelmäßige Virusprüfung des gesamten PC
12. Auftreten von Computerviren sofort intern melden
13. Verschlüsselung für sensible Daten und/oder Bereiche

ANHANG 9

AUSGEWÄHLTE BEISPIELE DER JUDIKATUR ZUM DATENSCHUTZRECHT

Entscheidung des OGH v. 5.5.1988 (GZ 6 Ob 9/88) betreffend Auskunft über die Herkunft von Daten eines Adreßverlages

Kläger: Adressat eines Adreßverlags

Beklagter: Adreßverlag

Sachverhalt:
Der Adreßverlag hatte Daten des Klägers auf Datenträgern gespeichert. Aufgrund dieser Speicherung erhielt der Kläger Werbezusendungen unter der Bezeichnung „Dr. Caspar E." an seine Privatadresse.

Auskunftsantrag:
Welche Daten sind gespeichert?
Woher stammen sie, und wem wurden sie bekanntgegeben?

Auskunft:
Es sei nur Name und Adresse gespeichert, diese Daten seien in den Telefonbüchern verzeichnet; woher die Kenntnis des Doktortitels stamme, könne nicht mehr festgestellt werden.

Klagebegehren:
Den Beklagten schuldig zu erkennen, ihm gem. § 25 Abs. 1 DSG Auskunft über die zu seiner Person gespeicherten Daten, über deren Herkunft und über die Empfänger zu erteilen. Für den Fall der nachträglich verschuldeten Unmöglichkeit der Leistung als Eventualbegehren die Bezahlung des Erfüllungsinteresses im Betrag von S 100.000,–

Entscheidung:
1. Die Beweislast dafür, daß Daten bereits vor dem 1.1.1979 ermittelt wurden und somit gem. § 58 Abs. 8 DSG eine Auskunft über die Herkunft dieser Daten nicht zu erteilen ist, obliegt nicht dem Auskunftswerber, sondern dem Auftraggeber der DV.
2. Besteht ein Auskunftsanspruch gem. § 25 Abs. 1 DSG zurecht, ist der Auftraggeber aber nicht mehr in der Lage, die Herkunft der Daten (hier: akademischer Grad) festzustellen – ist also eine Rekonstruktion nicht mehr möglich –, so liegt insoweit Unmöglichkeit der Leistung vor.
3. Eine „Übermittlung" von Daten i.S.d. § 3 Z 9 DSG liegt nicht vor, wenn ein Adressenbüro das Werbematerial, das ihm von seinen Kunden übergeben oder das von ihm im Auftrag des Kunden selbst hergestellt wurde, mit den eigenen, gespeicherten Adressen versieht und die Adressen dem Kunden dabei im einzelnen nicht zur Kenntnis gelangen.

4. Die Nichterfüllung des berechtigten Auskunftsbegehrens stellt für sich allein noch keinen Nachteil des Auskunftswerbers dar, der als ideeller Schaden bezeichnet werden könnte.

Entscheidung des OGH v. 13.12.1990 (GZ 6 Ob 24/90) betreffend Umfang der Auskunftspflicht eines Kreditinstitutes

Kläger: Kunde eines Kreditinstitutes

Beklagter: Kreditinstitut

Sachverhalt:
Auskunftsbegehren
Auskunftserteilung mit Hinweis: „Weitere Daten scheinen nicht auf. Andere Datenarten zu Ihrer Person sind nicht gespeichert. Sollten Sie weitere Nachforschungen wünschen, wollen Sie uns geeignete Unterlagen übermitteln, welche hiefür Ansatzpunkte liefern." Keine Auskunft wurde erteilt über Soll- und Habenzinsen, Wertpapierbestand, Wertpapierumsatzwerte, Salden etc.

Klagebegehren:
Unvollständige Auskunft insbes. hinsichtlich
- Art und Anzahl der Kontoauszüge,
- Jahresumsatz akummuliert,
- Höhe der Soll- und Habenzinsen,
- Kreditprovision,
- Überziehungsprovision,
- Portoverrechnung,
- Kontoführungsprovision etc.

Entscheidung:

Der Anspruch des Betroffenen auf Auskunft verpflichtet den Auftraggeber zur Offenlegung
- aller im Entscheidungszeitpunkt für ihn abrufbaren Daten,
- auch aller ab Streitanhängigkeit gespeichert gewesener, aber inzwischen wieder gelöschten Daten.

Das Auskunftsrecht unterliegt als bürgerlich-rechtlicher Anspruch auch dem allgemeinen Schikaneverbot.

Die Mitwirkungspflicht des Betroffenen ist dahin auszulegen, daß er alle jene Fragen des Auftraggebers über die zu seiner Person verarbeiteten Daten beantworten muß, ohne deren Beantwortung die Auskunft nicht oder nur mit Aufwendungen erteilt werden könne, die außer Relation zu dem bei der Beantwortung entstehenden Aufwand des Betroffenen stehen.

Bei der Auskunftspflicht des Auftraggebers handelt es sich um eine teilbare Leistung, sodaß bereits im vorprozessualen Verfahren erteilte positive Auskünfte nicht mehr zu behandeln sind.

Eine Nutzung datenschutzrechtlicher Auskünfte zur Kontrolle von Rechenvorgängen besteht nicht, wenn sämtliche Grundlagen und Schritte der Berechnung dem Auskunftwerber bekannt und somit für ihn selbständig nachvollziehbar sind.

Das Beharren des Klägers auf einer entsprechenden Auskunftsergänzung ist offenkundig mißbräuchlich, sind ihm doch die einzelnen Daten zur Berechnung ohnehin bekannt.

An der Kontrolle eines bloßen Rechenvorganges kann aber selbst unter datenschutzrechtlichen Gesichtspunkten kein schutzwürdiges Interesse bestehen.

Entscheidung des OGH v. 25.2.1992 (GZ 4 Ob 114/91) betreffend Zulässigkeit des Datenvergleiches unterschiedlicher Aufgabengebiete

Kläger: Kunde eines Kreditinstitutes

Beklagter: Kreditinstitut

Sachverhalt:
Daten des Giroverkehrs wurden in Form eines Datenvergleiches zur Werbung von Bausparern verwendet.

Klagebegehren:
Verletzung des „Bankgeheimnisses" i.S.d. § 23 Abs. 1 KWG sowie unzulässige Übermittlung i.S.d. § 3 Z. 9 i.V.m. § 18 Abs.1 DSG

Entscheidung:
Die Vorgangsweise verletzt aber auch (nämlich neben § 23 KWG) Bestimmungen des DSG.

Unter dem „Übermitteln" von Daten ist gemäß § 3 Z. 9 DSG i.d.g.F. die Weitergabe von Daten aus einer Datenverarbeitung an andere Empfänger als den Betroffenen, den Auftraggeber oder einen Dienstleister zu verstehen, insb. auch das Veröffentlichen solcher Daten sowie deren Verwendung für ein anderes Aufgabengebiet. .... Durch den AB 1985 (Dohr – Pollirer – Weiss) ist klargestellt worden, daß die Verwendung von Daten für ein anderes Aufgabengebiet des Auftraggebers nicht nur für den öffentlichen Bereich des DSG (zweiter Abschnitt, §§ 6 bis 16) Geltung haben soll. .... Nunmehr kommt dem „Aufgabengebiet" auch im privaten Bereich so weit Bedeutung zu, als von einem Rechtsträger unterschiedliche Tätigkeitsbereiche besorgt werden (z.B. Buchklub/Versicherungsgeschäft). In jedem Fall sollen die Betroffenen bei der Ermittlung davon ausgehen können, daß die Daten nur für einen bestimmten Tätigkeitsbereich des Rechtsträgers Verwendung finden.

Bei einer Bank ist daher der Geschäftsbereich der Vermittlung von Bausparverträgen ein von den anderen Bankgeschäften unterschiedliches Aufgabengebiet i.S.d. § 3 Z 9 DSG. Eine Übermittlung von Daten aus dem einen in das andere Aufgabengebiet ist nur unter den Voraussetzungen des § 18 DSG zulässig:
1. Wenn der Betroffene der Übermittlung ausdrücklich zugestimmt hat .....
2. wenn die Übermittlung von Daten zum berechtigten Zweck des Rechtsträgers gehört oder
3. wenn die Übermittlung zur Wahrung überwiegender berechtigter Interessen eines Dritten notwendig ist.

Z 1 und Z 2 treffen keinesfalls zu. Eine Übermittlung von Kundendaten zum Zweck eines Datenvergleiches, um herauszufinden, wer von den eigenen Kunden noch nicht Kunde des anderen Bereiches ist, gehört nicht zum berechtigten Zweck der Bank als Rechtsträger i.S.d. § 18 Abs. 1 Z 2 DSG.

Die Übermittlungsvoraussetzungen des § 18 DSG waren im vorliegenden Fall nicht gegeben, daher lag eine verbotswidrige Übermittlung vor.

Stichwortverzeichnis

A

Abnahmemodalitäten 34
Abnahmetermin 28
Adreßbüros 143
ADV, Erbringung von Dienstleistung 102
ADV-Personal, Berufspflichten 130
– Verschwiegenheitspflicht 130
Akteneinsicht 79
allgemeine Geschäftsbedingungen 15
– Gültigkeit 16
Allgemeines bürgerliches Gesetzbuch 13
Amtshilfe 142
Anbot 14
angemessenes Entgelt 95
Anspruch
– auf Rechnungslegung 96
– auf Schadenersatz 95
Antrag auf Auskunft - Muster 207
Anwenderprogramm 22
Arbeitnehmer
– Schutz der Augen und des Sehvermögens 115
– Unterrichtung und Unterweisung 114
Arbeitsinspektorat 41, 107, 109
Arbeitsplatz, Mindestvorschriften 116
Arbeitsplatzanalyse 114
Arbeitsplatzgestaltung nach Ö-Norm A 2630 111
Arbeitsplatzumgebung, Mindestvorschriften 116
Arbeitsrecht 107
Arbeitsverfassungsgesetz 41, 171
Aufklärungs- und Schutzpflicht 33
Auftraggeber
– Begriff 136
– Funktionstrennung 129
– Meldung 185
– Pflichten des - 138
Auftragsprinzip 150
Ausbildungskosten 108
Außenhandelsgesetz 41, 49
Auskunft
– Entgeltlichkeit 163
– Form der - 161
– Recht auf - 127, 161
– Umfang 161
Auskunftsersuchen 164
Auskunftsverfahren, Mitwirkungspflicht des Betroffenen 163
Auswählbarkeit von Daten 131
automationsunterstützte Verarbeitung, Begriff 131

B

Bankgarantie 47
Bearbeitung, Begriff 87
behebbare Mängel 43
Belehrungspflicht, Prinzip der - 150
Beleuchtung am Arbeitsplatz 116
Benützen von Daten 139
berechtigter Zweck 141
Beschlagnahme, Begriff 97
Beseitigung oder Umgehung technischer Mechanismen zum Schutz von Computerprogrammen 85, 97
Beseitigungsanspruch, Begriff 94
Bestandvertrag 19
Bestreitungsvermerk 167
Betriebsausgabe 20
Betriebsberechtigung 206
Betriebsbeschränkung, Prinzip der - 151
Betriebsrat, Rechte des - 110, 119, 171, 190
Betriebssoftware 22
Betroffenenkreise 157
Betroffener
– Begriff 136
– Mitwirkungspflicht im Auskunftsverfahren 163
– Rechte des - 136
– Rechtsschutz 183
– Zustimmung zur Übermittlung 143

betrügerischer Datenverarbeitungsmißbrauch 101
Bildschirm, Mindestvorschriften 115
Bildschirmarbeit, Ruhepausen 41, 107, 115
Bildschirmarbeitsplatz
- Gestaltung nach Ö-Norm A 2630 111
- Mindestvorschriften lt. EG-Richtlinie 113
Bildschirmbrille 111
Bildschirmzulage 110
Bonität 32

C

Closed-Shop-Betrieb 152
Computerkriminalität 100
Computerprogramm
- als Werk 83
- Beseitigung oder Umgehung technischer Mechanismen zum Schutz von - 85, 97
- durch Dienstnehmer entwickelt 83, 120
- freie Werknutzung 92
- gesetzlicher Schutz 87
- Material zur Entwicklung des - 83

D

Daten 136
- Auswählbarkeit von - 131
- Benützen von - 139
- Ermitteln von - 138
- Löschen von - 139
- nach dem Datenschutzgesetz 136
- nichtpersonenbezogene 131
- personenbezogene 131, 132
- Richtigstellung und Löschung von - 166
- Überlassen von - 139
- Übermitteln von - 139
- Verarbeiten von - 138
- Verwendung von - 140
- widerrechtliches Verwerten von - 134
Datenarten 157

Datenbeschädigung, Begriff 100
Datengeheimnis 130, 147
- Dauer der Verpflichtung 148
- Sanktion bei Verstoß gegen das - 148
Datenschutz 125
- Grundrecht auf - 126
- Privatsphäre 125
Datenschutzberichte 195
Datenschutzcheckliste
- für den öffentlichen Bereich 210
- für den privaten Bereich 208
Datenschutzgesetz
- amtswegige Verfahren 184
- Ausnahme für Medienunternehmen 197
- Bescheide 192
- Gebühren- und Abgabenbefreiungen 198
- Geltungsbereich 131
- Kontrollorgane 130, 191
- Meldungspflicht 153
- Regelungsbereiche 133
  - öffentlicher Bereich 133
  - privater Bereich 133
- Schutzbereich 138
- Strafbestimmungen 196
- Verbindung eingeleiteter Verfahren 184
- Verletzung des - 134
- Vollziehung 177
- zivilrechtliche Ansprüche 169
- zivilrechtliche Haftung 189
- zivilrechtliches Verfahren 189
- Zuständigkeit zur Gesetzgebung 177
Datenschutzgesetznovelle 1986 199
Datenschutzkommission 130
- Weisungsfreiheit der Mitglieder 193
- Zusammensetzung der - 192
Datenschutzkontrollorgane 175
Datenschutzrat 130, 193
- Aufgaben 193
- Zusammensetzung 194
Datenschutzverordnung 181
Datensicherheitsmaßnahmen 129, 149
Datensicherheitsvorschriften 202
Datensicherung 125

Datensicherungsregelungen,
- Mindestanforderungen 150
Datenübermittlung ins Ausland 172
- genehmigungsfreie 173
- genehmigungspflichtige 173
Datenverarbeitung 138
- Aufgabengebiet 138
- für private Zwecke 133
- Meldepflicht 134
- Zulässigkeit der - 137
- Zweck der - 138
Datenverarbeitungsmißbrauch, betrügerischer 101
Datenverarbeitungsnummer 41
Datenverarbeitungsregister 176, 196
Datenverarbeitungsregisternummer 135
Datenverlust, Schadenersatz bei - 46
Dekompilierung 85
- Recht auf - 92
Dienstleister für Datenverarbeitung 129
- Pflichten des - 145
Dienstleistung im Datenverkehr 145, 183
Dienstleistungen im Ausland, Genehmigung 191
Dienstnehmer entwickelt Computerprogramm 83, 120
Dokumentation 39

E

EDV-Gewerbe, Bereiche 102
EDV-Lösung, durch Dienstnehmer entwickelt 21
EDV-Schiedsgericht 50
EG-Richtlinie - Auszug 113
eigentümliche geistige Schöpfung, Begriff 87
Eigentumsvorbehalt 48
Eingriff, strafrechtliche Vorschriften 85
Eingriffsgegenstände und Eingriffsmittel, Vernichtung und Unbrauchbarmachung 86
Einlagebogen, Formblatt 156
Einschränkungen der Übermittlung 143

einstweilige Verfügung 82, 94, 170
Entgelt, angemessenes 95
Erbringung von Dienstleistung in der ADV 102
ergonomische Grundsätze 117
erhebliche Mängel 43
Ermitteln von Daten 138
Erwerber, Zahlungsverzug 47
EWR, Geltungsbereich von Bestimmungen 106

F

Firmenbuch 31
freie Werknutzung 85
- für Computerprogramme 92
freies Gewerbe, Begriff 102
Funktionstrennung beim Auftraggeber 129

G

Garantie 46
Gebietskörperschaft als Auftraggeber 136
Gebühren
- für Bestandverträge 36
- für Registrierung 159
Geheimhaltung 145
Geheimnisbruch 134
Genehmigung
- von Dienstleistungen im Ausland 191
- von Übermittlungen ins Ausland 190
Genehmigungsbescheid, Registerauszüge 176
Genehmigungspflicht der Datenverarbeitung 134
Generalunternehmer 28
Gerichtsstand 51
Gesetz gegen den unlauteren Wettbewerb 41, 81
- gerichtliche Entscheidungen 81
- Klagen nach dem - 82
- schmarotzerische Ausbeutung 81
gesetzliche Grundlagen eines Vertrages 13

Gewährleistung 27, 43, 57
– Nachtrag des Fehlenden 27
– Verbesserung 27
– Wandlung 27
Gewährleistungspflicht, Dauer 46
Gewerbe, freies 102
Gewerberecht 102
Gewerbesteuer 38
gewerblicher Rechtsschutz 68
Grundrecht auf Datenschutz 126, 177
– Anwendung 132
– Drittwirkung 127
– Einschränkung 126
– Geltendmachung 127
Grundsatz
– der Publizität 128
– der Relevanz 128
– der Richtigkeit 128
– der Weitergabebeschränkung 129

H

Haftung 65
– für unterlassene Datensicherung 117
– Höhe der - 65
– nach dem ABGB 66
Halbleiterschutz-Verordnung 68
Halbleiterschutzgesetz 68
– Schutz nach dem - 76
– Schutzdauer 77
– Schutzwirkungen 77
Halbleiterschutzrecht
– Nichtigerklärung 79
– Verfahren auf Aberkennung des - 79
– Verletzung des - 80
Halbleiterschutzregister 78, 79
Handelsbräuche 24
Handelsgesetzbuch 13
Händler, Gewährleistung 27
Hardwarepiraterie 68
Hardwareprodukt 25
Hardwarevertrag 22

I

Individualsoftware 18, 58, 90
Insolvenz eines Vertragspartners 49
Installationsaufwand 33
Interessen des Betroffenen, Privatanklagedelikt 134
internationaler Datenverkehr 172, 190
Internationales Privatrecht 50

K

Kategorisierung von Sicherheitsmaßnahmen 204
Kaufvertrag 18, 34
– Modus 18
– Titel 18
Klons 68
Knebelungsvertrag 51
Kompetenzklarheit, Prinzip der - 150
Konfiguration von Hard- und Software 26
Kontrolle durch den Veräußerer 42
Konventionalstrafe bei Leistungsverzug 49
Kooperationsvertrag 22
künftige Werke, Werknutzungsrecht 91

L

Lärm am Arbeitsplatz 116
Leasinggeber 28
Leasingnehmer 28
Leasingvertrag 19, 21, 58
Leistungsstörungen 42, 47
Lieferant 28
Liefertermin 33
Listbroking 144
Lizenz 21
Lizenzgeber 21
Lizenznehmer 21
Lizenzvertrag 22, 35, 98
Löschen
– logisches 139
– physisches 139
Löschungsrecht 127, 128
Luftfeuchtigkeit am Arbeitsplatz 117

M

Mängel 43
- behebbare 43
- erhebliche 43
- unbehebbare 43
- unerhebliche 43
- unwesentliche 43
- wesentliche 43

Mängelrügeverfahren 186
Markenrecht 99
Maschincode 83
Meldepflicht der Datenverarbeitung 134
Meldung
- Formblatt 156
- von Auftraggebern und Verarbeitungen 153, 185
- von Datenverarbeitungen und Übermittlungen 180

Mietvertrag 19, 34, 45
Mindestanforderungen an Datensicherungsregelungen 150
Mindestvorschriften für Bilschirmarbeitsplätze lt. EG-Richtlinie 113
Miturheber, Begriff 88
mündliche Vereinbarung 45

N

Nachtschwerarbeitsgesetz 109
nichtpersonenbezogene Daten 131
Nominatskontrakt 14
Nutzungsvertrag 22

O

Objektcode 39
Öffentlichkeit, Prinzip der - 176

P

personenbezogene Daten 131, 132
Pflicht zur Richtigstellung und Löschung 182
Pflichten des Dienstleisters 145
Pflichtenheft 32
- Datenmenge 32
Piraterie 41, 68, 81

Prinzip
- der Belehrungspflicht 150
- der Betriebsbeschränkung 151
- der Kompetenzklarkheit 150
- der Öffentlichkeit 176
- der Schriftlichkeit 152

Privatanklageverfahren 80
Privatautonomie 14
Privatgutachten 82
Problemanalyse 18
Produkthaftungsgesetz 60
- Haftungsausschluß 64
- und EDV-Produkte 63
- Versicherungsmöglichkeiten 65

Programmbeschreibung 39
Protokollierungspflicht von Übermittlungen 159
Publizität, Grundsatz der - 128

R

Raten 38
Raubkopie 99
Rechnungslegung, Anspruch auf - 96
Recht auf
- Dekompilierung 92
- Verbreitung 88
- Vervielfältigung 88

Rechte des Betriebsrates 110, 119, 171, 190
Rechte des Betroffenen 136
Rechtsnachfolge 50
Rechtsnatur der Softwareüberlassung 57
Rechtsschutz des Betroffenen 183
Rechtsträger als Auftraggeber 136
Referenzkunden 32
Registrierungsgebühr 159, 187
Relevanz, Grundsatz der - 128
Richtigkeit, Grundsatz der - 128
Richtigstellung und Löschung von Daten 166, 182
- Durchführungsfrist 167

Rüge, Begriff 45
Rügepflicht 34, 44, 58
Ruhepausen bei Bildschirmarbeit 107, 115

S

Schadenersatz 42, 57
- Anspruch auf - 95
- für Datenverlust 46
Schlichtungsstelle Datenschutz 169
Schriftlichkeit, Prinzip der - 152
Schulung 40
Schulungspflicht 59
Schutz der Augen und des Sehvermögens der Arbeitnehmer 115
Schutz nach dem Halbleiterschutzgesetz 77
- Anspruch 76
- Dauer 77
- Geltendmachung 78
Schutzinteresse 126
- Interessensabwägung 129
- Interessensausgleich 126
- Privat- und Familienleben 126
Sicherheitsmaßnahmen 145
- Kategorisierung 204
Sicherheitszonen 151
Sicherungskopie 85, 92
Software
- Anwenderprogramm 22
- Betriebssoftware 22
- Individualsoftware 18, 58, 90
- Kopieren von - 68
- Nutzungsvertrag 36
- Standardsoftware 18, 90
Softwarepirat
siehe Piraterie
Softwareprodukt 25
Softwareüberlassung, Rechtsnatur 57
Softwareüberlassungsvertrag 37
- Gebührenpflicht 37
Softwarevertrag 22, 23
Sourcecode 35, 39, 49
Stand der Technik, Begriff 24
Standardsoftware 18, 90
Standardübermittlung 143
Standardverarbeitung 143, 154
- Registrierungspflicht 155
strafrechtliche Vorschriften - Eingriff 85
strafrechtlicher Schutz durch das Urheberrechtsgesetz 97

Strafsanktionen bei Verletzung des Datenschutzgesetzes 134
Strahlung am Arbeitsplatz 117
Streamer Tape 43

T

Tastatur, Mindestvorschriften 116
Telefonüberwachungsanlage im Betrieb 110
Terminsverlust 38
Testkäufer 99
Topographie 68, 76
trojanische Pferde 49

U

Überlassen von Daten 139
Übermitteln von Daten 139
- Einschränkung 143
- Genehmigung 190
- ins Ausland 172
- Protokollierungspflicht 159
- Zulässigkeit 142
- Zustimmung des Betroffenen 143
Übermittlung und Überlassung von Daten ins Ausland 190
Übermittlungsanordnungen, Pflichten des Arbeitgebers 148
Übertragung
- des Urheberrechtes 89
- des Werknutzungsrechtes 90
Umsatzsteuer
- Überrechnung 36
- Umbuchung 36
unbefugte Eingriffe im Datenverkehr 134, 196
unbehebbare Mängel 43
unerhebliche Mängel 43
Unteilbarkeit des Vertrages 25
unterlassene Datensicherung, Haftung 117
Unterlassungsanspruch, Begriff 94
Unternehmenskonzept 40
Unternehmenszweck - Grundsatz der Relevanz 128

Unterrichtung und Unterweisung des
  Arbeitnehmers 114
Untersuchungs- und Rügepflicht 44
unwesentliche Mängel 43
Update 17, 50
Urheber, Begriff 87
Urheberrecht, Übertragung 89
Urheberrechtsgesetz 81, 86
– strafrechtlicher Schutz 97
Urheberrechtsgesetznovelle 1993
  13, 41
Urheberschaft 88
Urteilsveröffentlichung 95

V

Verarbeiten von Daten 138
Veräußerer
– Kontrollmöglichkeit 42
– Leistungsstörungen 42
Veräußerung gelieferter Produkte 50
Verbindung eingeleiteter Verfahren 184
Verbotsprinzip 141
Verbreitung, Recht auf - 88
Verfahrenspatent 99
Verknüpfungsbeschränkung für Daten
  129
Verletzer, Schutz des - 95
Vernichtung und Unbrauchbarmachung von Eigriffsgegenständen und Eingriffsmitteln 86
Verpflichtungserklärung (gem. § 20
  DSG), Muster 201
Verschwiegenheitspflicht 130
Vertrag
– Detaillierung 23
– Gerichtsstandsvereinbarung 51
– gesetzliche Grundlagen 13
– Kündigungsmöglichkeiten 50
– mit Generalunternehmer 28
– Nominatskontrakt 14
– Rechtswahl 50
– Rücktritt 42, 57
– Schiedsklausel 50
– Unteilbarkeit 25
– Wandlung 42, 57
– Zustandekommen 14

Vertragsgegenstand 14, 32
– Gebührenpflicht 36
– Gewerbesteuer 38
– Kontrolle 42
– Schulung 40
– Umsatzsteuer 36
– Unternehmenskonzept 40
– Wartung 40
– Zahlungsmodalitäten 35
Vertragsinhalt 29
Vertragspartner 30
– Bonität 32
– Firma 30
– Insolvenz 49
– natürliche Person 31
Vertragstypen 13, 14, 34
– Mischformen 21
Vervielfältigung, Recht auf - 88
Verwaltungsstrafbestimmung 196
Verwaltungsübertretung 134
– fahrlässige 135
Verwenden von Daten, Umfang 140
Verwertungsrechte 88
Verzug 47
Verzugszinsen 38

W

Wandlung 27, 42, 57
Wartung 40
Weitergabebeschränkung, Grundsatz
  der - 129
Werk
– Begriff 86
– Computerprogramm 83
– Verwendung zu Beweiszwecken vor
  Gericht 93
Werkhöhe 87
Werknutzung
– freie 85
– freie für Computerprogramme 92
Werknutzungsbewilligung 21, 90
Werknutzungsrecht 21, 84, 90
– bei Konkurs und Ausgleich 91
– bei Unternehmensverkauf 91
– über künftige Werke 91
– Übertragung 90

Werkschutz, Begriff 89
Werkvertrag 20, 35, 58
Wertsicherung 38
wesentliche Mängel 43
widerrechtliches Verwerten von Daten 134

Z

Zahlungsmodalitäten 35
zivilrechtliche Ansprüche aus dem Datenschutzgesetz 169
Zugriffsberechtigung 205
Zugriffsbeschränkung 151
Zulässigkeit der Datenverarbeitung 137
Zulässigkeit der Ermittlung und Verarbeitung 141
– Erfordernisse 141
– Gewerbeberechtigung 141
– Satzungsänderung 141
Zulässigkeit der Übermittlung 142
– Amtshilfe 142
Zulässigkeitsbestimmungen
– berechtigter Zweck 141
– Rechtsanspruch 141
Zutrittsberechtigung 205
Zutrittsbeschränkung 151
– Sicherheitszonen 151